JOSEPH JOUBERT

ET

LA RÉVOLUTION

DU MÊME AUTEUR

Les Dupont-Leterrier, roman (1900). . . . . 1 vol.
Notes sur la Russie (1901). . . . . —
Bonshommes de Paris (1902) . . . . —
La Poésie nouvelle (1902). . . . . —
Les Trois Legrand, roman (1903) . . . . —
Picrate et Siméon, roman (1904). . . . . —
Le Roi Tobol, roman (1905) . . . . —
Les Souvenirs d'un peintre (1906). . . . . . . —
L'Art de regarder les tableaux (1906). . . . . —
Eloges (1909) . . . . —
Contre la réforme de l'orthographe (1909) . . . —
La Fille de Polichinelle, roman (1909) . . . . . —
Trois Amies de Chateaubriand (1910). . . . . . —
Les Limites du cœur, comédie (1910) . . . . . —
Visages d'hier et d'aujourd'hui (1911). . . . . —
Le Sourire d'Athèna (1911) . . . . —
L'Homme qui a perdu son moi, roman (1911). . . . —
Les plus détestables bonshommes (1912) . . . . . —
Chateaubriand, notices et extraits (1912) . . . . . 2 vol.
La Grèce et nous (1912). . . . . 1 broch.
La Crise, comédie, en collaboration avec Paul BOURGET
  (1912). . . . . 1 vol.
Visages de femmes (1913). . . . . —
Les Idées et les hommes, essais de critique (1913). . —
La Révolte (1914) . . . . —
Les Surboches (1915) . . . . 1 broch.
Les Idées et les hommes, deuxième série (1915). . . 1 vol.
Les Idées et les hommes, troisième série (1916). . . —
Figures d'autrefois (1917) . . . . —
Sentiments de la guerre (1917) . . . . —
La jeunesse de Joseph Joubert (1918) . . . . . . —

ANDRÉ BEAUNIER

JOSEPH JOUBERT

ET

LA RÉVOLUTION

PARIS

LIBRAIRIE ACADÉMIQUE

PERRIN ET Cie, LIBRAIRES-ÉDITEURS

35. QUAI DES GRANDS-AUGUSTINS, 35

1918

JOSEPH JOUBERT
ET LA RÉVOLUTION

CHAPITRE PREMIER

LINGUISTIQUE ET PHILOSOPHIE

Joubert, en 1786, est dans un grand marasme du cœur et de l'esprit. Comme si elle devinait qu'il avait besoin d'elle et peut-être avertie par de sûrs pressentiments maternels, Mme Joubert, à l'automne, arriva. Elle amenait à Paris son plus jeune fils, Arnaud, qui avait dix-neuf ans et qui, de même que ses deux aînés, Joseph et Elie, devait tenter la fortune au soleil de la capitale. Elie Joubert étudiait la médecine. Joseph Joubert « se livroit à ses goûts pour la littérature » et « commençoit à être connu ». Arnaud, lui, sera placé chez un procureur au Châtelet, qui l'installera, rue de Bièvre, près de la place Maubert, dans un petit grenier. Modestes débuts d'un garçon qui fera une belle carrière. dans la magistrature, selon le rêve que M. Joubert le père avait précédemment formé pour l'aîné de ses fils : mais Joseph s'était refusé. Avant de retourner à Montignac, Mme Joubert souhaita d'aller rendre visite à l'un de ses parents, M. Desmonts, vétéran qui, en quittant le service, avait pris femme et s'était établi dans le voisinage de sa belle-famille, à Villeneuve-le-Roi, non loin de Sens. Petit voyage, et qui ne détournait pas beaucoup Mme Joubert de son chemin. Elle emmena Joseph et le jeune Arnaud. « Et c'est alors, dit Arnaud plus tard et quand il rédige ses Souvenirs, que nous fîmes connoissance avec ce joli pays qui a joué un si grand rôle dans notre vie à l'un et à l'autre. Il nous charma d'abord par sa riante position, ses agréables vallons, ses coteaux les plus beaux de tous les pays de vignobles et ses charmantes promenades, surtout par une allée de peupliers de près d'une lieue de long. »

Dans la douce vallée de l'Yonne, Joubert est content. Et il note sur ses carnets, dont il commence alors l'usage : « Toutes les pentes sont plus douces dans les pays qui ont été formés par les eaux... Dans ceux qui ont été formés par le feu, tout, au contraire, est escarpé. On reconnoît dans les premiers l'action d'un élément dont les opérations se font à l'aise et lentement ; dans les seconds, on ne peut méconnoître les opérations d'une puissance infiniment active et brusque. » Il se plaît aux menus incidents de la vie paysanne ; et il écrit : « Planté le peuplier. » Ce qui suit ne peut être intelligible qu'avec beaucoup de complaisance. Le 3 octobre, « voyage avec un artiste » ; et je ne sais quel est cet artiste avec qui Joubert semble avoir fait une excursion dans les environs de Villeneuve. Le carnet donne plusieurs petites phrases, qui auraient eu besoin d'un commentaire et qui sont, je crois, les remarques d'un peintre en promenade. « C'est une chose qu'on ne voit pas assés... » Les peintres vous invitent ainsi à découvrir les paysages familiers. Puis ne croirait-on pas entendre, à l'heure fantasmagorique du couchant, un peintre, ma foi, de Barbizon : — « Un homme qui devient soleil!... » Et encore : « Prééminence du coloris... Arc-en-ciel... La maison blanche... Le cuivré vaut mieux que le plombé... Des cheveux lavés... » Notations d'un peintre; et son jargon, déjà. Joubert qui, à cette époque, a la plus vive curiosité pour la peinture, écoute tout cela. Peut-être — mais je ne l'affirme pas — cet artiste avec qui Joubert se promène est-il un peintre pour qui Joubert s'amusait, un jour — de cette époque, je suppose, — à combiner une allégorie du soleil à son déclin. La scène serait aux extrémités du monde et près du palais du vieil Océan père des ondes. Le dieu du Jour, Apollon, se tient sur le rivage, où il vient de descendre. Les Heures le déshabillent, c'est-à-dire, le découronnent, lui ôtent « les rayons qui portoient le jour ». Ce sont les Heures du matin; elles ont le soin de la lumière. Une à la droite et une autre à la gauche du dieu le décoiffent; une troisième a les bras chargés d'un faisceau de rayons; une quatrième est à genoux et recueille dans un coffre d'or, de saphir, de topaze et de rubis « cette matière déliée et précieuse ». D'autres Heures détellent le char du dieu; ce sont les Heures du soir. Deux des chevaux sont encore au timon... « Ces chevaux sont de race divine, fils de l'air et de la lumière. Ovide dit leurs noms. Je me souviens de deux : Phlégron et Pyrrhoüs, qui veulent dire la flamme et le feu... » Les autres chevaux, on les mène déjà aux mangeoires d'or, où ils se nourriront d'ambroisie. L'une des Heures est occupée à cribler l'ambroisie, « grains colorés et brillans, tels que ces grains d'orge qu'on apperçoit à travers les facettes d'un multipliant qui les colore ». Voilà, remarque Joubert, beaucoup d'or et de pierreries ; c'est au peintre à disposer de ces richesses : « vous réformerez mes dépenses, si vous les trouvez excessives ». Joubert indique la place de tous les personnages, de tous les objets et veille à ce que les groupes se forment comme il faut. Il énonce un très juste principe en ces termes : « Quand on peint quelque phénomène de la nature, rien n'y doit être allégorique, ou tout doit être allégorie ». C'est l'embrouillement d'allégorie et de nature qui choque et déplaît. L'allégorie qu'il organise a de la beauté. Elle est heureusement claire : et tout le rébus coïncide avec le paysage. Elle a de la splendeur et de l'ingéniosité. Joubert a esquissé une sorte de Gustave Moreau.

Episodes, peut-être, de ses promenades : « Leçon d'honnêteté donnée par une fille perdue... Un capucin m'a béni... J'ai consolé un voleur... » Et puis : « La bonne fille... La riante... La reposée et la tendre... La jolie et la fille facile... L'honnête homme... » Et puis : « Ma mère... » Et puis, cette jolie note de promenade, le 9 octobre : « Les chemins. Leurs effets dans le paysage. Ils font sur le coteau le même effet que la rivière produit dans la plaine ». Un peu plus loin, cette date : « Val Profonde, 17 octobre... » Val Profonde est un village à une bonne lieue de Villeneuve, à l'est... « S'il y a quelque chose de triste au monde, c'est le peuplier sur les montagnes... »

Joubert a quitté Villeneuve le 23 octobre. A cette date, il est à Sens, puis « dans le coche ». Et il note sur son carnet : « Tout s'apprend, et même la vertu... Cook... » Joubert lit les voyages de Cook... « Il convient aux hommes scavans d'être populaires, comme cela convient aux rois. C'est un bonheur d'être né bon : c'est une grande fortune... » Un peu plus bas : « Les délices de la bonté... » Puis : « Ce sexe trouve innocent tout ce qu'il peut se résoudre à faire... »

Mme Joubert a dû continuer son voyage vers Montignac. Joubert rentre à Paris, où il passe l'hiver. C'est le 14 janvier 1787 qu'il fait, dans un café, cette rencontre de Sébastien Mercier, que j'ai racontée. Le 2 mars, Fontanes, qui revient des Alpes, lui parle des sensations qu'on éprouve sur les hautes montagnes : « Il m'a dit que les nuages qu'on voit épars sous ses pieds donnent à la perspective quelque chose de magique. Effets de la pureté de l'air... » Un jour, au mois d'avril, Joubert se promène à Gentilly : « Pourquoi vois-je des femmes labourer ? La guerre ou la peste ont-elles détruit tous vos mâles ? et n'y a-t-il plus sur cette terre d'êtres humains qui soient forts et formés, si ce n'est des filles et des veuves ? tous les jeunes hommes ont-ils péri, aussi bien que les époux ? Et ces chevaux que je vois attelés, sont-ils revenus seuls de l'armée ? » Je ne sais pourquoi la jolie vallée de Bièvre était, ce jour-là, si tragique, ou ce qu'avait Joubert, pour la voir ainsi.

Joubert en 1787, nous allons très bien le con-

naître, par l'honnête Milran, qui, faute de nul
génie, a pour lui sa bonne foi. Qu'est-il devenu,
l'honnête Milran, depuis que nous l'avons quitté?
Il a été très malheureux : il a souffert dans son
admiration. Grande peine, car il avait de l'enthousiasme à occuper! Il admirait passionnément Restif; et Restif lui a fait du chagrin. D'abord, il n'a
pas trouvé Restif aussi empressé qu'il l'aurait cru :
« Je comptais vous demander et obtenir l'agrément de faire une fois ensemble, non pas le tour
du monde, mais le tour de l'île Saint-Louis. J'es-
pérais que vous m'indiqueriez vous-même ces
dates mélancoliques et délicieuses que votre main
a tracées sur les parapets... »[1] Non!... Milran se
rendit coupable de sincérité en ne louant pas également toutes les *Contemporaines*. Il en critiqua
plusieurs. Cependant, il se résumait ainsi :
« Viens que je t'embrasse, ô mon compatriote!
C'est toi qui, le premier, après l'illustre Jean-
Jacques, etc... Oui, je t'admire, même en te criti-
quant... » Cela ne suffisait pas à Restif : il ne
tolérait que l'éloge, non la restriction. Mais le
principal grief de Restif, ce fut la complaisance
avec laquelle Milran défendit Agnès contre lui.
L'honnête Milran, de même que tous les amis de
Restif, prenait parti pour cette malheureuse.
Une fois, Restif intercepta une lettre confiante
qu'adressait Agnès à Milran. Fureur! Milran
devint, sous le nom de Milpourmil, l'un des personnages abominables de la *Femme infidèle*. « *In-
serui in Infida epistolam Milrani* », note Restif
dans son journal, content de satisfaire sa rancune[2].
Milran n'était plus à Paris. Il avait dû retourner à

Cherbourg. Mais il apprit par M^mo Restif le scandale du volume que Restif allait publier. Agnès, par le « brocheteur », se procura deux feuilles de la *Femme infidèle* ; et elle informa Milran que Restif imprimait une satire contre elle et lui [3]. L'honnête Milran fut inquiet, se fâcha. Il écrivit à l'un des amis communs de Restif et de lui, Toustain de Richebourg, censeur royal, pour se plaindre du diffamateur. Toustain de Richebourg avertit l'auteur de la *Femme infidèle*, lequel fut indigné des plaintes de Milran : car il avait une prodigieuse puissance d'irresponsabilité. Quand parut la *Femme infidèle*, Milran ne barguigna pas ; la lettre de rupture qu'il adressa tout de go à Restif doit être citée : elle témoigne en faveur de la pauvre Agnès. Milran n'avait pas, comme Joubert, un intérêt de cœur à la défendre : il avait toutes raisons, aimant Restif et l'admirant, de croire en lui. Agnès, dira-t-on, plaida auprès de Milran ? Restif aussi : Restif ne se privait pas de réclamer l'assentiment. Si l'honnête Milran compatit aux malheurs d'Agnès, c'est qu'il a vu le ménage. Or, il écrit au mari : « Oui, R[estif], j'ai cru à l'innocence et au malheur. J'ai écouté les réclamations de la faiblesse opprimée ; j'ai trouvé un cœur pour Celle que tu privais du tien. Mais je n'ai pas cherché à désunir ton ménage. Ose produire mes lettres, ou je les produirai moi-même. Le Public verra de quels conseils j'ai soutenu le désespoir ou l'abattement : il jugera entre nous, R[estif] ; ou, si tu es plus discret, moi je serai plus vrai... » Dans la *Femme infidèle*, Restif prétend que Milpourmil ne craignit pas d'accuser d'athéisme

Joubert, Fontanes et Restif. Milran répond : « Hé ! quand tu m'imputes d'accuser d'athéisme deux hommes que j'aime et que j'admire, tu ne montres que ta témérité et ta folie. Se sont-ils plaints ? Ecoute-les. Non, je leur ai parlé avec franchise, comme à toi ; et ce qui prouve qu'ils en étaient dignes, c'est qu'ils ne m'en ont que plus estimé. Interroge-les, s'ils veulent bien te répondre. Ils sont criminels pourtant ?... » Quel est leur crime ? « Ils ont eu, comme moi, de la sensibilité et de l'honneur... Tu as raison, poursuis-les ; mords, aboie... Mais crains, dans ta colère, de rugir inutilement et que l'écume qui sort de ta bouche ne salisse que tes lèvres sans pudeur ! »[4] Et, dans son journal, Restif note qu'il a reçu de Milran, le 2 octobre 1786, une lettre « infâme ». Il publie cette lettre dans les *Contemporaines* et révèle que, ce Milran, c'est le Milpourmil d'*Infidèle*.

Plus tard, après des années, Milran n'aura plus le courage d'être brouillé avec le grand, le sublime Restif : il lui pardonnera ; en d'autres termes, il lui demandera pardon. Il lui dédiera *Jeanne Roycz*. Il sera devenu révolutionnaire et tonnera contre le « gouvernement des rois »[5]. Mais Restif ne lui rendra ni amitié ni estime. En 1797, écrivant à ses amis Fontaine, il leur parle d'un ami qu'il avait, « un certain Milran, homme douteux, patriote par crainte, aristocrate par secrète inclination » ; et c'est tout. A l'époque où nous sommes, Milran ne voit plus Restif[6] ; mais il a conservé, avec Joubert et Fontanes, les relations les meilleures.

En 1787, pendant l'été, il est venu faire un

séjour à Paris. Il y voit ses amis. Et il écrit à un ami de Bretagne, dont il refuse de dire le nom (que d'ailleurs on ne lui demande pas) et qu'il appelle Priscus Verus : c'est dans ces lettres de Milran que nous apparaît très nettement Joubert.

Joubert étonne un peu Milran. Joubert a, dans ses opinions, quelque chose de cassant, de dogmatique et, volontiers, de paradoxal. Il soutient que Fontanes « est, avec La Fontaine, le seul vrai poète que les Français aient eu »[7]. Milran consent que M. de Fontanes est poète; il apprécie la *Forêt de Navarre*; mais enfin... Du reste, les excès même de l'amitié sont respectables !... Joubert, dans sa critique des écrivains, n'est pas accommodant. Milran voudrait lui faire goûter les écrits du vicomte de Toustain, qui est l'auteur de poésies et d'un *Essai sur l'histoire de Normandie*. Non; Joubert refuse son assentiment; il répond que le vicomte « n'a pas d'idées propres » et « puise tout dans les livres » et que, « par conséquent, dans les siens il n'y a rien à apprendre ». Ainsi, Joubert tient aux idées. Mais il tient à la forme. On ne le contente pas facilement. Il déteste les fautes de style que commet M. Le Brigant, l'auteur des *Détachemens de la langue primitive*. Milran, qui est l'ami de M. Le Brigant, supplie Joubert de considérer qu' « il y a des ouvrages qui demandent à être vus par le fond, plutôt que par la forme » : Joubert ne veut rien entendre.

C'est au jardin du Luxembourg que Milran, parfois, rencontre Joubert. Il y rencontre aussi M. de Murville, le poète, le perpétuel accessit d'Académie, ses lunettes sur le nez « comme un docteur de Padoue ou de Bologne. M. de Murville vous récite ses vers avec un entrain farouche; et il n'a pas moins de zèle à vous raconter son mariage. Or, n'ayant point « appris sur le Parnasse à connaître le monde », il a épousé la fille de Sophie Arnoult. C'est une erreur qu'il a commise; il s'est trompé : elle aussi le trompe. Mais il admirait tant la mère !... Milran, si bon, prie son ami Vérus d'aimer et de plaindre M. de Murville. Joubert était « un peu lié » avec ce bonhomme. De Londres, Fontanes le charge, en effet, de quelques amitiés ou compliments pour M. de Murville.

Joubert, à cette époque de sa jeunesse, est bien entiché de littérature; et, si nous en croyons Milran, — d'ailleurs, il faut croire Milran, qui est la vérité même; seulement, il semble aussi que Joubert ait traité avec désinvolture ce naïf interlocuteur et, peut-être, se soit diverti à l'ébaubir, — Joubert lançait alors des apophtegmes hardis de morale esthéticienne : « Il veut qu'un bon livre soit préférable à plusieurs belles actions; il veut qu'on regarde comme vertueux celui qui écrit bien de la vertu et, dans ce système, il justifie Jean-Jacques d'avoir abandonné ses enfans... » Milran ne dissimule pas que de telles opinions le déconcertent. Puis Joubert, se jouant avec les dialectiques les mieux faites pour dérouter Milran, déclare qu'un écrivain ne doit pas toujours professer la même opinion sur la même matière... Milran, qui tient pour la fidélité, se demande où on le mène... Réfléchissez ! le changement prouve « la véracité de l'homme qui vous révèle ses sentiments tels qu'ils sont à l'instant où il écrit »... Milran n'est-il pas ébranlé?... Mais oui! l'écrivain « a considéré les objets sous un nouveau jour et fait de nouvelles réflexions. S'il ne fallait ni se rétracter ni se corriger, l'erreur serait sans remède !... » Comme l'erreur matrimoniale de Murville! Mais la révolution, qui permettra qu'on se rétracte ou se corrige, instituera la divorce : Joubert est déjà partisan du divorce pour opinions. Quoi ! dit-il, nous aimions ce que nous n'aimons plus : faut-il mentir à nos lumières nouvelles?... Non, « la versatilité apparente d'un écrivain n'est pas un signe de légèreté ni d'inconséquence »... Au contraire! s'écrie Milran, qui est allé où le conduisait Joubert. Il assure qu'il rend là exactement les conversations qu'il eut avec M. Joubert, un homme auprès de qui l'on a beaucoup à gagner, un homme dont il loue l'infinie politesse et encore cette « ouverture qui donne de la confiance ». Quand cet homme distingué voudra-t-il se faire connaître « par l'impression »? Milran ne le sait pas. M. Joubert « étudie, il médite »; M. Joubert projette aussi de voyager, de visiter nos provinces de France, la Suisse, l'Italie, Jersey : grand succès pour Milran, qui attribue aux agréments de sa *Relation de Jersey* le désir de M. Joubert!

En attendant, Joubert est allé passer, vers l'été, quelques semaines à Villeneuve-le-Roi. Cette vallée de l'Yonne lui a plu. Il y esquisse de jolis paysages : « Etendue apparente des champs le dimanche. Naît de deux causes : absence de sons et absence d'objets visibles. Bruit qui vient d'un seul lieu, fait paroître déserts ceux qui sont autour. Quand il vient de plusieurs, il fait paroître peuplés

jusqu'aux intervalles. C'est à l'esprit, à l'âme plus
encore qu'aux yeux que la campagne paroît alors
étendue, immense, inhabitée. » Et puis ceci, qui est
mystérieux avec grâce : « Quand je la vis ainsi
venir, les mains pleines d'épis… » Et puis encore :
« Le silence des champs. Comme tout se taît insen-
siblement à la descente de la nuit. Comme tout
paroît alors se recueillir : les hommes et les animaux, par un effet du silence universel; les végé-
taux et tout ce qui est mobile, parce que le vent
tombe aux approches du soir et que l'air n'a plus
alors qu'un souffle très léger, pour l'ordinaire.
C'est cette immobilité de toutes choses, et parce
que les restes de la lumière sont plus réfléchis à
ces tranquiles heures par la terre et les rochers
que par les arbres et les plantes, que les colines
et les champs paroissent pour ainsi dire lever la
tête et s'étoner. » Il me semble qu'un tel paysage,
pour l'œil, l'oreille et l'esprit, tout ensemble, est
une invention de Joubert. Quelle rapide justesse,
pour noter l'impression d'une minute ! Et ceci est
bien de lui : cette sensibilité à la fois poétique et
raisonneuse. Il remarque les aspects et il prétend
à les expliquer; il en cherche le secret : il allait
aussi chercher « pourquoi le matin est riant ». Son
commentaire n'émousse pas la vivacité de l'émoi;
il ajoute des traits à l'image. Ce que Joubert
invente, c'est, dans la description même, un dialectique de poésie.

Pendant que Joubert est à Villeneuve, Milran
lui écrit, le 12 août 1787. Il lui envoie un volume
qui vient de paraître, le *Voyage philosophique
d'Angleterre*, et qui le ravit parce qu'il y trouve la

confirmation de ce qu'il a dit lui-même, dans sa *Relation de Jersey*, touchant le caractère des Anglais. Il compte que Joubert n'accueillera pas cette nouvelle avec moins de plaisir : « Vous serez ravi, par l'amitié que vous me portez, que j'aie saisi en deux jours, dans l'isle anglaise, le fond du caractère national... » Quel imbécile, ce Milran !... Seulement, ce *Voyage philosophique d'Angleterre*, l'abbé de Fontenay l'a débiné, dans les *Affiches de province* [8]. Cet abbé de Fontenay, c'était un ami de Restif. Il avait loué la *Malédiction paternelle*, et non la *Découverte australe* ; la *Dernière aventure* et, avec moins de zèle, la *Paysanne*. Selon qu'il louait, ne louait pas ou ne louait qu'à demi, Restif l'estimait, le traitait de cagot, ou s'attiédissait à son égard. Mais l'abbé avait des relations dans la meilleure société ; c'est à lui que s'adressaient, assez souvent, les grands seigneurs curieux de dîner avec Restif : et Restif aimait cela [9]. Joubert l'avait connu par Restif et le trouvait agréable. Milran blâme cette indulgence : « Vous dites simplement de lui que c'est un bon garçon ? que signifie ce mot ?... » Ce mot signifie qu'on est de Paris tous les deux et qu'on ne se hait pas. Mais ce Milran veut qu'on haïsse un abbé de Fontenay qui dénigre un ouvrage où est confirmée la *Relation de Jersey*. Et il écrit à Joubert : « Encore si vous reveniez à Paris ! mais les coteaux vous charment bien plus que nos conversations [10]... » Oui !...

Au mois de septembre, Joubert revint à Paris et il eut un instant le projet d'aller, avec Milran, faire visite à Grimod de la Reynière, toujours en exil dans l'abbaye de Domèvre. « Nous n'avions plus qu'à partir (écrit à Grimod Milran) ; mais les occupations de votre estimable ami, sa santé, d'autres obstacles encore... Et notre projet, qui n'est pas rompu, est jusqu'ici sans exécution... » Telles étaient les relations avec Grimod, très intimes.

Mais, le plus grave, le voici. Nous avons vu Restif accuser Milran de considérer Joubert et Fontanes comme des athées. Milran s'est défendu de cette médisance ; toutefois, en protestant de l'estime qu'il avait pour ces deux hommes, il ne s'est pas formellement dédit sur la question de leur athéisme. Lui, Milran, l'ami des philosophes et peu à peu gagné par les idées nouvelles, il garde ses croyances générales ; il les tourne à la philosophie et remplacera Dieu par l'Etre suprême, sans nul embarras : il ne supprimera pas Dieu. Or, quelle est, à propos de Dieu ou de l'Être suprême, la pensée de Joubert, sa pensée vraie ? Cela tourmente Milran qui, un jour, veut en avoir le cœur net. Et, le 8 septembre 1787, — Joubert est de retour à Paris, — il en a le cœur net. Il écrit à son ami de Bretagne, Priscus Verus : « Il me l'a dit, et cet aveu m'accable. Quoi ! avec tant de lumières et de talens, tant de décence dans sa conduite, tant d'égalité dans son caractère ; avec des principes aussi doux envers les autres, aussi sévères pour lui ; avec une probité aussi exacte, avec toutes les vertus enfin que le dogme d'une autre vie peut donner... » Eh ! bien, avec tant de mérites nobles et charmants, quoi ?.. « il ne croit plus en l'autre vie : il ne croit point, je frémis de le dire, il ne croit point en Dieu ! De longues réflexions l'ont conduit à l'athéisme. Lui-même se plaint d'un si fâcheux résultat, mais enfin il est athée, c'est-à-dire qu'il n'a, pour se conduire sagement dans le monde, que deux motifs, son repos et l'estime de soi-même... » Notons, en passant, l'exacte fidélité de ces témoignages milranesques. Voilà, très certainement, Joubert ; et Joubert dans l'erreur, d'où il reviendra : mais Joubert qui déjà possède quelques éléments de sa durable philosophie. C'est bien lui, ce même Joubert, qui plus tard écrira, très attentivement, à Pauline de Beaumont : « **Ayez le repos en amour, en vénération.** » C'est pour lui que le repos, entendu finement, constitue un plaisir et voire un principe de morale : le repos, qui — avec l'estime de soi — lui remplace, au temps de son athéisme, Dieu !... Le repos, dans l'incertitude, c'est une sorte de sagesse ; mais, le repos dans la négation, c'est la bonne tenue d'un chagrin, c'est une vertu résignée. Milran continue son triste récit : « Je n'ai rien senti diminuer de mon attachement, ni même d'un certain respect pour celui qui m'a fait une confession si étrange. Il est jeune encore : de nouvelles études, des réflexions nouvelles peuvent dissiper ses doutes et éclairer son esprit. O Dieu puissant et bon, voilà un homme digne de toi ! C'est en cherchant la lumière que les ténèbres se sont épaissies autour de lui. Fais qu'il ne méconnaisse pas toujours celui qui lui donna la vertu et qui lui donne encore la volonté de la suivre. O père des hommes et de la nature, celui qui erre sur des écueils, tu n'es pas moins son père ! Sers-lui de guide, et si tu veux punir son erreur, que ce soit en dessillant ses yeux et lui montrant la vérité... » Quand il a fini sa naïve et touchante prière, Milran dit à Priscus : « Je ne vous nomme pas celui dont je vous entretiens ; mais, au tableau de sa conduite et de ses mœurs, vous le nommerez vous-même. Adieu. » Quelques jours plus tard, Milran écrit encore à Priscus. Il lui parle d'un certain Levasseur qu'il a connu et que l'athéisme a mené au suicide. Eh ! bien, Joubert n'en est pas là : « Ne craignez pas que l'ami dont je vous ai parlé se porte jamais à un tel excès. Il est arrivé au même but que Levasseur par une route bien différente. C'est l'athéisme de Wolmar dans la Nouvelle Héloïse. C'est un sentiment aussi décidé que tranquille. »

Voilà, très certainement, Joubert en 1787. Après neuf années de Paris, comme il est loin du garçon qu'il était ! Il a connu les troubles de la pensée et du cœur, et toujours cherchant la tranquillité, la trouvant, l'obtenant par ces énergiques décisions de l'esprit, où il excelle et, pour le moment, s'établissant avec résolution dans l'incrédulité, de même que plus tard dans la croyance. Mais il cache de vifs tourments sous une apparence calme.

M. Joubert, dit Milran, ne se dépêche pas de se faire connaître « par l'impression ». Que fait-il, cependant ? Il « étudie », il « médite ». Ses études et méditations, hélas ! l'ont mené à l'athéisme. Arrivé là, que fait M. Joubert ? L'athéisme n'est point une occupation, quand une fois on le possède, mais une morne sinécure. Milran nous aurait obligés, en nous révélant un peu les travaux de

M. Joubert. Au surplus, il nous donne à entendre que M. Joubert est aux prises avec la philosophie ; le roman de *Jeanne Royez* le montre aussi très curieux de « la métaphysique du langage ». Milran n'invente rien ; Milran ne comprend pas tout et, parfois, ne comprend pas grand'chose : mais ce qu'il dit provient de quelque vérité. Si donc nous cherchons, sur l'invitation de Milran, ce Joubert linguiste, ne négligeons pas les causeries de Joubert et de Milran, touchant M. Le Brigant, l'auteur de ces *Détachemens de la langue primitive*, que Joubert méprise et que Milran vénère.

Joubert a-t-il connu M. Le Brigant ? M. Le Brigant, d'habitude, résidait en Bretagne et ne venait pas beaucoup perdre à Paris un temps et un zèle qu'il consacrait à l'érudition [11]. Mais il y vint au mois de mai 1786 et fit une savante lecture à la réunion d'une société « pour les sciences et les arts » qu'avait fondée et que gouvernait Pahin de la Blancherie [12]. Il affirma l'importance qu'il y aurait à rechercher quelle est la mère des langues de l'Europe et annonça qu'il avait découvert cette « mère langue » : c'était le Breton, langue des anciens Gaulois ou Celtes Gomérites. M. Le Brigant, plaignons en lui le type de ces savants provinciaux qui s'enferment dans leur étude, n'ont pas sous la main toute l'information nécessaire, suppléent dangereusement à ce défaut par une étonnante impétuosité à conclure et prennent à la fois un caractère de prisonniers et de rebelles. Ils se fabriquent un système qui leur devient le centre de la pensée universelle, comme leur petite ville est le centre du monde. En outre, la spécialité de

M. Le Brigant, le celtisme, est l'une de celles qui ont toujours agité le plus vivement les chimériques cerveaux de leurs fidèles.

Il était né à Pontrieux le 18 juillet 1720 et il mourut à Tréguier le 3 février 1804. Ses ouvrages et sa qualité d'avocat en parlement lui valent, dans les biographies, le double titre de philologue et de jurisconsulte. Il se mêla de politique, publia des brochures qui demeurèrent inefficaces et ne cessa de se trémousser que pour mourir. Les politiques le prenaient pour un savant. Les savants ne lui épargnaient pas toute raillerie; et l'abbé de Saint-Léger disait qu'il savait toutes les langues, excepté la sienne. C'est assez bien l'opinion de Joubert; ce sera celle de quiconque essayera, même obligeamment, de le lire. Il commença de lancer ses découvertes en 1762. Il les avait élaborées dans le silence et l'enthousiasme secret; et il voulut que la nouvelle sortît avec fracas : *Dissertation adressée aux académies scavantes de l'Europe, sur une nation de Celtes nommés Brigantes ou Brigants, fondateurs de plusieurs villes de leur nom, duquel et de leur race, il se trouve encore des hommes en Bretagne, par un auteur de la même nation. (A Breghente, dans le Tirol, M. DCC. LXII.)* Fier de ce qu'il annonce, M. Le Brigant le veut afficher sur la couverture : sans doute souffre-t-il de n'en pas afficher davantage. Peut-être aussi, par une sorte de clairvoyante modestie, devine-t-il qu'on n'ira pas très avant dans le volume : il a tout mis à la première page, dès le titre. On voit, dès le titre, qu'il écrit mal et s'embrouille dans la syntaxe. La *Dissertation* fait descendre les Celtes de Gomer, fils aîné de Japhet. Leur marche vers l'Europe est signalée par les noms de leur langue qui sont restés aux lieux de leur parcours. Cette méthode, pour déterminer l'itinéraire d'une race, n'est pas mauvaise : on l'emploie de nos jours encore ; et l'inconvénient, qui dure également, n'est que dans l'imprudence avec laquelle cette méthode est pratiquée. Pour l'imprudence, M. Le Brigant ne craint personne. Il montre les Celtes dans la Rhétie, province d'Allemagne, sur le lac de Constance ou Brigantius. Puis, les Celtes étendent leur colonie sur l'Europe occidentale, s'établissent dans la Grande-Bretagne et y fondent York, autrefois Brigantium. Leurs migrations gagnent, le long de l'Océan, les côtes d'Espagne et de Portugal, où ils fondent Bragance ou Brigantia... M. Le Brigant, leur descendant ravi, trouve des étymologies celtiques pour maints noms de villages, rivières, montagnes et, avec une satisfaction particulière, trouve partout le nom de sa race, qui est le sien. Il conclut à l'accomplissement de la bénédiction donnée à Japhet : et « aucune race ne s'est étendue davantage, celle-ci étant dans les quatre parties du monde ». Tout cela est éperdument hardi, hasardeux et analogue à la plupart des doctes rêveries que ne cessent de répandre les plus fameux historiens de la préhistoire.

M. Le Brigant, s'étant adressé aux académies savantes de l'Europe, s'attendit, je suppose, que lesdites académies en eussent de l'émoi. Elles se turent ; elles ne lurent pas et prouvèrent leur légèreté. Après huit ans de patience, M. Le Brigant publia un *Nouvel avis concernant la langue primi-*

tive retrouvée. Puis, en 1774, à Brest, un *Petit glossaire ou manuel historique pour faciliter l'intelligence de quelques termes de la coutume de Bretagne ;* en 1779, à Strasbourg, ses *Eléments de la langue des Celtes gomérites ou Bretons, introduction à cette langue et par elle à toutes celles de tous les peuples connus.* Son idée s'épanouit, s'élargit, gagne de proche en proche l'univers. Mais son apostolat, plus ambitieux, continue d'être vain. En 1783, constatant que les gros livres n'attrapent guère de lecteurs, il tâche de pousser sa conquête par le moyen d'une courte brochure, digne de piquer la curiosité : *Présent singulier offert aux savants interprètes de l'Europe, sans excepter même les capucins hébraïsants de la rue Saint-Honoré.* Le *Présent* partit de Rennes, vingt-trois pages in-octavo, pour démontrer « que toutes les langues de la terre ne sont venues que d'une, qui les précéda toutes », parbleu. La preuve ? M. Le Brigant donne, en grec, en hébreu, en latin, en français, en anglais, en hollandais, les premières lignes du treizième chapitre de la première épître de saint Paul aux Corinthiens. En regard, « l'autre langue », ou langue primitive. Et, pour M. Le Brigant, il suffit de jeter les yeux sur ces doubles textes : la comparaison soudaine apporte la certitude, croit-il. M. Le Brigant termine ainsi son opuscule : « S'il restait à quelque savant du doute sur ce que ces feuilles auront présenté, en écrivant franc de port à l'auteur à Tréguier en Bretagne, il lui assure que ce doute sera levé... » Mais la brochure a paru sans nom d'auteur ? « On trouvera son nom, en supprimant les trois dernières lettres du second de la ville où l'ouvrage sera imprimé. — A York, ou Brigantium, 1783. » Il y a là de l'absurdité.

L'ouvrage auquel Milran paraît attacher le plus d'importance, M. Le Brigant venait de le publier à Paris, en 1787, *Détachements de la langue primitive, celle des Parisiens avant l'invasion des Germains, la venue de César et le ravage des Gaules.* L'auteur y prenait le ton d'un homme qui sait de par un privilège. Il déclarait que des « circonstances singulières et qui se rencontrent rarement » lui avaient transmis « le dépôt des plus précieux titres de la langue des ancêtres des anciens Gaulois, proches parens des siens, c'est-à-dire issus de la même source ». Bref, il est Le Brigant, descendant des Brigantes ou Brigants : il tient des ancêtres immémoriaux le secret qui s'est transmis dans sa pure lignée. Quelle facilité de méthode il trouve là et, pour éconduire toutes objections, quelle autorité ! Sa science, il la tient de Gomer[13].

La Bibliothèque Nationale conserve, en manuscrit, son dernier ouvrage, *Démonstration singulière que presque toutes les langues de la terre ne sont que le celte gomérique ou bretonne, altérée dans l'arrangement des mots et dans la prononciation.* Presque toutes les langues, seulement ? Serait-il devenu, en vieillissant, plus circonspect ? A peine un peu moins fol, peut-être !

Et Joubert, le dédaigneux, refusait de lire M. Le Brigant, pour la raison que ce fils de Gomer écrivait le français par trop mal.

Mais ce n'est pas à dire que Joubert ait également méprisé les études auxquelles ce mauvais écrivain dédiait sa ferveur. Même, l'idée le tenta, d'une langue primitive qu'on eût à chercher et qui fût, non seulement la mère de tous les idiomes, mais encore le précieux témoignage des origines de l'humanité. Le jargon de M. Le Brigant le rebutait ; sans doute aussi la très naïve hâblerie de ce bonhomme. Il s'adressa donc à un autre linguiste, Capmartin Bertrand de Chaupy.

Ce Chaupy est un contemporain de Le Brigant, né comme lui en 1720, mais non pas un compatriote : il est Gascon, né à Grenade, près de Toulouse. Il entra dans les ordres, vint à Paris et, dans les querelles qui séparaient le parlement et le clergé, ne sut pas se tenir tranquille. Une première brochure, qu'il publia en 1754, *Observations sur le refus que fait le Châtelet de reconnaître la chambre royale en France*, il eut soin de ne pas la signer [14] : cette précaution lui épargna des ennuis. Mais, deux ans plus tard, il récidiva, donnant les *Réflexions d'un avocat sur les remontrances du Parlement du 27 novembre* 1756. Cette fois, ce n'est pas une brochure ; c'est un gros ouvrage en deux parties, l'une de 148 pages, l'autre de 185 pages. Sans nom d'auteur, cette fois encore ; seulement on le reconnut. L'ouvrage fut condamné, l'auteur averti d'avoir à déloger. Chaupy partit pour Rome. C'est là qu'il commença de préparer l'œuvre ensemble petite et considérable, petite quant à son objet, considérable par les recherches où elle l'entraîna et les développements qu'il se plut à lui donner, l'œuvre à laquelle son nom demeure attaché. Il était humaniste et le séjour italien l'amusa, pour la réalité que conféraient le paysage, le site et le durable souvenir à l'éloquence et à la poésie de l'antiquité. Il adorait Horace : plus tard, il prétendra dénicher dans les écrits de ce poète la prophétie complète de la Révolution. Son rêve fut de découvrir, dans la campagne italienne, la villa d'Horace, non, mais l'emplacement de cette villa. Recherche délicieuse et qui ne dura guère moins de dix ans. Chaupy, d'ailleurs, ne se pressait pas : si la découverte l'enchanta, la recherche lui procurait de beaux itinéraires, de savantes flâneries par des pays illustres et charmants. Il voyageait à cheval ; et la bête, si l'on en croit le cavalier, prit des vertus d'antiquaire, un flair d'archéologue : elle reniflait aux ruines et marquait son pas fièrement sur le pavé des voies antiques. Trois volumes in-octavo, imprimés de 1767 à 1769, portèrent légitimement ce titre : *Découverte de la maison de campagne d'Horace, ouvrage utile pour l'intelligence de cet auteur et qui donne occasion de traiter d'une suite considérable de lieux antiques* [15]. C'est un ouvrage pour lequel Gaston Boissier professa une aimable indulgence : il y voyait, avec courtoisie, des « promenades archéologiques ». Celles de Boissier sont d'une autre qualité. Chaupy n'a guère d'agrément : c'est à cause de son style, confus, médiocre. La discussion archéologique, très active, très bien menée, persuasive, tient le lecteur en haleine. Et Chaupy a bien l'air de ne pas se tromper sur la maison de campagne d'Horace. Au mois de mai 1911, un archéologue italien, M. Pasqui, fut chargé de pratiquer des fouilles au lieu désigné par Chaupy, sur la rive droite de la Licenza, non loin de Bardela et de Vicovaro, en Sabine. Il mit au jour les restes d'une villa qui certainement date du temps d'Auguste et qui peut fort bien avoir été le Sabinum d'Horace [16]. Puis, le Sabinum d'Horace n'est pas toute la découverte de Chaupy, lequel inventait — sans netteté, mais inventait — une idée, disons, réaliste de l'antiquité. L'archéologie le conduisait à l'exacte vérité des époques anciennes, que les simples humanistes conçoivent comme des emblèmes de perfection hors de l'espace et hors du temps. Il eut, à ce propos, maille à partir avec Piranese, auquel il reprochait de dénaturer les antiquités pour les embellir ; et Piranese se vengea, par une estampe des *Diverse maniere d'adornare i camini.*

Capmartin Bertrand de Chaupy, quand il eut imprimé sa *Découverte*, je crois qu'il fut content ; mais il eut probablement le chagrin que vous laisse un labeur achevé. Il passa encore quelques années en Italie et, après vingt ans d'exil, obtint la permission de rentrer en France. Il rapportait une collection d'antiques, de médailles et de livres, qu'il installa fort bien dans la maison du cloître Notre-Dame où il ne mourut qu'en 1798 [17].

A Paris, il vécut dans une société honorable et gracieuse de fins antiquaires et de bibliophiles, où j'ai des raisons de croire que Joubert l'a connu. En 1785, il fit un voyage en Champagne, afin d'examiner cette ville romaine que Grignon avait découverte en 1772 sur la petite montagne du Châtelet, près de Saint-Dizier [18]. Les fouilles, qui avaient donné des résultats intéressants, il les reprit et, sans les mener jusqu'au bout, déterra les ruines d'un monument, déterra aussi quelques pièces dont il enrichit son cabinet [19] : Joubert semble s'être occupé

de ces fouilles, un instant. Parmi les amis et les
émules de Chaupy, citons MM. Beaucousin, de
Milly et Barthélemy Mercier; les deux premiers,
hommes de loi et, le troisième, ancien bibliothécaire de Sainte-Geneviève. M. Beaucousin, né à
Noyon, dans l'Oise, avocat en Parlement, réunis-
sait aux volumes les manuscrits, dans sa bibliothèque. Il travailla toute sa vie à un ouvrage qui
devait s'étendre sur quinze tomes in-octavo, les
Délassements d'un jurisconsulte. Mais la révolution
le ruina et il ne put se faire imprimer. S'il en eut
de la peine, il se consola auprès des livres dont il
n'était pas l'auteur. On le trouvait toujours « les
feuilletant et y crayonnant des notes bibliographi-
ques ». Il était « obligeant et sensible ». Ses amis
l'entouraient de soins mérités et vantaient sa causerie intéressante, ornée d'anecdotes, l'aménité de
son caractère, sa candeur. Un jour, en 1798, il
apprit qu'il était désigné comme bibliothécaire du
Directoire. Son cabinet — qu'il se résignait à
vendre, n'ayant plus le sou, — serait incorporé à la
bibliothèque dont il aurait la garde et ainsi élu-
derait l'offense de la dispersion. Quarante années
de ferveur collectionneuse avaient enfin leur récompense. Quelle aubaine! et, de joie peut-être,
M. Beaucousin mourut le lendemain de ce jour qui
le sauvait... M. Pierre Antoine de Milly, Parisien,
avait perdu très jeune un père qui lui laissait de la
fortune. Et, tout son argent, il l'employa sans étourderie à rassembler des livres et des manuscrits
comme M. Beaucousin, des antiques et des médailles
comme M. Capmartin de Chaupy; mais il ajouta
les estampes et curiosités diverses. Il avait été pro-

cureur au Châtelet ; or, jadis, M. de Chaupy détestait ces gens-là : une passion commune, le doux amour des livres, amadouait jusqu'à l'amitié ces anciens ennemis... M. Barthélemy Mercier, autrefois abbé de Saint-Léger, est bien connu pour un très savant bibliographe. Il était entré dans la congrégation des chanoines réguliers de France, parce qu'il avait l'assurance de trouver là « des bibliothèques, des savants et des moyens d'instruction ». A la bibliothèque Sainte-Geneviève, il passa des années succulentes. On n'en finirait presque pas de dénombrer les notices et dissertations littéraires qu'il a composées avec autant d'esprit, parfois, que d'érudition. Mais, quand il fut privé de sa bibliothèque ci-devant de Sainte-Geneviève, il s'attrista et, peu à peu, se laissa gagner à la maladie de langueur dont il mourut le 24 floréal an VII. Capmartin de Chaupy, M. Beaucousin, M. de Milly, M. Mercier ci-devant de Saint-Léger conservèrent jusqu'à la fin de leurs vies cette liaison d'intimité et de goût qui fut le charme de leur vieillesse. Ils demeuraient à peu de distance les uns des autres, MM. de Chaupy et Beaucousin au cloître Notre-Dame; M. Mercier rue du Faubourg Saint-Jacques, et M. de Milly rue du Bouloi. Ils voisinaient. En outre, M. de Milly avait un fils, qui épousa une nièce de M. Mercier. Tous quatre moururent à quelques semaines d'intervalle, dans les années 1798 et 1799. M. Beaucousin, nous l'avons vu, trépassa sans avoir imprimé ses *Délassements*. Son ami M. Mercier racheta bonnement ses miscellanées à la vente qui fut faite de ses hardes médiocres et de son cabinet remarquable. Mais M. Mercier mourut bientôt : l'on ne sait ce qu'est devenu le subtil travail de M. Beaucousin, relatif notamment aux antiquités de Noyon et du Noyonnois. N'oublions pas un autre de leurs amis, M. Chaillou, de qui je ne sais presque rien, de qui je sais pourtant qu'il s'est désolé des pertes que la bibliophilie avait éprouvées en peu de mois par le décès de si honorables et savants citoyens, qu'il aimait et sur les tombes desquels il a voulu « jeter, en passant, » — car nous passons — les « fleurs » d'une notice amicale.

Nous nous plaisons à imaginer Joubert dans ce milieu de benoîts lettrés. Sans doute, à cette époque de sa jeunesse qui n'était pas riche et qui logeait à l'hôtel, il ne songeait pas à être, quant à lui, bibliophile ou, du moins, l'heureux possesseur d'une bibliothèque ou d'un cabinet. Plus tard, et dès qu'il le pourra, il recherchera les beaux livres, non pas tout à fait en maniaque, en homme avisé qui connaît et les éditions et aussi les conditions des jolis exemplaires. Chateaubriand raconte que Joubert, en lisant, « déchirait de ses livres les feuilles qui lui déplaisaient » et qu'il avait ainsi composé à son usage une bibliothèque « d'ouvrages évidés, renfermés dans des couvertures trop larges ». Ce n'est pas d'un bibliophile ! Et ce serait assez bien de cet étonnant garçon qui ne tolérait auprès de lui rien de laid sans un frisson d'ennui. Mais, en fait, la bibliothèque que Joubert a laissée est, aujourd'hui encore, une excellente réunion de livres entiers, qu'il annotait, qu'il ne lacérait pas. Je suppose qu'il a traité comme le dit Chateaubriand quelques volumes nouveaux, sans valeur et qui, en plusieurs chapitres, l'offensaient : Chateaubriand s'est amusé à trouver là un trait pittoresque. Joubert aima les livres. Il eut pour libraire ce Merlin qui avait été chargé de vendre les cabinet et bibliothèque de M. de Chaupy. Beaucoup plus tard, en 1817 (le mercredi 9 avril) Joubert écrit à ce libraire, et de la façon la plus gentille : « A Monsieur Merlin, libraire, quai de la Vallée, près le pont Saint-Michel, n° 7. Retenu dans ma chambre à mon grand regret par un rhume que j'ai pris il y a dix jours à la porte de monsieur Merlin (*nota bene*), je me vois réduit à lui envoyer la note suivante que je recommande à son obligeance et à son attention accoutumées. Joubert [20]. » Il ne s'agit là que de livres courants, il me semble. Mais, une autre fois, Joubert écrit à M. Merlin sévèrement, M. Merlin ayant omis de lui rappeler la vente Courtois, pour laquelle il lui donne des commissions [21]. Enfin, l'on sait — et nous le verrons — avec quel art Joubert choisissait les beaux volumes qu'il offrait en présent à Mme de Vintimille, le jour de l'an et le jour de Sainte-Madeleine.

Mais retournons en arrière, aux années qui ont précédé la Révolution. Chaupy délaisse l'archéologie et devient un linguiste. Il prépare le grand ouvrage que voici et dont le titre déjà n'est pas une petite chose : *Philosophie des lettres qui auroit pu tout sauver. Misosophie voltairienne qui n'a pu que tout perdre. Ouvrage inutile à la présente tenue des états pour laquelle il avoit été entrepris, mais qui pourra servir à celle qui pourra lui succéder, si la mode s'en continue. A Paris. En la double année des événements que nos glorieux pères n'auroient*

*jamais pu prévoir et que nos neveux, s'ils redevien-
nent de bons François, ne pourront point croire,
c'est-à-dire en 1789 et 1790.* Quel titre! Mais
l'ouvrage est plus terrible. Chaupy lui-même a senti
les inconvénients de son livre. « C'est moins un
ouvrage qu'un pot-pourri », confesse-t-il dans sa
préface. Il s'excuse d'offrir au lecteur sept cents
pages sans chapitres et presque sans alinéa. Hélas!
il n'a pas eu le temps de mieux faire. Il a commencé son travail de rédaction à la fin de 1788 et
il rêvait de paraître avant l'ouverture des États; il
avoue : « qui trop embrasse mal étreint ». Il se
propose, excellent réactionnaire, d'attaquer la Révolution, non pas seulement dans les actes qui la
révèlent, mais dans sa source. Et, la source de la
révolution, dit-il, c'est « le libertinage d'esprit et
de cœur réduit par Voltaire en un système ».
Chaupy, ne le méprisons pas, l'un des premiers
conservateurs qui aient vu, et de bonne heure,
dans le voltairianisme, les origines profondes de la
Révolution. Je ne crois pas qu'il ait tout à fait tort;
et je suis presque sûr qu'il n'a pas raison tout à
fait. Son diagnostic, en 1788 ou en 1789, est du
moins digne d'intérêt. Malheureusement, Chaupy
le formule dans le désordre des plus vains bavardages. Voilà cependant cette « misosophie voltairienne qui n'a pu que tout perdre ». Pour sauver
tout, il avait, lui Chaupy, un système; et il ne
doute pas qu'il n'eût tout sauvé, si le système
s'était produit avant la tenue des Etats. Nous con-
cevons qu'il se soit dépêché. Mais sa grande hâte,
en dépit de laquelle il n'a pas été prêt, n'a eu pour
résultat que de bouleverser son livre. Le système

qui devait tout sauver, c'est la Philosophie des lettres, qui s'annonce dès la première ligne du titre verbeux et qui ne se montre qu'au milieu de l'immense fatras. Philosophie des lettres : et nous voici ramenés à cette « métaphysique du langage » dont Restif disait à Milran que Joubert était curieux.

Il y a, dans les papiers de Joubert, un essai de quelques pages intitulé « Système de l'abbé de Chaupy » ; et voire deux rédactions de cet essai. Joubert y expose — et, lui, de la façon la plus nette — la « philosophie des lettres » que Chaupy, dans son ouvrage, n'a pas su tirer au clair. D'ailleurs, je ne dis pas que, même exposée nettement par Joubert, cette philosophie soit indemne de toute absurdité. Quoi qu'il en soit, elle est, dans le résumé de Joubert, cohérente, parfaitement liée en ses parties et complète. Joubert, dans sa brièveté, a beaucoup plus d'éléments de doctrine qu'on n'en trouve dans le gros volume de Chaupy. Concluons : le « système de l'abbé de Chaupy », ce n'est pas dans la *Philosophie des lettres*, etc. que Joubert a pu se le procurer ; le système ne s'y trouve pas tout entier. Notons aussi que Joubert, si le mauvais style de Le Brigant le mettait en fuite, le jargon de la *Philosophie des lettres* l'aurait mis en déroute. Chaupy, très intelligent malgré ses billevesées, manque toujours de loisir pour écrire, et ne fût-ce que pour corriger ses épreuves. Il avoue ses fautes ; et il les multiplie. Pendant qu'il compose sa *Philosophie*, il ne cesse pas d'avoir la cervelle en désordre. Puis, il est tant épris de ses doctrines que le style, à ses yeux, ne

compte pas. Il fait aux réalités, dit-il, le sacrifice
des apparences. Cette abnégation de sa coquetterie
a les effets les plus regrettables. Sa philosophie
des lettres identifie les mots et, non seulement les
idées, mais la réalité des choses ; il avait, en conséquence, le devoir de veiller à ses mots et à ses
phrases : et il écrit en dépit du bon sens. Non, ce
n'est point à la *Philosophie des lettres* que Joubert
a emprunté le « système de l'abbé de Chaupy ».
Ce n'est pas non plus à d'autres ouvrages de cet
écrivain : ses autres ouvrages ne traitent pas du
tout ce sujet. Notons en outre que Joubert, quand
il résume un ouvrage, y prend avec beaucoup
d'habileté les citations significatives : dans le
« système de l'abbé de Chaupy », nulle citation.
Où donc Joubert a-t-il pris le « système » ? Il faut
que Joubert ait causé avec Chaupy et que les conversations de Chaupy valussent mieux que son
ouvrage. Pendant la révolution, Chaupy se retira
prudemment hors de Paris. Il savait ce qu'il en
coûte d'être l'auteur d'un livre hardi ; et sa *Philosophie des lettres*, même si elle avait chance de
n'être pas lue par les énergumènes, invectivait
contre eux dès le titre. Il eut son refuge à Sens.
De Sens à Villeneuve, il n'y a pas loin. Joubert
l'a-t-il vu alors ? Peut-être. Mais il le connaissait
avant cela. Joubert a pris quelque intérêt aux
fouilles archéologiques de Saint-Dizier : n'est-ce
pas à l'instigation de l'abbé de Chaupy ? Le
4 juillet 1787, Joubert note sur son carnet : « J'ai
vu ce jour-là pour la première fois la carte théo-
dosienne appelée de Conrad Peutinger. » La carte
de Peutinger, Chaupy l'a utilisée pour identifier

le moderne village de Vicovaro et la petite ville de Varia[22], voisine de la villa d'Horace : n'est-ce pas l'auteur de la *Découverte* qui a montré à Joubert la carte de Peutinger? Je conjecture que Chaupy exposait à Joubert les principes de sa philosophie à l'époque ancienne où il la combinait, où il en avait la tête enchantée : avant la publication de l'ouvrage; ensuite, les idées qu'on a publiées ne vous échauffent plus. Notons aussi que, dans le « système de l'abbé de Chaupy », la politique n'apparaît pas, tandis que la *Philosophie des lettres,* destinée aux Etats, en est toute pleine. Enfin, le « système de l'abbé de Chaupy » appartient à une série de paperasses qu'on peut dater principalement de 1787[23].

Bien des années avant de publier son système, Chaupy le racontait volontiers et plus volontiers, parfois, qu'on ne l'écoutait. Nous avons là-dessus un témoignage : une lettre de Mme de Sabran au chevalier de Boufflers[24]. Le 18 novembre 1779, la gentille femme aux cheveux blonds et aux yeux noirs écrit à ce fol bien-aimé qu'elle appelle son frère : « Puisque je n'ai pas le plaisir de vous voir, mon frère, il faut bien que je vous rende un compte exact de mes pensées et de mes actions... Je vous ai bien regretté hier : l'abbé de Saint-Non m'a amené à dîner un nommé l'abbé de Chopi... » Et l'orthographe n'y est pas : tant pis pour la philosophie des lettres !... « qui est un original de la première espèce, mais qui ne manque ni d'esprit ni de talents. Il a été vingt-deux ans en Italie, à faire des recherches les plus curieuses sur les monuments antiques et les inscriptions. Il a trouvé, à ce qu'il prétend, la clef de la langue celte; il croit que ce peuple si fameux, dont parle M. Bailly, n'est autre chose que les anciens Gaulois. Il a trouvé dans leur langue l'origine de toutes les sciences et le système des nombres, avec lequel il rend raison de celui de l'univers. Adieu, mon frère; j'espère que vous ne vous plaindrez plus de moi. » La pauvre gentille femme en a entendu de sévères! Elle ne se plaint pas. Chaupy l'a plus étonnée qu'ennuyée; et, si elle n'a pas adopté immédiatement tout le système des lettres et des nombres, elle en a du moins attrapé l'essentiel. Au surplus, l'original, qui ne manque pas d'esprit, ne lui débitait pas le détail de la doctrine. Mais, avec Joubert, il n'avait pas de réserve mondaine à observer. Joubert a tout su.

Et voici, d'après Joubert, le système de l'abbé de Chaupy. « Il n'y a qu'un être dans la nature, dont tous les autres êtres ne sont que des qualités diversement modifiées... » Gare au panthéisme! Chaupy l'évite de son mieux : « mais des qualités existant à part et qui forment de véritables individus ». Semblablement, « il n'y a qu'un seul nom dans toutes les langues et tous les autres noms ne sont que des combinaisons différentes des éléments vocaux dont ce nom unique et primitif est composé ». Cet être : Dieu. Ce nom : le nom de Dieu. Voilà le principe. Corollaires : dans la langue primitive — car Chaupy, de même que Le Brigant, suppose une langue primitive, unique et originelle, — « le nom des êtres avoit plus ou moins de rapports avec le nom de Dieu, selon qu'eux-mêmes participoient plus ou moins des

perfections infinies du grand être ». Donc, le nom
des êtres indiquait leur rapport avec Dieu, indiquait leur qualité. « Alors, apprendre à parler,
c'étoit apprendre toutes choses et quiconque sca-
voit sa langue étoit universellement savant. » La
lettre du nom de Dieu qui dominait dans le nom
de chaque chose avertissait de la nature et de
l'utilité de chaque chose le médecin, l'astronome,
le philosophe. Mais la langue primitive est perdue ;
en la perdant, nous avons perdu, non pas seulement l'idiome universel et premier : nous avons
perdu la science, y incluse. Si vous croyez que
cette langue primitive était l'ouvrage des hommes,
nous avons perdu en elle « l'expérience des siècles
et toutes les découvertes de l'esprit humain ». Si
vous admettez que cette langue avait été donnée
aux hommes par révélation, nous avons perdu en
elle « les instructions de l'être souverain ». Aujour-
d'hui, nous ne possédons plus, de la révélation,
que ce qui a trait à notre salut ; mais la science
générale, la connaissance de tous les objets nous
échappe. Un long et difficile travail ne nous livre
que des bribes de ce que voyaient sans effort nos
premiers pères. Il faut, pour ainsi dire, rattraper
la révélation et, à cette fin, chercher la langue primitive. Dans les langues les moins altérées,
tâchons de découvrir « la langue pure, la langue
vierge, la langue divine que les esprits, qui connoissent la vérité, parleroient dans le ciel s'ils
enveloppoient comme nous leurs pensées dans des
sons et s'ils désignoient les choses avec des
paroles ». Les altérations des langues manifeste-
ront l'histoire des peuples. Mais, la langue primi-

tive, où est-elle cachée ? Dans la langue des Celtes
ou anciens Gaulois... « Je n'annoncerai pas ici
sans un mouvement d'orgueil [25] bien pardonnable
que la plus riche et la plus primitive [des] langues
est celle de mon païs. Enfants aînés de Japhet,
c'est parmi nous que la révélation orale s'est con-
servée avec le plus de pureté. C'est nous qui avons
été les dépositaires les plus fidèles du feu sacré.
Car la religion n'étoit pas moins pure dans les
Gaules qu'elle ne l'est dans la France. Et dans les
collèges de nos Druides les mistères du christianisme n'étoient pas enseignés avec moins d'orto-
doxie que dans la Sorbonne moderne. Nos titres
de noblesse sont de bien loin antérieurs à nos
annales. Mais, de toutes les parties des Gaules, la
plus distinguée est celle des anciens Occens qui
furent depuis les Tectosages. C'est dans leur païs
qu'on pourra voir comme dans leur source les
langues et les hommes naître, se former et se
répandre et devenir idiôme ou peuple grec,
romain, perse, etc. »

Voilà le système de l'abbé de Chaupy : ce n'est
pas un petit système. Quant à savoir comment la
philosophie des lettres, promulguée avant la tenue
des Etats, pouvait tout sauver, on le devine avec
un peu d'indifférence. Chaupy est un de ces bonshommes qui pullulèrent alors et qui, en possession d'une doctrine, — et quelle que fût la doctrine, quel qu'en fût aussi l'objet, — se croyaient
en mesure de réformer le monde. A cette époque,
Chaupy s'occupait de celtisme et de linguistique
nébuleuse : il s'avisa de réformer le monde par
la philosophie des lettres. Vingt ans plus tôt, il

l'eût prétendu réformer en vertu de l'archéologie et par l'emplacement qu'il avait trouvé pour le Sabinum d'Horace. La philosophie des lettres est bien antérieure, dans l'esprit et la conversation de Chaupy à son grand ouvrage confus. Il l'y a introduite, afin de « tout sauver ». C'est le remède : il le possédait avant que le mal ne se fût déclaré.

Chaupy, même original comme il l'était au dire émerveillé de Mme de Sabran, doit beaucoup à Le Brigant. L'idée de rapporter les langues des nations diverses à une origine commune, à une langue primitive, l'idée de chercher sous les altérations des langues dérivées les traces de cette langue primitive et l'idée de consacrer comme langue primitive le Celte, ces trois idées sont de Le Brigant. Chaupy avait lu son devancier ; il a dû le connaître, car Le Brigant (nous le savons par Restif) était amicalement lié avec Mercier de Saint-Léger. Ce que fait Chaupy, c'est d'aller beaucoup plus loin que Le Brigant, lorsqu'il affirme l'identité de la langue primitive et de la science universelle. Et, si je ne me trompe, c'est là ce qui retint l'attention de Joubert. Mais, si Joubert a fidèlement résumé la philosophie des lettres, il ne l'a point jugée : il n'y a pas un mot de critique ou d'assentiment, pas un mot de commentaire, dans le « système de l'abbé de Chaupy ».

Avec tout cela, que veut dire Milran, quand il attribue à Joubert une « métaphysique du langage » ? Sans doute Joubert examinait-il volontiers ces théories singulières auxquelles l'initiaient et Chaupy et Le Brigant peut-être, qu'il a pu lire sans l'admirer le moins du monde et sans confesser à Milran qu'il le lisait. Le celtisme continuera de le tenter, nous le verrons. Je ne crois pas qu'il ait eu, personnellement, un système de linguistique et une métaphysique du langage. Mais, si je ne trouve pas dans ses papiers les éléments d'un tel système ou d'une telle métaphysique, j'y trouve en abondance les signes de l'intérêt qu'il n'a pas cessé d'accorder aux questions de vocabulaire et de style, aux problèmes du langage. Un grand nombre de ses feuillets notent ou essayent maintes étymologies, souvent douteuses.

Les folies principales d'un Chaupy ou d'un Le Brigant, certainement il les éconduisait. Ce n'est point à dire que la méditation qu'il voua aux problèmes posés et gaillardement résolus par ces linguistes audacieux n'ait pas laissé de trace dans sa pensée et même dans sa philosophie du langage, pour autant que nous la pouvons apercevoir. S'il n'a pas adopté le système de l'abbé de Chaupy, certes! le système a cependant exercé quelque influence sur ses idées, lesquelles épuraient le système, le dégageaient de l'absurdité ambitieuse. Lorsque Joubert écrit . «... Il y a dans les langues quelque chose de fatidique et d'inspiré » [26], ne se rappelle-t-il pas cette croyance de Chaupy à une langue de révélation? Lorsqu'il écrit : «... Les noms bien entendus, bien pénétrés, contiendroient toutes les sciences... Quand une langue a eu plusieurs âges, comme la nôtre, les vieux livres sont bons à lire. Il faut remonter à ses sources et la contempler dans son cours. Pour bien écrire le français, il faut entendre le gaulois... » [27] ce n'est plus l'idée de Chaupy ; c'est une idée qui se rattache à celle de Chaupy. Joubert veut qu'on rende aux mots « leur sens physique et primitif »[28], parce que le sens primitif des mots correspond à une réalité.

Ce qui ne vaut rien, dans le système de Chaupy, c'en est le dogmatisme intempérant. Que les mots aient eu, dans chacune de leurs lettres, la marque d'un élément de réalité correspondant au rapport de l'objet avec Dieu, — non ! Ce que Chaupy a de bon, ce que Joubert en a retenu et en a élaboré, c'est l'idée de la réalité des mots, l'idée de la réalité que les mots contiennent originellement, et qu'ils perdent, et (pour Joubert) qu'on doit chercher en eux ou qu'on doit leur rendre. « Que de mots sont des erreurs ! »[29] dit Joubert. Il ne dit pas *expriment*, mais *sont* des erreurs. Pareillement, des mots *sont* des vérités. Les mots impliquent de la réalité : si l'on s'en avise, la plupart des remarques de Joubert, touchant le style, dérivent de cette pensée. Il écrit un jour : « Je chercherai les rapports des mots aux pensées et des périodes à la succession harmonique de nos affections. » Bref, il étudiera la réalité du style, réalité des mots et des tours. « Il faudroit, pour écrire parfaitement, écrire et penser comme écriroit et penseroit l'homme parfait dans sa constitution au moment où toutes ses facultés seroient en lui parfaitement ordonnées. » Cela pourrait se transcrire selon le système de Chaupy : l'homme parfait serait alors l'homme qui vient de recevoir la révélation de la langue primitive, science totale.

En somme, il n'a pas été inutile à Joubert d'être en relations avec des linguistes, même aventureux. Mais il a nettoyé, débarrassé de leurs tares ou cocasseries les idées ou la substance d'idées qu'il doit peut-être à un Chaupy.

La même liasse où il y a le « système de l'abbé de Chaupy » contient plusieurs autres essais qui, avec celui-là, forment un ensemble, et je ne dis pas un tout complet : c'est un recueil de quelques « systèmes ». Et l'idée de Joubert, quand il recueille ainsi des combinaisons idéologiques variées, contradictoires et qui ne sont pas les siennes, me paraît assez clairement indiquée en ces termes : « Parmi les erreurs humaines, il en est dont le souvenir doit se conserver. Surtout ces vastes sistèmes qui, embrassant l'universalité des êtres, contiennent nécessairement tant de vérités. » Il reproche à Voltaire d'avoir donné un « pernicieux exemple » en jetant la dérision sur « des idées si grandes ». L'optimisme de Pope ne correspond à aucune réalité? Peut-être. Pope attribue à la nature une excellence qui n'est que dans la pensée de Pope : mais il ne résulte pas de là que l'optimisme soit ridicule. En somme, la vérité n'est point logée en tel endroit, pure et tout entière. Plutôt, elle serait éparse ; et l'on ne peut songer qu'à en recueillir les bribes, mêlées au fatras de l'erreur. Vue assez belle et subtil projet, où l'on devine du désabusement, de la curiosité, du plaisir.

Ces différents systèmes, Joubert les a intitulés singulièrement : « système d'eux », « système de l'autre », « système d'un nommé... » Le nom ? D'abord, un D ; finalement un *s*; dans l'intervalle, un *n* et, je crois, un *i* : mais je ne déchiffre pas ce monogramme. Deux ou trois autres « systèmes » n'ont pas de titre. Peut-être le « nommé… » est-il un ami de Joubert, un autre Dardenne, et qui n'a point écrit. Joubert n'appellerait pas « le nommé… » un écrivain dont le nom désignerait une œuvre : et n'est-ce pas une conversation qu'il a notée, une série de conversations qu'il a résumées ? Et puis « l'autre », et puis « eux », qui est-ce ? Exactement, à mon avis, ce n'est personne. Il me semble que Joubert entend formuler, non la doctrine de tel ou tel philosophe, mais bien des types de pensée philosophique.

Le recueil des systèmes ne forme point un système. Je veux dire que Joubert ne les a pas disposés de telle sorte que leur arrangement fasse une dialectique et aille à une conclusion. Ce seraient, si l'on veut, les éléments d'un dialogue philosophique. Et encore les interlocuteurs ne sont-ils pas en contact. Ils ne discutent pas. Joubert s'est enfermé successivement avec chacun d'eux : il ne les met pas aux prises ; il cantonne chacun d'eux, qui a raison tout seul, étant seul.

Premier système ; ou l'un des systèmes. La société n'a pas d'autre objet que de « rendre les hommes polis ». Les peuples polis sont les peuples parfaits. Or, « la monarchie et même la religion contribuent infiniment à répandre l'aménité dans les mœurs ». Donc, préservons la monarchie et la religion. Ni plus ni moins : le despotisme et la superstition rendent les hommes « sombres » ; la république et l'athéisme rendent les hommes « fiers ». La perfection, c'est chez nous le siècle de Louis XIV : « alors, les âmes étoient douces, les vices et les vertus modérés, le langage d'une politesse qui n'eut plus d'exemples ». Plus de liberté, non : c'est anarchie ; plus de vertu, non : c'est férocité. De la mesure, la bonne dose, et non point l'excès. Voilà le système d'un conservateur aimable.

Voici un rude philosophe. Les têtes humaines, dit-il, ont perdu leurs principes tutélaires. Donc, il n'y a plus d'espoir que dans un gouvernement « tirannique et cruel ». Vous avez démoli le Petit Châtelet ? Sottise : les prisons doivent être des lieux « de rigueur et même d'horreur ». Vous accordez des lits aux criminels ? Il faudrait leur ôter la paille ! Mais on fourrait au Petit Châtelet des diables anodins, des prisonniers pour dettes ? « Quiquonque doit est un homme injuste ! » Des innocents ? Le beau malheur ! « il vaudroit mieux que cent innocents fussent opprimés qu'un seul coupable impuni ». Assez de « générosité », c'est folie ! Où la douceur va-t-elle se nicher ? On parle maintenant d'adoucir la guerre : niaiserie ! Niaiserie, si les soldats sont « des hommes » ! Il n'y a point de justice à observer devers un ennemi : la seule loi est de le perdre. Quand Joseph II vint en France, que ne l'a-t-on mis à la Bastille ? Quand nous nous sommes emparés de Saint-Eustache, nous avons traité les Anglais trop galamment : va-t-on se battre comme on s'oblige ? Il faut que la guerre soit cruelle. A condition d'être cruelle, la guerre est bien utile, pour donner de l'énergie aux peuples. Pas de langueur ! Louis XIV a très heureusement taquiné les Calvinistes. Il les a bannis : ce fut « un grand bien ». Quoi ! la France en était à craindre Genève. Quant aux victimes, qu'elles s'en prennent, non pas à Louis XIV, mais à Calvin ; puis à elles-mêmes : ces gens qui s'obstinaient dans l'erreur s'étonnent qu'on s'obstine à les détruire !... Voilà le système de la violence et, après l'ami de la monarchie, le partisan du despotisme.

Le « nommé... » va-t-il les départager. A son avis, les gouvernements n'importent guère : on est heureux en France, en Suisse, à Constantinople, c'est-à-dire sous la monarchie, la république et le despotisme. Les hommes « n'ont qu'à être sages ». Ils peuvent l'être sous les divers gouvernements : « adoptons celui qui est établi, c'est toujours le meilleur, puisque aucun ne vaut mieux ». Qu'est-ce qui vous empêche d'être heureux ? La pauvreté ? mais « la richesse, la pauvreté sont deux états indifférens en eux-mêmes ». Vous êtes riche si vous avez du pain et un vêtement : tout le monde en a ; du moins, personne n'est forcé d'en manquer longtemps, quel que soit le régime politique. Quant à la religion, notez qu'on peut être heureux avec sa religion, et qu'on peut l'être sans religion. D'ailleurs, silence : trop de philosophie ! Vous énoncez des principes généraux : quoi de plus vain que les principes généraux ? Ils ne s'adressent à personne. Ils s'adressent au public ? Mais, le public, ce n'est personne : parlez-moi de l'individu. Adressez-vous, non au public, à votre voisin ; donnez-lui, non des principes généraux, des maximes de détail. « Tout ce qui, en morale, n'est pas d'un usage actuel ou déterminé ne sert absolument à rien. » Les « théories » ont fait beaucoup de mal, ont exalté l'intelligence, ont « énervé les âmes ». On a multiplié les livres, « ce qui est un grand mal » : la lecture rend les hommes nonchalants ; et tout le bonheur humain, c'est d'agir. Assez de doctrines ; et beaucoup trop d'éloquents programmes ! « O la belle chose que la société telle qu'elle est ! » Les plus habiles y font preuve d'industrie ; les plus vigoureux portent des fardeaux : « Ainsi, chacun est à sa place et chacun jouit de l'espèce de bonheur fait pour lui sans qu'aucun soit plus heureux qu'un autre. Je me trompe. Le portefaix est plus heureux que le ministre... » Voilà le système de l'eudémoniste content, si content de la réalité que les chimères le dégoûtent.

« L'autre » n'est pas un fanatique de la violence ; mais il révère la force, comme la plus grande qualité de l'homme : par la force, l'homme est libre. De la force partout ; de la force dans le style ! La prétendue « délicatesse » n'est que faiblesse sous un autre nom. Il s'agit d'émouvoir : vivent les « écarts de l'imagination », s'ils secouent les multitudes mieux que la justesse des raisonneurs ! Remuez le peuple : voilà le vrai talent. Que l'écrivain soit « un guerrier » ; après cela, peu importe comment il écrit, avec ou sans grâce : « qu'il se serve de l'épée ou de la lance, du sabre ou du crik, de la massue ou de la dague ; pourvu qu'il assène vigoureusement son coup, il est bon guerrier ! »

Le « système d'eux » et, je crois, le plus beau, c'est le système de la résignation philosophique. L'ordre physique et moral que nous voyons établi dans l'univers est le seul qui ait jamais existé : le seul possible. Nous avons pu le corriger sur quelques points, ou croire que nous le corrigions. Bref, nous supprimons des maux anciens : d'autres maux surviennent, différents et d'une importance égale; « une somme de biens et de maux indiminuables est essentiellement liée au système de l'univers » et « il est de l'essence des choses que le même nombre de maux et de biens subsiste toujours ». Il disparaît une maladie : une autre la remplace. Des superstitions disparaissent : d'autres les remplacent. De nouvelles oppressions remplacent les oppressions détruites et des douleurs succèdent aux douleurs. Méditez le passé, cherchez-y les temps à venir et préparez le genre humain à des changements que certaines précautions peuvent rendre mieux supportables : n'essayez pas davantage. Détruisez quelques abus politiques; mais seulement les « abus secondaires », car, « pour les causes, il faut bien se garder d'y toucher ». Imitez la lenteur ordinaire de la nature : si vous précipitez votre activité, vous produirez des secousses qui sont ce que l'humanité endure de plus désastreux. Enfin, « ce que le sage pourroit faire de plus utile, ce seroit d'embélir les erreurs dominantes chez ses contemporains ». Pas d'utopies et pas de ces signes de l'utopie, les changements de régime : « Eh! qu'importe que les maux de la république succèdent aux maux de la monarchie ou que la monarchie succède au despotisme?... Changés les mœurs et non pas les empires, la morale et non pas la religion, la police et non pas le gouvernement... » Changez les mœurs : en d'autres termes, substituez à l'impatience la patience, aux velléités outrecuidantes les vertus d'assujettissement. Tout ira bien si les hommes comprennent que les maux politiques et moraux sont inévitables au même titre que les maux physiques et comprennent que tout ce qui est humain dépend de la nécessité. Rien ne peut être mieux que ce qui est : et vous vous attristez ; mais aussi rien ne peut être plus mal : et consolez-vous. Donc, « ce qu'il faut présenter aux hommes comme ce qu'il y a de plus beau, c'est le tableau de la subordination ». Que les « rêves de Mahomet » succèdent aux rêves de Brama, que le christianisme triomphe du théisme ou que les opinions vraies détruisent les opinions fausses, c'est de petite conséquence. « L'homme est fait pour toutes les opinions, excepté la vérité... » Si quelques hommes sont capables de quelque vérité, ne tentez pas d'enseigner la vérité à tous les hommes : ils ne sont point égaux; « la nature fait tout inégal ». Prêchez l'assujettissement, la subordination, la patience. Inutile apostolat ? Les hommes ne vous écouteront pas; mais « la nature, en faisant son cours, les retiendra toujours dans les bornes qui leur seroient prescrites par la sagesse ». Voilà une terrible doctrine, qui aboutit à la sérénité et qui nous tarabuste jusqu'à nous mener à l'optimisme. Quel optimisme bien différent de celui de Pope, et qui a bien l'allure du pessimisme ! Il dénigre l'intelligence humaine et, ceci est plus grave, l'activité humaine. Il est désespérant, s'il nous ôte l'illusion de l'efficacité. Il est désespéré, mais raisonnable, et satisfait de l'être, souriant. Il est ironique et sérieux, triste avec circonspection ; et il prétend faire beaucoup pour le bonheur humain si, en nous détournant des attentes, il nous épargne les déceptions. Une telle sagesse un peu mélancolique, mais calme, serait opportune bientôt : la révolution sera une impatience déplorable de gens mal désespérés.

Ces différents systèmes, les uns avec leur air de paradoxe effronté, les autres avec leur savante modération, très divers, se ressemblent tout de même en ce que nul d'entre eux n'est crédulement réformateur. Joubert, en les plaçant côte à côte, et pourvus tous de leurs arguments, indique son incertitude philosophique. Il ne les réfute pas. Si chacun d'eux est une objection pour un autre, Joubert ne témoigne pas de sa préférence. N'a-t-il pas de préférence et est-il en état de parfaite sagesse ?

Il y a, dans la même liasse, un feuillet où deux paragraphes posent l'un la thèse et l'autre l'antithèse, l'un marqué de la lettre F et l'autre de la lettre J. Je conjecture que l'F désigne Fontanes et, le J, Joubert et que Joubert a noté les conclusions philosophiques de son ami et les siennes. Fontanes montre la nature humaine en perpétuel et inutile changement : « Nous ne pouvons éviter d'être changeans, d'être mécontens ; aucune situation n'est pour nous meilleure qu'une autre, parce que nous ne pouvons être fixes dans aucune. » Joubert répond : « C'est donc à dire qu'il n'y a rien de fixe dans l'organisation de l'homme ? C'est donc à dire que nos os ont une mobilité perpétuelle et nos nerfs une fluidité parfaite ? C'est donc à dire enfin que la nature de l'homme est nulle ? J'avoue avec vous qu'il cherche perpétuellement le mieux ; mais c'est que le mieux ne se trouve réalisé nulle part. Mais soiés assuré qu'il est possible. Il y a des sensations plus agréables que les autres. Il y a donc des gouvernemens meilleurs que les autres, des loix bonnes et mauvaises et de bonnes et mauvaises mœurs, etc. » En somme, Joubert ne se tient pas dans le scepticisme; et il croit au progrès. Les différents systèmes qu'il a présentés ont ensemble cette analogie de traiter et, finalement, de résoudre par la négative la question de la perfectibilité humaine. Joubert admet au moins quelque perfectibilité : pour nier qu'elle soit, d'essence même, illusoire, il a le critérium suffisant de la sensation. Sa pensée est assez nette dans un autre passage, où il examine la philosophie de Rousseau. Jean-Jacques, dit-il, compare au monde existant le monde passé : il préfère le monde passé, « peut-être avec raison ». Tous ses livres sont pleins de la haine que lui inspire le temps présent; et Joubert consent que ce temps est déplorable. Mais, dit Joubert, « s'il eût porté ses regards plus loin, s'il eût apperçu le monde possible!... » En d'autres termes, Joubert ajoute au passé réel et au présent réel l'avenir possible; donc il admet la perfectibilité : il n'éconduit pas les réformateurs. Il écrit encore : « D'où vient le mal dans la nature? Ah! d'où vient [que l'] intelligence ne l'a [pas] jusqu'ici gouvernée et que tout est soumis à l'empire du hazard? » Donc, il admet, comme une possibilité, le règne de l'intelligence réformatrice.

La complaisance avec laquelle il expose divers systèmes et ne choisit pas trahit son irrésolution. Je ne crois pas qu'il soit en possession d'un système. Mais il possède au moins quelques présomptions dogmatiques et des principes, négatifs peut-être, parmi lesquels on dirait bien qu'est fort décidé cet athéisme que Milran lui attribue. Cela se voit dans ce passage où il suppose que, du point de vue social, on reproche à l'athéisme de réclamer, pour être jamais possible, trop de bonté, de justice et de science. Il réplique : je vous y prends, « vous croiés donc que des hommes qui auroient toujours été athées et matérialistes auroient une tête plus saine et des sentimens meilleurs que nous ! » Un tel aveu lui est précieux. Il blâme le spiritualisme de nous accoutumer à des conceptions si subtiles que « nos pensées, nos sentimens et notre stile n'ont plus de corps ». Eh! bien, « les idées menues rendent les cœurs pusillanimes ». Un style vigoureux est un style matérialiste. Et, « plus le stile a de corps, plus il est moral », parce que les abstractions ne sont que néant; le style abstrait « habitue la conscience à ne pas juger ». Enfin, « s'il arrive que la langue se perfectionne tellement qu'elle devienne toute phisique, cette révolution en causera une importante dans les mœurs ». Linguistique et philosophie sociale se rejoignent ici.

Joubert se promène à Saint-Sulpice, un jour, et note : « C'est dans de pareils temples que l'homme est religieux et qu'il devient esclave ; c'est devant de tels autels qu'il s'instruit à la servitude. Car tout sentiment religieux est un sentiment servile et quiquonque s'agenouille devant Dieu se façonne à se prosterner devant un roi ! »

Ce Joubert-là est jeune et fort jaloux de ses libertés intellectuelles. Sa vivacité l'entraîne assez loin.

S'il n'a point un système encore et une philosophie,
ce qui lui manque davantage, c'est le doute ; et il
conclut, sans le vouloir, avec plus d'impétuosité
que n'en comporterait sa méthode. Cependant, la
collection de systèmes qu'il a faite lui est et surtout
lui sera un excellent trésor et comme une provision
du scepticisme le meilleur, celui qui vous empêche
de nier à l'étourdie, et qui vous préserve des longues erreurs, et qui vous prépare de bonnes rêveries. Tel que le voilà, les philosophes et même les
ouvriers de la révolution pourront le séduire : ils
ne le garderont pas.

Mais, dans sa tête, à cette époque, le grand
tumulte d'idées ! Il a connu, il a quelquefois aimé
les plus aventureuses tentatives de ses contemporains les plus déraisonnables, leurs espérances,
leurs toquades, pêle-mêle. Il a participé à ce
trouble, à cette alarme et à cette fureur des intelligences, qui ne savent pas où elles vont, qui le
sauront bientôt, les plus saines, avec chagrin.

Au mois de novembre 1787, Joubert quitte Paris
et il passera presque toute une année à Villeneuve-
le-Roi.

Plus il a l'âme agitée, plus le calme de la petite
ville lui est agréable et bienfaisant. Paris ne
l'amuse guère et le fatigue. Il ne voit plus beaucoup
Fontanes, à Paris. Fontanes voyage : est-ce à
cause de ses créanciers ? ou bien, faute d'argent,
pour être hébergé, ici ou là ? ou bien éprouve-t-il,
de même que Joubert, une sorte de malaise mental
et moral auquel Paris ne convient pas ? Le 2 mars,
Fontanes racontait à Joubert le séjour qu'il avait

fait à Genève, chez un de ses parents, M. de Fontanes, pasteur et professeur. Puis il partit encore. Le 24 août, il est à Vevey, d'où il écrit à Joubert (lequel est à Paris, pour un bout de temps, et toujours au petit hôtel de Bordeaux) une lettre bien enthousiaste : « Ah ! mon ami, je vous appelle. Que n'êtes-vous à Vevey, pour admirer, pour pleurer, pour sourire, pour recevoir toutes les émotions douces de l'âme ?... » C'est qu'il a vu le Mont Blanc. Même, il a fait de l'alpinisme, traversé le glacier des Bossons et la mer de glace : la « hauteur effrayante » des montagnes l' « écrase ». Puis il s'est « enfoncé » dans le Valais ; et il s'écrie : « Non, l'âge d'or n'est point un rêve : cette délicieuse vallée réfute tous ceux qui n'y croient pas. Feuilletez Homère, Virgile et tous les poètes que vous aimés le mieux, et lorsque vous serés plein de leurs plus aimables tableaux, venés ici : vous oublierés vos poètes et vous vous mettrés à genoux devant le grand poète qu'on ne peut égaler... » Dieu ?... « devant la nature ». Le lac Léman, depuis Villeneuve jusqu'à Vevey, lui est un enchantement. Certaines roches lui ont rappelé « celles que peint Télémaque dans le lieu où il est berger ». Il se souvient de la Nouvelle Héloïse. Les filles du pays comptent aussi dans son plaisir. Il les compare à Ève et à Nausicaa : « vous aimeriés mieux cette dernière, parce qu'elle est homérique ». Il prend le bateau pour aller à La Meilleraye : « Hélas ! je n'ai point de Julie... » C'est triste : dans un si beau site, aimable et riant ! Les « filles charmantes » ne manquent pas. Oui, « des tailles élevées, des gorges parfaites, le bras beau, même parmi les cuisinières » : elles ont tout cela, ces filles ; seulement, elles ont, les mâtines, « des mœurs ». Eh ! bien, « ce qui vous étonnera, c'est que ce dernier article ne m'afflige point : on reprend la première innocence du premier monde dans ce paradis terrestre ». En somme, le grand air est bon pour Fontanes. Jamais, dit-il, la vie ne lui a été plus précieuse ; et cependant jamais l'idée de la mort ne lui a semblé suave comme « sous ce beau ciel et sur ces rives enchantées » : heureuse combinaison, très philosophique. « Adieu ; que ne voyez-vous ce que je vois? » Le 7 avril 1788, Milran, qui est à Cherbourg, écrit à Fontanes et se plaint de ne plus le rencontrer quand il visite les bords de la Seine : « Vos goûts vous enlèvent à cette capitale... » Il lui écrit prose et vers. Il le déclare un homme heureux : de la santé, de la jeunesse et des talents ; — « et lorsque les Zéphirs unis — ont repoussé le froid Borée — vous allez vivre en ce pays, — du grand Tell l'heureuse patrie »... On ne voit plus Fontanes à Paris.

Joubert, ses amours lui ont donné plus de tracas certainement que de félicité, lui ont laissé un pénible souvenir. Il n'est plus l'amant d'Agnès ; je crois qu'il n'a pas cessé tout à fait de la voir et, sinon de l'aimer, de lui garder une amitié scrupuleuse. Séparée de son mari, elle demeure en Bourgogne. Assez dignement, elle tâche de gagner sa vie, à Joigny : et Joigny n'est pas loin de Villeneuve. Dans les carnets de Joubert, à la date du 14 juillet 1788 : « Passage de Mme R. au coche. » Ce doit être Mme Restif. Mais elle passe. Joubert l'a vue un instant, à la maison de poste, qui est dans la grande rue de Villeneuve. Tandis qu'on a changé les chevaux du coche, elle et lui se sont dit bonjour, ne se sont pas dit grand'chose, ont un peu plus souffert qu'ils n'ont parlé ; puis chacun d'eux est allé où il allait, Agnès donc à Joigny, et lui Joubert à quelque promenade plus rêveuse qu'à l'ordinaire.

Joubert, à Villeneuve, est l'hôte d'un de ses parents, le cousin Desmonts, Elie Desmonts, fils de Pierre Desmonts, le notaire de Montignac, et de Catherine Queyroy. Jean Joubert était fils d'une Toinette Queyroy, sœur probablement de Catherine ; de sorte qu'Elie Desmonts, cousin-germain de Jean Joubert, devait être l'oncle à la mode de Bretagne de Joseph Joubert. Cet Elie Desmonts, fourrier au régiment de mestre de camp général des dragons en quartier à Villeneuve-le-Roi, s'était marié à Sens, le 24 janvier 1775 ; il avait épousé Geneviève Civet, fille de Pierre Civet, bourgeois de Villeneuve, et de Marguerite Clément. A la retraite après une carrière modeste, il habitait son ancienne garnison, Villeneuve, où se retiraient volontiers les militaires émérites.

Il y avait, à Villeneuve-le-Roi, une société de très aimable bourgeoisie, et qui vivait en bonne intelligence, égayée de réceptions, de fêtes où l'on observait la règle d'une élégante simplicité. Une ville de province et une vie de province ; mais aussi Villeneuve, qui est sur la route de Paris à Lyon, servait d'étape à un grand nombre de voyageurs qui, souvent, s'y attardaient, séduits par le gracieux paysage de la rivière et des coteaux. Villeneuve demeurait chez elle, enfermée entre ses murs, mais

ouverte de ses deux portes, et accueillante. Aussi
elle n'était pas farouche et maussade comme
d'autres petites villes que leur situation relègue et
isole.

Par ses cousins Desmonts, Joubert connut toute
la société de Villeneuve, les Menu de Chomorceau,
les Devauve, les Martineau, les Chevailler, les Moreau, un petit groupe de familles très honorables
et distinguées, en relations fréquentes. Il y avait
beaucoup de bonhomie. Elie Joubert qui, de Paris,
venait quelquefois, on le chargeait de commissions
dans les magasins. Par exemple, le 26 août 1788,
il annonce à Joubert l'envoi d'un bandage pour
le cousin Desmonts; en même temps, il demande
que la cousine lui veuille dire si le cousin « fait
parasol », — c'est à savoir, il me semble, si le
cousin se promène, en dépit de l'inconvénient qui
l'oblige à porter bandage, sous le soleil d'août,
protégé d'une ombrelle : — « cela m'annoncera
l'état de sa santé ». Il fait aussi des courses pour
son frère, et pour M^llo Clément, qui était une nièce
de la cousine Elie et qui habitait avec les Desmonts
à Villeneuve.

Jean-Étienne Menu de Chomorceau, quand Joubert le connut à Villeneuve-le-Roi, avait passé la
soixantaine. Il était lieutenant-général du bailliage.
Il professait un vif amour des belles-lettres. Il
avait composé, dans sa jeunesse, des poésies qu'on
trouverait dans les recueils de l'époque. Son œuvre
la moins ignorée, ignorée néanmoins, est une imitation en prose du *Renaud* de Torquato Tasso :
deux volumes, qui parurent, en 1784, chez Mou-
tard et, bientôt, reparurent chez Royez. Il s'excuse

un peu de s'être adonné, lui lieutenant-général du
bailliage, à un travail si futile : le blâmera-t-on
d'avoir préféré aux « amusements des petites
villes » les délassements de la littérature? « Dans
cette imitation en prose, dit Joubert, M. de Chomorceau se plut à substituer souvent aux lieux et
aux hommes célébrés par le Tasse la description
de son propre païs, le nom de ses enfans, les ancêtres de ses voisins, *inspiré et soutenu*, comme il
le disoit, *par le désir d'illustrer tout ce qu'il aimoit.*
Aussi le style de cet ouvrage, monument élevé
par l'auteur à ses plus chères et plus louables
affections, ne manque-t-il ni de verve, ni d'abondance, ni de chaleur, ni de noblesse, et n'a
peut-être pour défaut que l'excès de ses qualités et
un éclat trop continu... » C'est bien certain ! Mais
qu'importe? Voilà un homme très gentil : aimant
le Tasse, aimant aussi ses enfants et ses voisins,
il a consacré son talent à réunir tous les objets de
sa tendresse. Il n'a point balancé de faire venir
Renaud et Isolier sur les rives de l'Yonne et précisément à Villeneuve ; en note : « dans la classe des
petites villes, c'est une des plus jolies du royaume
et des plus agréablement situées ». Les chevaliers
sont reçus à merveille. Une troupe de nymphes
s'empresse pour les désarmer. Ces nymphes : les
jeunes filles de Villeneuve. Et Flore, « l'élégante
Flore, qui joint au don de plaire des qualités précieuses et l'éclat et les grâces de la déesse du printemps », c'est Mlle Flore de Chomorceau ; et les
autres nymphes, la décente Sophie, l'aimable Irène,
la fine Henriette, la vertueuse Alexandrine, la vive
et folâtre Victoire, et Justine, et Lise, et Rose, et

Euphémie, ce sont les amies de Mlle Flore. Joubert avait de l'indulgence pour le *Renaud* du lieutenant-général. Il louait l'auteur d'avoir « embelli quelques épisodes et plusieurs descriptions » du Tasse et d'avoir « déguisé » ce qu'a de « révoltant » la scène de la Fontaine d'amour, dans l'original : il le fallait, du moment que l'auteur amenait dans le poème les jeunes filles de Villeneuve. M. de Chomorceau écrivait à Joubert : « Monsieur et très cher et très estimable ami... »

M. Martineau, Louis-Simon, était avocat; et il sera député à la Constituante. Sa maison est une de celles où Joseph Joubert fréquentait assidûment; et, en 1788, pour la fête de M. Martineau et sur l'air *On compteroit ses diamans*, il eut l'obligeance de composer des couplets que chanta le fils aîné de l'avocat :

> Je suis l'aîné des sept enfans
> Dont vous fêtez ici le père...

Nous apprenons, par les couplets de Joubert, que M. Martineau, sérieux et grave, jouait bonnement avec ses enfants, qu'il était bon, qu'il était juste ; que, s'il avait des ennemis, c'étaient ceux de sa franchise ; qu'on admirait sa raison, sa vertu :

> On l'eût cité dans son canton,
> Quand il eût mené la charrue !...

Joubert ne dédaignait pas ce jeu anodin des couplets. Il y mettait de la grâce et la simplicité qu'il faut. Une fois, il a composé des « couplets chantés sous l'ormeau dans les bois de Vaudouard où l'on avoit dansé aux chansons ». C'est un oiseau du bocage qui parle ; et il dit :

> Si vous voulez devenir ma compagne,
> Je n'ouvrirai mes ailes que pour vous.
> En vain l'automne a flétri la campagne ;
> Si vous m'aimez, l'hyver me sera doux...

Et, Menu de Chomorceau, Joubert le célébrait :

> Du grand Renaud évocateur magique !

Badinages ; et dont Joubert goûtait l'innocence, la gaieté saine. A-t-il dansé aux chansons, dans les bois de Vaudouard, avec les parfaites jeunes filles ? Peut-être... Il avait trente-quatre ans et il aimait les grâces de la vie.

Parmi ses petits poèmes de circonstance, et qui n'ont pas l'impertinence d'être bien lyriques, il y en a un qui est seulement esquissé, où les vers commencent à peine à se dégager et qui, laissé ainsi, me semble avoir le charme d'un sourire à peine entrevu : « Nous dansons pour nous consoler — et nous chantons les hirondelles. — Elles razent les flots autour — de nos bateaux tandis qu'on chante — leurs amours. Il semble qu'elles aiment l'air de mademoiselle... Il semble en effet né pour elles... »

La famille Moreau (Joubert épousera Mlle Moreau, plus tard) était alliée à la famille Menu de Chomorceau. En effet, Mme Moreau, née Lemoce, était la cousine germaine du lieutenant-général. Et cette propriété de Vaudouard, dans les bois et bosquets de laquelle on dansa aux chansons appartenait aux Lemoce : la mère de Mme Moreau, née Menu, avait épousé un Lemoce.

Et ne négligeons pas la famille Piat. Louis-Charles Piat, né en 1760, avait été instituteur à Villeneuve, son pays natal. Puis il fut principal des collèges de Joigny et de Nemours ; ensuite on lui donna le collège de Villeneuve. Plus tard, vers 1795, il fonda une imprimerie. On estimait beaucoup les demoiselles Piat, ses sœurs.

Je ne sais rien des Chevailler, ni des Devauve, ni d'autres familles qui devaient compléter cet ensemble de personnes louables et d'un commerce que Joubert appréciait. Je le regrette : j'aurais voulu disputer encore à l'oubli quelques bribes du passé mort et insignifiant.

Joubert se plaisait à Villeneuve, auprès de ces bonnes familles qui, plus cossues que la sienne, lui rappelaient la sienne cependant. L'atmosphère de tranquille honnêteté où l'on vivait, dans la quiète petite ville, lui était douce et reposante, après qu'il avait subi tant de tribulations à Paris parmi les gens de lettres et dans les alentours de Restif. Les jeunes filles et demoiselles bien élevées le divertissaient d'Agnès. Et il aimait cette existence peu occupée, ordonnée sagement ; il y devinait le projet de sa destinée. Il travaillait sans hâte, profitait du silence, rêvait, lisait Cook et ses voyages.

Le 25 novembre 1787, jour de Sainte-Catherine et fête de Mme Desmonts, il note : « Promenade à dix heures du soir... » Le 30 janvier 1788 : « Mariage d'Edmeton... » Mais je ne sais pas qui est Edmeton. Le 7 février : « Arrivée de Fontanes... » Fontanes vint passer un peu de temps à Villeneuve.

Autour de Villeneuve, dans un rayon d'une lieue et demie, les deux amis faisaient maintes promenades ; et j'en trouve la mention dans les carnets. Ils allaient à Baudemont, à Saint-Joseph, dont Joubert note le vin blanc, à Beaujards, au Buisson-Souëf, — « agneaux bêlans », — et, le 24 mars, lendemain de Pâques, au Bois de Saint-Martin ; et, au mois d'avril, à Val-Profonde : « chanson dans la vigne ». A Val-Profonde, il y avait la famille Deforceville : et un frère de Mlle Moreau, qui devint Mme Joubert, était veuf d'une Deforceville. Durant ces promenades, les deux amis admiraient la nature, bavardaient, mélangeaient la philosophie et la gaieté.

Le 3 mars, Joubert fait ses comptes. Il a reçu en dépôt, de sa cousine Catherine, six livres. Il a une livre douze sols à payer au perruquier ; il achète pour lui de la poudre à huit sols. Dans son carnet, il y a ce memento : « *7 mai, mercredi*, départ de ma cousine. — *8, 9, 10*, promenades et jeux du soir. — *22*, première Fête-Dieu. — *29*, octavé. » Mois de juin : « *22*, l'abbé... » Est-ce l'abbé Moreau, un frère de Mlle Moreau ? Probablement. « *24*, saint Jean. Retour de Nan... » Et, Nan..., c'est probablement le surnom de Mme Desmonts. A la fin du mois, Joubert va passer deux jours à Piffonds, qui n'est pas loin de Villeneuve. « *Mercredi 2 juillet*, retour. Température d'été. Sculpture vue sur la porte d'un paysan. Réflexions. *Jeudi 3*, promenade le matin. Ecriture. Celle-ci. Après-midi... » Et c'est tout. Il se promène beaucoup. Il ne travaille pas beaucoup. S'il travaille, c'est à un éloge de Cook le navigateur. Il flâne davantage.

Le goût qu'il avait pour Villeneuve, il l'a marqué dans une petite composition qu'il écrivait à la fin de juin 1788, sous la forme d'une lettre : « Monsieur le comte, j'habite un pays charmant. C'est ici que j'aimerois à vivre avec vous... » Il a biffé ce début. Je ne sais pas qui est ce comte ; je crois que ce n'est personne, qu'une fiction de littérature... « C'est ici que la nature et la culture se donnent doucement la main et ne se quittent en aucune saison. C'est ici que la terre offre à tous les âges depuis X ans jusqu'à C ans une variété de travaux qui ne permet guères à personne ni de se reposer ni de se lasser. C'est ici que la perfection même du travail en cache la peine : vraiment ces gens-ci ont bien plus l'air de décorer leur pays que de le labourer. On diroit qu'ils n'ont rien fait que pour leur plaisir. Chaque sep de vigne est cultivé avec autant de soin et d'amour que peut l'être un pied d'oranger dans les jardins de vos pareils... Il n'y a pas un pouce de terrein qui soit négligé ; il n'y a pas une plante qui meure sur pied et qui ne soit cueillie en son temps pour quelque usage de la famille. J'en aurois compté, si j'avois voulu, plus de cinquante qu'on foule aux pieds dans les pays les plus économes et dont les enfans connoissent tous ici les noms, les variétés et la demeure favorite. C'est eux et surtout les petites filles qui sont chargés de ces menues récoltes convenables à leur taille. On ne voit point ailleurs tant de petits paniers ni de petites hottes. Il semble que les petites filles soient chargées du soin de tenir la terre propre quand leurs parents prennent le soin de la couronner d'arbres et de fruits. On compteroit au pied de leurs touffes tous les tuyaux du seigle et du froment dans un champ, on compteroit tous les grains du gravier dans un vignoble. Rien n'est ici hors de sa place, ni à sa place plus de temps qu'il ne le faut. On trouveroit ailleurs plus d'opulence dans les moissons et dans la terre une plus superbe fécondité. On ne trouvera nulle part l'ordre rural établi avec tant de perfection ny observé avec tant d'exactitude. Tous les habitans de ce lieu-ci sont des fourmis : le village est une fourmilière. Si ce n'est que tout s'y fait en quelque sorte posément et sans précipitation. Ils ne travaillent point comme des paresseux qui se hâtent pour se débarrasser de leur besogne comme d'un fardeau, mais comme des hommes amis de leur occupation et qui ne veulent point s'y soustraire. On compteroit tous leurs pas comme toutes les feuilles de leurs vignes. Ils ne connoissent ni la précipitation ni la lenteur. Aussi, quoique vifs, ils sont sensés. C'est un lieu fait pour le bien-être. » Cette impression d'ordre charmant et de netteté que donnait à Joubert la campagne de Villeneuve, il la recevait aussi de la société dans laquelle il vivait. Et il aimait cela, autant que l'avait bouleversé le désordre de sa vie parisienne. Il note, sur son carnet d'alors, les dimanches et les fêtes religieuses : je crois qu'il allait, comme tout le monde, à la messe et aux offices. Il aspirait à une existence bien ordonnée, honnête et calme.

CHAPITRE II

LE CHEVALIER DE LANGEAC

Voici un personnage, un peu drôle, et recommandable, qui, dans la jeunesse de Joubert, eut un rôle assez important, — mais non le rôle qu'on a dit : — le chevalier de Langeac.

Sainte-Beuve l'a connu : c'est dangereux, d'avoir été connu par Sainte-Beuve. En 1838[1], Sainte-Beuve remercie de tout son cœur le bon chevalier qui, sur Fontanes, lui a donné des renseignements précieux ; le chevalier de Langeac, dit-il, « aujourd'hui encore vivant » et qui vient d'entrer dans sa quatre-vingt-septième année. En 1845, le pauvre vieux Langeac est mort ; il n'y a plus à lui faire de peine et, à propos d'un écrivain qui recherche avec trop de zèle les lauriers académiques, Sainte-Beuve écrit : « J'ai eu l'honneur de connaître un très vieux littérateur, le chevalier de Langeac, qui, dans sa première jeunesse, avait remporté un prix à l'Académie vers 1770 ou 1769, un prix en concurrence avec La Harpe et de préférence à lui (quel honneur !) ; mais ce premier triomphe ne s'était plus renouvelé et, depuis ce prix mémorable, le digne lauréat n'avait pu obtenir, dans les concours nombreux auxquels il s'était voué, que de simples accessits. Ce qui lui en était resté de chagrin au fond, dans une âme assez légère, était inimaginable, et je l'ai entendu à près de quatre-vingt-dix ans revenant à satiété en vieil écolier sur ces injustices prétendues ou réelles dont il avait été victime... »[2] Voilà ridiculisé le pauvre Langeac. Il prêtait à la plaisanterie. On ne l'a point épargné ; de son vivant et après sa mort, on l'a taquiné ; puis on l'a calomnié. Il n'avait pas un grand talent ; surtout, il n'a pas eu de chance.

Egide-Louis-Edme-Joseph de Lespinasse, cheva-lier de Langeac, naquit à Paris le 2 octobre 1752[3] : il avait donc un an et demi de plus que Joubert. Il appartenait à une très ancienne famille, connue depuis un seigneur de Lespinasse qui, en 1066, accompagna Guillaume de Normandie à la con-quête de l'Angleterre. Au xv⁰ siècle, par un mariage, la maison de Lespinasse acquit des droits sur la baronnie de Langeac. Langeac, ville qui renfer-mait plus de quatre cents feux, était le chef lieu du Langeadais, à la limite de l'Auvergne et du Gé-vaudan[4]. D'ailleurs, il semble qu'il y ait eu, pen-dant deux ou trois siècles, contestation sur cette baronnie entre les Lespinasse et les descendants des premiers seigneurs de Langeac. Ceux-ci, les Gilbert-Allyre de Langeac, comptaient parmi les membres de leur maison saint-Allyre, évêque de Clermont et qui vécut au iv⁰ siècle : ils jouissaient « de plusieurs beaux droits dans l'abbaye qui porte le nom de ce saint »[5]. Joubert a connu ces Gilbert-Allyre de Langeac, l'un d'eux au moins. Je trouve, dans ses papiers, cette note qui contient une réflexion morale comme suite à la remarque d'une immoralité : « Chez Dallyre, à l'occasion de la petite fille. *C'est contre la belle nature.* Toute action, tout usage, tout établissement, tout sentiment, toute idée, dont on peut porter ce jugement, est une action blâmable, un usage pernicieux, un établissement funeste, un sentiment injuste, une idée fausse. Ce qui est contraire à la belle nature est toujours contraire à la saine morale. » Le jeune Joubert, en philosophe, cherche le fondement de la morale et est sensible aux idées de Rousseau ; quant à d'Allyre, il a une maîtresse un peu trop jeune, probablement [6].

Le chevalier de Langeac était fils d'Etienne-Joseph de Lespinasse, marquis de Langeac, comte d'Arlet, baron de Saint-Ilpize, entré au service à treize ans, plusieurs fois blessé à la guerre et notamment à Fontenoy, chevalier de Saint-Louis, colonel des grenadiers royaux, gouverneur du château de Pierre Pertuse, commandant des ville et citadelle du Pont-Saint-Esprit et du Bas Languedoc, brigadier des armées du roi, maréchal de camp et qui, né en 1727, vécut jusqu'en 1809 : la longévité est une habitude de la famille ; l'honneur aussi. Egide-Louis-Edme-Joseph est le deuxième des fils et de sept enfants, dont une fille. On lui donna le nom de chevalier de Langeac et, à titre de cadet, on le pourvut de bénéfices ecclésiastiques. A cinq ans, il fut agréé comme chevalier non profès de l'ordre de Malte en la vénérable langue et grand prieuré de France, et plus tard comme prieur de La Réole, d'Aymeries et de Saint-Martin de Crécy et gouverneur de la ville de Poitiers. Il

eut parfois quelque difficulté à percevoir ses revenus, considérables[7].

Dès son enfance, le petit « abbé » de Langeac
se montra curieux de poésie. Le 25 août 1767, l'A-
cadémie annonça que, pour l'année suivante, le
sujet du prix de poésie était « au choix des auteurs »[8].
Le petit abbé de quinze ans se mit à l'ouvrage. Il
choisit pour sujet : « Lettre d'un fils parvenu à son
père laboureur »[9] ; et il énonça de louables sentiments :

> Non, mon père, jamais votre fils égaré
> Par les illusions dont il est entouré
> Ne cessera d'aimer l'auteur de sa naissance...

Somme toute, il eut le prix. Les rivaux étaient La
Harpe, déjà célèbre comme auteur de *Warwick* et,
l'année précédente, couronné par l'Académie pour
un *Discours sur les malheurs de la guerre et les
avantages de la paix*, et Rulhière. De l'aveu même
de l'Académie, l'envoi de Rulhière était préférable.
Mais, quoi ! Rulhière, abusant de la liberté que l'A-
cadémie accordait aux poètes, avait écrit une satire
Sur l'inutilité des disputes ; on pouvait y apercevoir
des « personnalités » inquiétantes : et Rulhière
fut évincé. Le 25 août 1768, fête de Saint-Louis,
à l'assemblée, l'Académie décerna la couronne au
petit abbé de Langeac. Mais il n'emporta point sa
couronne en paradis ! Les amis de Rulhière menè-
rent une rude campagne contre le lauréat. Diderot
prit sa bonne plume et il écrivit à Falconet que
l'Académie s'était mise « dans la boue » en primant
« une pièce très plate d'un petit abbé de Langeac,
pièce plus jeune encore que l'auteur ». Et il ra-

conta des potins : le poème de Langeac, si médiocre, n'était seulement pas de Langeac. Il était
de Marmontel ; et Marmontel l'avait composé pour
« le petit calotin ». Diderot, là-dessus, raffolait
d'opportune admiration pour la satire de Rulhière.
Il prit encore une fois sa bonne plume ; et il écrivit
à Mlle Volland : « Depuis que les pièces de poésie
qui ont concouru ont été imprimées, on a fait ces
deux vers, à propos de celle de M. de Langeac :

Ordre à nos grands esprits de trouver ces vers beaux.
Signé Louis, et plus bas Phelippeaux [10]. »

Il était si fâché que, les académiciens, il les appelait les « quarante oies ». Il ne leur pardonnait
pas d'avoir couronné « une mauvaise pièce », et
d'un abbé.

Ni la lettre à Mlle Volland ni la lettre à Falconet,
Langeac ne les a lues. Mais, en 1798, on publia le
Salon de 1767, de Diderot ; Langeac y put lire ce
passage : « Les quarante oies viennent de couronner une mauvaise pièce d'un petit sabbatin Langeac [11], pièce dont on fait honneur à Marmontel, qui
pourrait dire comme le paysan de Mme de Sévigné,
accusé par une fille de lui avoir fait un enfant : Je
ne l'ai pas fait ; mais il est vrai que je n'y ai pas
nui. » Et Diderot imaginait un dialogue de Marmontel et d'un jeune homme, très aimable et modeste, — modeste en apparence, — et qui devint
célèbre, Chamfort. Chamfort disait : « Il faut que
la pièce que vous avez préférée soit excellente ? »
Marmontel demandait, avec simplicité, pourquoi.
Excellente, pour être meilleure que celle de La

Harpe ! Marmontel répondait qu'un poème qui l'emportait sur un écrit de La Harpe n'était pas nécessairement un chef-d'œuvre. — Mais si ! — Vous ne vous y connaissez pas ! — Alors Chamfort : « Si la pièce de La Harpe est mauvaise et si pourtant elle est meilleure que celle du petit sabbatin, celle-ci est donc détestable ? » Marmontel ne disait pas non… « Pourquoi couronner une pièce détestable ? » Marmontel, insolent : « Pourquoi n'avoir pas fait cette question-là quand on a couronné la vôtre ? »[12] De quel œil, en 1798, Langeac lut-il ces méchancetés de Diderot ! Car il avait eu de bonnes relations avec le philosophe. La vie de Langeac est toute pleine de déboires.

Mais, en 1768, le petit abbé regorge d'espérance. Il désirait si bien d'avoir le prix à l'Académie qu'à tout hasard il a envoyé trois poèmes : une *Ode sur la colère* et, avec la *Lettre d'un fils parvenu à son père laboureur*, une *Épitre d'un fils à sa mère*. Il fit imprimer à part le poème qui avait emporté le prix ; et, les deux autres poèmes, dont il était l'auteur et le vainqueur, il les fit imprimer avec une églogue : « Les parens sur l'amour l'emportent, au village »…[13] La même année, il concourut à l'Académie de Rouen, pour un *Éloge de Corneille*[14], sans intérêt d'aucune sorte. D'ailleurs, on perdrait son temps à tâcher de caractériser sa poésie : elle mérite les sévérités de Diderot ; ou elle mérite une indulgence évasive. Mais il ne le sait pas ; et il s'infatue. Sa qualité d'abbé ne le contente pas. La gloire des armes le tente. Le 4 août 1771, quand il a dix-neuf ans, le duc de Luxembourg, colonel de Hainaut infanterie, lui fait accorder le rang de sous-lieutenant non appointé dans son régiment[15]. C'est le début d'un jeune gentilhomme. Trois ans plus tard, il est capitaine aux dragons de Lorraine, sous le prince de Lambesc. Alors, il obtient un congé « pour être employé pendant trois ans dans les cours étrangères en qualité de conseiller d'ambassade ». Quel improvisateur ! à seize ans, poète et lauréat ; sous-lieutenant dès qu'il le souhaite ; enfin, diplomate !... C'est brillant, d'abord ; ensuite, n'ayant réussi que mal, il se plaindra : « Avec les faibles appointements de trois mille livres, j'ai résidé à Vienne, à Dresde, à Berlin et à Pétersbourg ; et j'ai dépensé plus de quatre-vingt mille livres de ma fortune... [16] » Après l'échec de ses ambitions, il trouve que c'est cher. Jeune, il ne regarde pas à la dépense, aux fins de parvenir. Il revient en France et reprend la carrière des armes. La guerre d'Amérique amène justement une rupture avec l'Angleterre. Belle occasion de se faire valoir ! Il n'hésite pas. En 1778, à ses frais, il lève une légion, qui reçoit le titre de légion de Nassau et dont le roi veut bien le nommer colonel en second. Cela lui coûte cent quatorze mille livres.

Cette même année, l'Académie, « tant pour encourager l'étude de la langue grecque que pour engager les jeunes gens à choisir leurs modèles dans la saine antiquité », a proposé « la traduction, en vers alexandrins, du commencement du XVIe livre de l'Iliade ». Langeac se souvient de sa gloire et concourt. L'Académie décide que le prix ne sera point donné, « aucune des pièces du concours n'en ayant été jugée digne ». La meilleure est encore celle de M. L'Œuillart, jeune homme de dix-neuf ans. M. de La Harpe lut en partie la pièce de M. L'Œuillart : et, de Langeac, on ne lut rien. Langeac publia son poème [17] et s'occupa de sa légion : le colonel divertissait le poète. Le colonel, en 1779, commandait sa troupe à l'attaque de Jersey ; aux mois d'avril et de mai, à la baie de Cancale, il repoussait les Anglais. La récompense ? « Le roi donna cinq cent mille livres au Prince de Nassau ; je n'ai rien obtenu. Le prince de Nassau devoit me rembourser en me cédant sa légion : il en fit de l'argent en la cédant à un autre colonel, et elle fut incorporée dans l'armée sous le nom de corps de Mont-réal... » Voilà les malchances de Langeac ! Il se démène et il dépense tout ce qu'il a, sans nul profit. Bref, il s'est bien conduit et a perdu de larges pans de sa fortune : il perd sa légion. Le maréchal de Ségur le recueillit et l'attacha dans son grade à la suite de l'infanterie. Langeac conserva son rang de colonel, et non pas son entrain militaire. Il vécut désormais à Paris la majeure partie de son temps, négligeant fort son régiment. Il obtint la croix de Saint-Louis en 1790, à l'époque où cet honneur n'avait plus beaucoup d'intérêt. Mais alors il ne songeait qu'aux belles-lettres.

La situation qu'il a dans la littérature, pendant les dix années qui précèdent la Révolution, est à peu près celle d'un mécène, riche, obligeant, qui s'entoure de poètes, et de qui l'on use, et de qui l'on abuse. Il s'est installé très joliment rue d'Anjou, faubourg Saint-Honoré, dans la maison ci-devant occupée par Mme de Coislin [18]. Et Diderot, qui jadis, le traitait si mal, lui écrit avec assurance pour lui recommander un artiste malheureux : « Acquérez deux belles choses et qui s'embelliront tous les jours en vous montrant un acte de bienfaisance. Lorsque je cède à un autre le mérite d'une bonne œuvre, c'est toujours un sacrifice que je fais. Si vous pouvez, faites. Si vous ne pouvez pas, après vous être endetté cinquante fois pour le vice... » Et Diderot dirait aussi bien : pour le service du roi !... « endettez-vous une fois pour la vertu... Je vous aime pour votre caractère... » Ce n'est pas ainsi qu'on prend un poète ; Diderot s'en aperçoit et ajoute : « Je vous estime pour votre esprit et vos talents ; faites que je vous révère pour votre bienfaisance... Bonjour, monsieur le chevalier ; je vous salue et je vous embrasse... » En post-scriptum : « Les quinze jours de répit que vous m'avez demandés sont expirés. » Ainsi, pour ses bonnes œuvres, Diderot n'hésitait pas à importuner le petit sabbatin, le petit calotin, devenu colonel et, mieux, mécène.

Par qui Joubert a-t-il connu le chevalier de Langeac ? Par Diderot, peut-être. Arnaud Joubert date leurs relations de 1788 ou 1789 : il se trompe, de quelques années. Paul de Raynal, dans sa *Notice*, corrige l'erreur de son beau-père et dit que M. de Langeac avait « vu arriver » Joubert à Paris. Il exagère un peu, à son tour : en 1778 et pendant la première partie de l'année suivante, M. de Langeac n'était pas à Paris ; il faisait la guerre aux Anglais à Jersey et dans la baie de Cancale. Arnaud Joubert l'appelle « un des protecteurs les plus éclairés des belles-lettres », et qui les cultivait « avec succès », et qui les encourageait « avec magnificence ». Jamais, dit-il, « on ne fit un plus noble usage d'une grande fortune et d'un grand crédit ». Langeac « distingua le mérite de M. Joubert ». Roger, dans sa *Notice sur M. de Fontanes*, dit que Langeac seconda plusieurs littérateurs de son temps, et notamment Fontanes. Sainte-Beuve le désigne comme l'un des « plus utiles » amis de Fontanes. En 1806, Langeac publia une traduction des Bucoliques, en vers, et avec un Essai en prose sur Virgile, où il menait l'amitié jusqu'à comparer Virgile et Fontanes [19]. Et Dussault, qui louait l'œuvre, caractérisait ainsi l'auteur : « un de ces amis des lettres qui, sous le titre modeste d'amateurs, cachent quelquefois un talent très distingué » [20]. Dussault vantait, selon l'usage, la grande et obligeante fortune de M. de Langeac. Je ne suis pas sûr que Langeac ait passionnément aimé cet éloge. Il s'était accoutumé tant bien que mal à ce renom d'amateur qu'on lui imposait. Et, s'il rageait, — certes, il rageait ! — du moins faisait-il excellente figure. Sa bonté n'est pas douteuse. Tout le monde la reconnaît et la célèbre. « Le bon M. de Langeac, toujours prêt à obliger et à s'oublier pour les autres » [21] : voilà ce que dit tout le monde. Il était riche ; il estime lui-même à quarante mille livres de rente le prix que lui a coûté la Révolution [22].

Comment le chevalier de Langeac a-t-il secondé Joubert. Un critique a bâti là-dessus tout un gros volume ingénieux et aventureux : *Du nouveau sur Joubert* ; beaucoup de nouveau, quelquefois authentique. L'abbé Pailhès avait l'art de se procurer les

documents inédits ; il les utilisait sans prudence.
Il les publiait vite, et mal. Surtout, il avait, dans
l'hypothèse, une ardeur vraiment terrible : dès la
première occasion, il se lançait ; il construisait de
grands systèmes dialectiques, et qui l'enchan-
taient, et dont il ne voyait pas la fragilité. Quelle
fougue, très périlleuse ! Il n'attendait pas. Il y avait
en lui du conquérant ; parmi les incertitudes, sans
pusillanimité, sans précaution, il poussait une
marche victorieuse et trop souvent illusoire. Il
s'était mis en tête de conquérir à Joubert toute
une œuvre et il choisit de lui attribuer trois
ouvrages, dont l'un est signé de Langeac ; et les
deux autres passaient pour être de Langeac. D'ailleurs, il y a du vrai, dans quelques-unes de ses
imaginations : un peu de vrai, et presque par
hasard. Essayons de démêler, parmi ce désordre,
quelque vérité.

Le point de départ, c'est un passage de l'*Essai
sur la littérature anglaise*[23]. Chateaubriand, qui
étudie « la littérature anglaise sous les deux derniers Stuart », mentionne « un petit livre intitulé
*Boscobel, ou abrégé de ce qui s'est passé dans la
retraite de S. M. (Charles II) après la bataille de
Worcester* ». Il en donne des extraits et ajoute :
« Ici, je change d'historien : un homme fut mon
ami et l'ami de M. de Fontanes : je ne sais si, au
fond de sa tombe, il me saura gré de révéler la
noble et pure existence qu'il a cachée. Quelques
articles qu'il ne signait pas ont seulement paru
dans diverses feuilles publiques : parmi ces articles se trouve un examen du *Boscobel*... » Voilà
donc un « article » de Joubert signalé, de manière

incontestable, par Chateaubriand. L'abbé Pailhès, tremblant d'émoi, fouille les journaux de l'époque : il ne trouve rien. Mais, dans la liste des ouvrages que les dictionnaires et biographies attribuent au chevalier de Langeac, il en est un dont voici le titre : *Précis historique sur Crumwell suivi d'un extrait de l'Eikôn Basiliké, ou Portrait du Roi, et du Boscobel, ou récit de la fuite de Charles II. Par M***, de l'Académie de Marseille.* Epigraphe : « Un Homme s'est rencontré... (Bossuet, oraison funèbre de la reine d'Angleterre.) » *1789* [24]. Boscobel : l'abbé Pailhès est dans la joie ! Notons que ce n'est pas Langeac qui l'a mené à cette découverte. Il faisait chercher, à la Bibliothèque Nationale, le *Boscobel*; et on lui a trouvé ce *Précis historique*. Il ouvre le volume; il aperçoit l'extrait du *Boscobel*, y déniche le passage qu'a cité Chateaubriand : voilà du Joubert !

Jusqu'ici, l'abbé Pailhès est dans la vérité. Nous lui devons un essai de Joubert, plus étendu que tous les morceaux qu'on a publiés de lui : quinze pages, quelques-unes déjà données par Chateaubriand. C'est une analyse du *Boscobel*, très bien faite, avec des citations et des remarques charmantes... Charles II, après la bataille de Worcester, s'était réfugié dans un bois, le Boscobel « ou joli Bois ». Et il se cachait là, contre les furieux : Carless, un de ses fidèles officiers, l'y rejoignit... « C'est alors que, pour se livrer plus entièrement au plaisir de se revoir, ils se choisirent un asyle élevé au-dessus de la terre, et où le soupçon ne pouvoit lui-même les atteindre. C'est alors qu'ils habitèrent ce fameux chêne, qui fut depuis regardé avec tant d'admiration, et dont on disoit avec emphase, en le montrant au voyageur, *ce fut là le palais du Roi*. Charles, accablé de fatigue, avoit besoin de repos ; il n'osoit s'y livrer sur cet arbre, et le quitter étoit risquer d'être reconnu. Suspendu comme sur un abyme, et caché parmi les rameaux, un instant de sommeil l'en eût précipité. Cependant un besoin impérieux de la nature l'entraînoit dans un assoupissement funeste. Il sentoit malgré lui qu'il ne pouvoit le surmonter. Carless alors le sauva véritablement. Il étoit robuste, il se chargea de veiller. Le Roi se plaça dans ses bras, s'appuya contre son sein, et soutenu par ses mains vaillantes s'endormit ainsi dans les airs... » L'analyse du *Boscobel*, par Joubert, est une petite œuvre, mais jolie et toute parée de rêverie. Après avoir indiqué le chêne dans lequel ira se loger le roi : « Il eut un nom, on l'appeloit *Chêne Royal*. Pope l'a célébré dans ses vers ; Hume en parle dans son Histoire. Ainsi les lieux, les arbres, les forêts ont leurs destins comme les hommes... » Puis les détails s'évanouissent ; la grande histoire les anéantit : « Elle engloutit ainsi de siècle en siècle une multitude de récits naïfs dont il n'est rien qui dédommage... » Joubert, en passant, note, comme très poétique, la minutie des hasards qui amènent les grands événements : un « ressouvenir » furtif à des conséquences telles que, grâce à lui, régnera Charles II ; une autre fois, « le mauvais tems sauva ses jours ». La singularité ravissante de ce petit ouvrage, c'en est le style délicat, la forme toute neuve, étrange, celle un peu d'un poème en prose.

L'abbé Pailhès a remarqué (puis il a bien fallu qu'il abusât de sa remarque, jusqu'à en faire une découverte !) un procédé auquel recourt assez souvent Joubert : il compose une longue phrase avec des groupes mesurés de syllabes parmi lesquels domine le mètre de huit pieds. Cela est très sensible vers la fin de ce passage : « Ce n'est qu'en lisant l'*Eikôn Basiliké* qu'on peut apprécier Charles Ier et son caractère. On connoît mal Charles II et sa vie si l'on n'a pas lu le *Boscobel*. Le premier de ces deux livres contient ce qu'il y a de plus secret dans les pensées du Père, et le second, ce qu'il y a de plus minutieux dans la plus singulière aventure du fils. Celui-là peint une âme pure, toujours calme et toujours la même; l'autre peint le courroux du sort, qui change et se dément sans cesse. Le premier montre la vertu, l'autre nous montre la fortune... » Beaucoup plus tard et quand Joubert écrira peu et cherchera, pour ses rares écrits, plus de rareté, il composera des pages entières, et des lettres, en octosyllabes presque réguliers. Il y aura, dans cet arrangement, de la monotonie. A l'époque du *Boscobel*, grand admirateur déjà de La Fontaine, il emploie des rythmes divers avec une adresse délicieuse et qui donne à ses phrases une sorte de balancement : comme dans ce passage où le roi est suspendu avec Carless dans le chêne de Boscobel. Seulement, l'abbé Pailhès veut que le « syllabisme » soit le caractère constant du style de Joubert si bien qu'il suffise à prouver qu'une page, voire un volume, est de Joubert. On n'aurait que l'embarras du choix pour citer des pages qui sont indubitablement de Joubert et où il n'y a pas trace de « syllabisme ». Et l'abbé Pailhès trouve du « syllabisme » dans des pages où il n'y en a pas ; de sorte qu'il attribue à Joubert des pages que Joubert n'a pas écrites.

L'analyse du *Boscobel* et l'analyse de l'*Eikón Basiliké*, une quinzaine de pages qui servent d'appendice au *Précis historique sur Crumwell*, sont de Joubert. L'abbé Pailhès veut que tout le *Précis historique* soit de Joubert.

Dans une lettre de Mme de Beaumont à Joubert, — et qu'il date de 1797, et qui est de 1798, mais peu importe, — il relève cette phrase : « Grand merci du Charles Ier ». Et il s'écrie : « Pas un mot de plus. N'en doutons pas : c'était le *Cromwell*, où il est tant question de Charles Ier, le *Cromwell* suivi de l'*Eikón Basiliké* où portrait de Charles Ier... » Tout de go, il imagine que Pauline est dans la confidence ; Pauline lira le livre de Joubert et l' « on se réservait d'en causer à la prochaine réunion ». Mais, le *Précis historique sur Crumwell*, pourquoi Pauline de Beaumont l'eût-elle appelé « le Charles Ier ». C'est une question que l'abbé Pailhès élude, tant il est content. Eh ! bien, le Charles Ier, ce n'était pas le *Cromwell* ou *Précis historique sur Crumwell*. J'en ai la preuve dans la lettre de Joubert à laquelle répondait Mme de Beaumont. Joubert disait à son amie : « Je vous envoye Charles Ier. Le titre manque, ainsi qu'un feuillet de l'épître dédicatoire... » Comme il n'y a pas, dans le *Précis*, d'épître dédicatoire, il ne s'agit pas du *Précis* : Joubert avait envoyé à M^mo de Beaumont la version française de l'*Eikón Basiliké*, dont l'épître dédicatoire est signée « Porrée » et qui parut à Rouen, chez Jean Berthelin, dans la cour du Palais, l'an 1649, et qui n'est pas de Joubert !

En 1803, Molé écrit à Joubert : « Je vous renvoie, monsieur, vos deux livres ; ils m'ont charmé. L'un par les anecdotes qu'il renferme, l'autre par la manière dont il est écrit. Le tableau du roi s'endormant dans les airs, entre les bras de son ami, m'a semblé parfait... » Bien ! Mais, « vos deux livres », ce n'est pas « les deux livres dont vous êtes l'auteur ». Et, à la brièveté des éloges de Molé, l'abbé Pailhès reconnaît que Joubert n'avait pas « soulevé le voile de l'anonyme ». Alors, à quoi nous sert la lettre de Molé ? Cependant l'abbé Pailhès veut que le *Précis* soit de Joubert : le *Précis* tout entier.

L'ouvrage est signé : « Par M***, de l'Académie de Marseille ». Joubert n'a point appartenu à cette académie ; Langeac en était, depuis 1783, l'un des « associés régnicoles » [25]. Si donc l'ouvrage est de Joubert et si Langeac se l'attribue, Langeac fait une assez vilaine chose. Encore faut-il expliquer cette assez vilaine chose. Langeac est vaniteux ? S'il l'est, que ne signe-t-il de son véritable nom : « Par le chevalier de Langeac, de l'Académie de Marseille » ? En supprimant le nom pour ne signer que du titre, il s'efface : et tant de modestie ne va guère avec tant de vanité chapardeuse. Puis, sous l'anonyme, il engage, très hardiment et sans profit personnel, la compagnie dont il est membre. Tout cela s'arrange mal. Une nouvelle édition du *Précis* parut en 1801, celle-ci sans nom d'auteur et sans nulle indication d'auteur. Dira-t-on que Langeac se repentait de son larcin ?

Tout simplement, en 1801, l'Académie de Marseille n'existait plus ; et Langeac négligeait de se désigner sur la couverture parce que le livre n'avait eu aucun succès et qu'en 1801 l'on ne faisait que rafraîchir d'une couverture neuve, pour les écouler, les exemplaires invendus de 1789.

Pour démontrer que le *Précis* est de Joubert, l'abbé Pailhès a de frivoles arguments. Le *Précis*, remarque-t-il, est imprimé, mal imprimé, sur du méchant papier : l'on a fait des économies. Or, dit l'abbé Pailhès, Langeac était fort riche et se payait, quand les livres étaient de lui, de belles éditions. Mais le livre était de Joubert : il ne s'est pas mis en frais. Plaisanterie! et d'autant moins tenable que, dans l'appendice de son volume, l'abbé Pailhès publie une lettre de Langeac, d'où il résulte qu'en 1789 il ne réussissait pas à toucher l'argent de ses bénéfices. En 1789, le principe des bénéfices était menacé. Langeac en prenait la défense dans une brochure intitulée *Observations de toute justice pour les usufruitiers ecclésiastiques*. Langeac montre les sacrifices qu'ont faits les bénéficiaires : longues études, éloignement des plaisirs mondains, entraves qu'ils ne peuvent rompre sans perdre leur considération, abandon des autres chemins de fortune, célibat, « voilà leurs titres à un dédommagement »[26]. Donc, en 1789, Langeac défend ses revenus, sent le péril : et, s'il fait des économies sur le papier du *Précis*, ce n'est pas la preuve que le *Précis* soit de Joubert.

D'autre part, dit encore l'abbé Pailhès, Chateaubriand a copié dans le *Précis* le passage relatif à la fuite de Charles II : en désignant Joubert comme l'auteur de ce passage, ne lui attribue-t-il pas le volume? Pas du tout! D'abord, Chateaubriand n'a pas copié le dit passage dans le volume. Il ne cite pas le volume. Il ne parle pas d'un volume. Il parle d'un « article » de journal. L'a-t-il copié sur le journal même? Je ne crois pas que l'analyse du *Boscobel* ait paru dans un journal : ce n'était pas un sujet d'article et c'eût été un article trop long. Mais, en 1836, Chateaubriand avait entre les mains les papiers de Joubert, à lui remis par la famille de Joubert, pour préparer l'édition des *Pensées*. Dans ces papiers, Chateaubriand trouva, manuscrite, l'analyse du *Boscobel* [27]. Et il l'utilisa comme on l'a vu. D'ailleurs, il corrige le texte, l'arrange, déplace des phrases et agit avec la liberté de qui travaille sur un brouillon et ne suit pas un imprimé. Le témoignage de Chateaubriand, démonstratif quant à l'analyse du *Boscobel*, ne prouve absolument rien pour l'ensemble du *Précis*.

L'abbé Pailhès n'a pas de meilleurs arguments; nous en avons de plus valables contre lui. En voici un : la médiocrité du *Précis*. Le *Précis* est ennuyeux. On ne sait pas à quoi il tend. Et il est pauvrement écrit. Cependant, on y rencontre de jolies phrases... « Un roi sur l'échafaud, son assassin sur le trône, et tous deux à cette place par des formes juridiques et sous l'apparence des lois, quel événement dans une monarchie, dans un siècle voisin du nôtre, et si loin de la liberté romaine!... » Sur le point de raconter l'enfance du Protecteur : « La nature est uniforme dans son cours et, quelque étonnante carrière qu'un homme ait su parcourir, il a, comme tous les autres, com-

mencé par être enfant... » Cet enfant et sa mère :
« Elle aimoit Crumwell avec une tendresse si vive
et si timide, et craignoit tellement de le perdre
qu'un jour passé sans le voir deux fois lui faisoit
croire qu'il n'existoit plus... » Dans ce passage et
dans quelques autres, j'aperçois la manière de Joubert, son élégance, la finesse de sa pensée et les
trouvailles de son style ingénu avec art. Mais que
d'autres passages, où l'on ne voit pas du tout la
manière de Joubert, et où l'on voit en plein Langeac ou bien, si l'on veut, où l'on ne voit personne !
Le *Précis* n'est pas de Joubert. Il est de Langeac.
Et Joubert a écrit l'appendice : analyse de l'*Eikôn
Basiliké*, analyse du *Boscobel*. Il n'a point écrit le
Précis : il l'a relu, il l'a corrigé, il l'a orné d'un
petit nombre de jolies phrases. Voilà tout ; et, dans
son désir passionné de découvrir un Joubert nouveau, l'abbé Pailhès faisait à Joubert un cadeau
fâcheux.

Je dis que le *Précis* n'est pas de Joubert ; et il
faut une preuve : la voici. Le volume parut au
commencement de l'automne 1789. Dans son
numéro du 7 octobre, le *Journal de la Ville* en
donna le compte rendu. Or, le *Journal de la Ville*,
ce sera, dans quelques semaines, le *Modérateur*,
sous la direction de Fontanes. Dès le 7 octobre,
Fontanes est l' « un des principaux coopérateurs »
du journal et, à la vérité, en est déjà le maître. Je
crois que l'article, très élogieux, est de lui...
« Une réflexion importante s'offre de toutes parts,
en lisant cet ouvrage, c'est que la liberté peut être
conquise un moment par la violence, mais qu'elle se
détruit aussitôt, si elle n'a pas d'autres appuis... »

Telle sera la philosophie politique du « modérateur » Fontanes… « Le style de ce précis a partout la dignité convenable à l'histoire. Les pensées ont de l'étendue et de la précision, la narration de l'abondance et de la rapidité. On doit au même auteur un précis historique sur Colomb ; il aime à tracer les grandes révolutions : le caractère de son âme et de son style le rendent digne de les écrire. » Eh ! bien, si l'auteur du *Précis historique sur Crumwell* est Joubert, Fontanes le sait : et la dernière phrase de l'article prend, à l'égard de Langeac, une ironie singulière. A l'égard de Langeac, nommément désigné !… « On doit *au même auteur* un Précis historique sur Colomb… » Ce précis-là, sur Colomb, avait paru en 1782 : *Colomb dans les fers, à Ferdinand et Isabelle, après la découverte de l'Amérique ; épître qui a remporté le prix de l'Académie de Marseille, précédé d'un précis historique sur Colomb. Par M. le chevalier de Langeac. A Londres, et se trouve à Paris, chez Alexandre Jombert jeune, libraire, rue Dauphine. Et Jacques Esprit, au Palais-Royal, M.DCC.LXXXII* [3R]. Le « même auteur », c'est donc Langeac. Et, en affectant de retrouver, dans le *Cromwell*, l'âme et le style de Langeac, Fontanes se moquerait de Langeac, si le *Cromwell* était de Joubert. Il le tournerait en dérision, cruellement. Or, Fontanes est, au même titre que Joubert, l'ami et le protégé de Langeac. Dira-t-on qu'il venge son ami, que Langeac dérobe effrontément ? Si Joubert se laisse dérober, c'est qu'il y a son profit : et, avec ses plaisanteries, Fontanes le gênerait. Puis Fontanes, pour le public, attribue à Langeac ce *Cromwell* ;

si la plaisanterie est cruelle, c'est pour Langeac tout seul, sans bénéfice pour Joubert, au contraire : quelle maladresse, et inadmissible ! quelle hypothèse, et absurde !... Notons-le, Fontanes, en 1789, n'a aucunement le désir de railler Langeac. Il publie, dans les numéros du 28 et du 30 octobre de son journal, des comptes rendus très aimables et complaisants de la brochure de Langeac, *Observations pour les usufruitiers ecclésiastiques* : « ... difficile de mieux défendre les titulaires des bénéfices... Nous recommandons à tous les partis ces Observations... écrivain très distingué... précision... élégance simple... preuve de sa supériorité... » Cette même année 1789, au mois d'août, Fontanes, qui avait remporté le prix de poésie à l'Académie française, écrit à Joubert : « Je vous supplie d'aller chez le chevalier de Langeac ; je le connais, il pourra être choqué du secret que j'ai gardé avec lui. Mais dites-lui que je n'ai eu aucun confident et engagés-le à ne pas se fâcher pour si peu de chose. » Ainsi, Fontanes avait grand soin de ne pas mécontenter Langeac ; et Langeac était susceptible. L'article publié par le *Journal de la Ville* prouve que le *Cromwell* est de Langeac.

Mais, pour l'abbé Pailhès, la phrase : « On doit au même auteur un précis historique sur Colomb » veut dire : ces deux ouvrages sont de Joubert. Et voilà un nouveau cadeau que fait l'abbé Pailhès à l'écrivain qu'il aime avec un entrain dangereux ! Si la phrase de Fontanes ou, au moins, de son journal avait cette signification, l'insolence serait insupportable pour Langeac qui a bel et bien signé le *Colomb* : tout cela est absurde. Et absurde, l'idée d'attribuer à Joubert le *Précis historique sur Colomb*, qui n'a même pas l'agrément que je trouve à quelques passages ou à quelques phrases du *Précis historique sur Crumwell*. Dans le style morne de cet ennuyeux écrit, l'abbé Pailhès n'a seulement pas découvert le moindre « syllabisme ». Pas de légers octosyllabes : un long traité, long, lourd, déclamatoire et sans finesse. Ah! que ce Colomb n'est pas de Joubert, et qu'il est de Langeac!

Au bout de ces discussions, nous commençons de bien voir la situation qu'a eue Joubert auprès de Langeac le mécène. Langeac, obligeamment, le faisait travailler. Joubert a dû chercher, pour Langeac, les documents qui serviraient à écrire le *Cromwell* : quant au *Colomb*, je n'en sais rien du tout, ni l'abbé Pailhès n'en sait rien. Si Joubert a fourni des matériaux pour le *Colomb*, les matériaux se confondent dans cette grosse maçonnerie. Mais il a revu le *Cromwell*, il en a refait quelques phrases; surtout il en a rédigé l'appendice.

Laissons l'abbé Pailhès. J'ai la preuve d'autres besognes faites par Joubert, je ne dis pas pour le chevalier de Langeac, mais à l'instigation de cet excellent homme. Je trouve dans ses papiers un cahier de sa main qui porte ce titre : « Eloge de M. d'André-Bardon, recteur de l'Accadémie roïale de peinture, etc., fondateur et directeur perpétuel de l'Accadémie de peinture de Marseille, membre de l'Accadémie des belles-lettres de la même ville, etc. (pour être lu à la rentrée de l'Accadémie des belles-lettres de Marseille) ». Pour être lu par qui? Et, si l'abbé Pailhès avait lu seulement ce titre, comme il eût soupçonné Langeac de commander à Joubert un discours dont lui Langeac tirera gloire et vanité ! Laissons l'abbé Pailhès.

Cet éloge est de la fin de l'année 1784 ou du commencement de l'année 1785. Dandré-Bardon mourut le 13 avril 1783. Et, après son exorde, Joubert signale un éloge qu'a lu M. d'Ageville au nom de la section de peinture, probablement à la séance solennelle de 1784. Cet éloge est de Joubert. Ou bien Joubert l'aurait-il seulement copié? Non. Les ratures du manuscrit prouvent qu'il était le maître de son texte et ses changements ont passé dans le texte définitif. Pour qui Joubert a-t-il composé cet éloge? Evidemment, n'étant pas membre de l'Académie marseillaise, il travaillait pour autrui. Pour qui?... Le *Recueil* de l'Académie de Marseille pour les années 1783, 1784 et 1785 contient un « Eloge historique de M. d'André-Bardon, par M. Audibert, secrétaire perpétuel de l'Académie de Marseille, lu à l'assemblée publique le 6 avril 1785 ». Or, l'éloge lu par M. Audibert, et pour son compte de secrétaire perpétuel, est — sauf arrangement, de sa part, — l'éloge que Joubert a composé. Joubert avait écrit : « Michel-François d'André, né avec le siècle à Aix en Provence, est mort à Paris en 1783 âgé de quatre-vingt-trois ans... » M. Audibert supprime *âgé de quatre-vingt-trois ans* : il a raison. Joubert continue : « Dans l'espace de cette longue vie... (*d'une si longue vie*, écrit M. Audibert), il a pu connoître tous les plaisirs de l'esprit, car il eut tous les talens de l'imagination... (M. Audibert : *tous les plaisirs de l'imagination, car il en posséda tous les talens* ; et ici M. Audibert a tout gâté). Peu d'hommes durent éprouver au même degré le besoin de la célébrité et purent aussi facilement le satisfaire : il eut de vastes connoissances, beaucoup d'idées, tous les sentimens dont les âmes vives sont susceptibles et qui sont permis à l'homme de bien... (M. Audibert supprime tout cela) ; et pour manifester ses idées, ses sentimens et ses connoissances il eut à sa disposition tous les moïens qui furent donnés à l'homme pour la gloire ; je veux dire les sons, les couleurs et la parole... » (M. Audibert : *il disposa de tous les moyens donnés à l'homme pour manifester ses idées et ses sentimens : les sons, les couleurs et la parole, sous le double rapport d'artiste et de littérateur.*) Le dernier bout de phrase est absolument de M. Audibert. On en remarquera la maladresse : M. Audibert ayant, et non pas tout de go, compris la phrase un peu subtile et ingénieuse de Joubert, a noté sa glose. Ailleurs, M. Audibert se contente de copier. S'il introduit quelque chose de nouveau, c'est par exemple, après que Joubert a cité Van Loo et de Troy comme les maîtres de M. Dandré Bardon, ceci : « A la vue des chefs-d'œuvre qui sortoient de la main de ces deux grands maîtres, M. d'André eût pu s'écrier comme le Corrège : *Et moi aussi, je suis peintre.* » M. Audibert insiste un peu plus que Joubert sur les écrits de M. Dandré-Bardon. Puis il écourte la péroraison de Joubert. La refaçon n'est pas douteuse.

L'éloge de M. Dandré-Bardon est l'une des besognes que fit Joubert, pendant son premier séjour à Paris, afin de gagner sa vie. Je ne sais si Joubert et M. Audibert se connurent et si M. Audibert vit jamais l'auteur du discours qu'il prononça. Dans les recueils de l'Académie, il est désigné comme suit : « Dominique Audibert, négociant, de l'Académie de La Crusca, secrétaire perpétuel pour la partie des belles-lettres, rue Larmeny ». Le négociant de la rue Larmeny, secrétaire perpétuel d'une compagnie savante, sentit probablement le besoin d'un secrétaire momentané, pour la façon de cet éloge. Langeac, toujours obligeant et, dans les académies, plus obligeant que jamais, dut offrir à M. Audibert ses bons offices, qui étaient ceux de Joubert. N'a-t-il pas dit au négociant : — J'ai un jeune homme qui va vous arranger ça... ?[29]

Il n'y a pas lieu d'insister beaucoup sur cet éloge. Au surplus, Dandré-Bardon n'était pas un poignant sujet de discours. Joubert avait-il entendu parler de lui par Diderot ? L'opinion qu'il eût recueillie n'était pas enthousiaste : « M. Dandré-Bardon ou, comme l'appellent ses élèves, Dindon-Bardé... » En 1769, Dandré-Bardon publia trois volumes d'une *Histoire universelle traitée relativement aux arts de peindre et de sculpter, ou tableaux d'histoire*. Diderot, pour la *Correspondance*, prépara un compte-rendu qui demeura inédit jusqu'en 1876. L'ouvrage auquel M. Dandré se vouait demandait « une grande et belle imagination, une âme chaude, violente et sensible », etc. Eh ! bien, M. Dandré n'a pas l'imagination grande et belle, n'a point l'âme chaude, violente et sensible. Mais il est dessinateur ; il y a, dans son traité, « des lignes précieuses sur la technique de la peinture » [30]. Il fallait à Joubert moins de critique et plus d'admiration. Si l'éloge qu'il a livré à M. Audibert est agréable, c'est qu'on se plaît à voir Joubert docile aux règles du genre et prenant bien le style des harangues académiques. Comme Lysias, composant un plaidoyer pour l'Invalide, s'efforce d'imiter la manière du pauvre garçon et pourtant sauvegarde son élégance, Joubert, sans renoncer à ses goûts littéraires, veille à écrire le discours pompeux et flatteur qui sied au secrétaire perpétuel d'une académie provinciale. « Il seroit facile à l'Accadémie de peinture, dont M. Dandré fut parmi nous le fondateur et le directeur perpétuel, de faire servir à sa gloire l'allégorie, dont il fut le deffenseur... Elle a le droit de représenter au pied de son buste la poésie, la musique et la peinture, comme les anciens représentaient les trois grâces : sœurs et se tenant par la main... » Le difficile était de découvrir, dans l'honnête existence de M. Dandré, quelqu'une de ces « singularités qui sont communes dans la vie des hommes rares » et qui rehaussent un panégyrique. Eh ! bien, « il dut, en quelque manière, le développement de tous ses talens à trois grandes calamités : il se montra peintre pendant la peste, poète pendant la guerre, et musicien pendant le cours d'un long procès... » Le jeune Dandré visita Rome et l'Italie : « Ce païs, peuplé de belles statues et qui le fut autrefois de grands hommes, n'est pas l'école des artistes seulement par les chefs-d'œuvre qui le décorent ; il le seroit aussi par le seul aspect de sa terre et cette merveilleuse température à laquelle on ne trouve

rien de comparable, même en Provence. C'est là
véritablement que Raphaël a dû peindre... »
M. Dandré le père n'avait pas vu sans chagrin son
fils tenter imprudemment la renommée ; et Joubert,
qui se souvient de ses parents : « C'est une douleur naturelle à tous les parens sages, parce que
l'expérience de la vie leur apprit que la fortune est
nécessaire au bonheur de tous les hommes, et que
l'expérience des hommes leur fit connoître que
l'amour de la gloire rend inhabile à la fortune.
Quel père oseroit d'ailleurs assés estimer son fils
pour le juger digne de la gloire ?... » Mais Dandré
sut conquérir les honneurs et M. Dandré le père
vérifia que « les passions des âmes privilégiées
sont plus sages que la raison commune, et que la
prudence des hommes extraordinaires est souvent
de manquer de prudence ». M. Dandré fut bon fils,
« comme le sont tous les hommes à talens, parce
qu'ils sont tous doués de cette organisation délicate
qui rend tous les souvenirs de l'enfance ineffa-
çables ». Voici réunis les divers talents de M. Dandré : « Véritablement, on peut dire de lui qu'il fut
peintre dans ses poèmes et poète dans ses tableaux.
Ceux qui pensent qu'il existe une musique pour
l'esprit et pour les ïeux me pardonneront d'ajouter
que, par l'harmonie de ses couleurs et l'accord
poétique de ses idées, il est musicien dans ses
tableaux et dans son style... » Et voilà nettement
formulée l'idée de Joubert, idée que nous avons
aperçue déjà, touchant l'unité des arts.

Joubert, qui ne fut pas académicien, aurait su
composer une harangue académique. Au profit de
M. Audibert, il eut soin d'arrondir sa phrase et de

donner à sa pensée une éloquente aménité. En même temps, il laisse un peu de lui-même dans la harangue de cérémonie ; et il loge ses souvenirs dans une allusion, ses idées dans une remarque.

Le grand navigateur Cook était mort en 1779. L'Académie de Marseille ne tarda guère à mettre au concours l'éloge de cet homme illustre. Comme toujours, les candidats furent nombreux ; comme souvent, ils furent médiocres : et assez médiocres même pour que l'indulgente compagnie s'en aperçût avec chagrin. A la séance publique du 26 avril 1786, le marquis de Pennes, directeur, loua « le plus célèbre navigateur qui eût jamais existé » ; il s'écria : « Peuples ingrats et féroces qu'il voulait instruire et policer, vous rougirez un jour d'avoir méconnu un aussi grand homme ! Et vous, messieurs, vous gémissez encore de ne pas trouver un panégyriste digne de lui. »[31] Un panégyriste digne de Cook, ce faillit être Joubert. D'ailleurs, il n'a pas concouru : parmi les manuscrits conservés par l'Académie de Marseille dans ses archives et que j'ai pu examiner, il y en a trois de M. Lemontey, un du Père Paris, de l'Oratoire, un autre du Père Martelot, de l'Oratoire de Grasse, un autre de M. Blanc Gilli, de Marseille ; d'autres sont anonymes. Aucun n'est de Joubert, ni de son écriture, ni aucunement analogue aux brouillons de lui que j'ai sous les yeux. Mais il a eu, de loin, le projet de concourir. On pourrait se demander s'il ne préparait pas, tout bonnement, un article ou peut-être un volume : non, il travaillait pour l'Académie de Marseille. Une ou deux citations suffisent à le démontrer. « Je l'ai loué (Cook) aux bords de la Méditerranée. Cette place convenoit à cette cérémonie. Cook a rendu toutes les mers plus navigables... »[32] Aux bords de la Méditerranée, c'est à Marseille. Puis : « On dit qu'une femme même, mêlant ses acclamations à celles des sages, a voulu parer d'une fleur la couronne qui est préparée dans Marseille à celui qui l'aura le mieux loué. Qui êtes-vous, ô vous qui prenez à la gloire de Cook un intérêt si généreux et qu'une vertu si mâle et si sévère a tant émuë ? On vous dit étrangère, on vous dit princesse. Qui que vous soyez, étrangère ou citoyenne, plébéienne ou princesse, votre suffrage est glorieux... Il n'est point d'applaudissemens que l'approbation de votre sexe ne rende plus durables... Il me seroit doux d'être couronné par vos mains... » C'est la princesse de Linange : elle faisait une partie des fonds que l'Académie de Marseille proposait à son lauréat[33].

Donc Joubert prépara — et n'acheva point — un éloge de Cook le navigateur, pour le concours de l'Académie marseillaise. Si nous avons été sensibles aux dialectiques de l'abbé Pailhès, nous serons tentés de croire que, cet éloge du navigateur, Joubert l'écrivait pour Langeac : et Langeac aurait eu le prix, car il était curieux des lauriers académiques. Mais cette hypothèse malveillante, — et que l'abbé Pailhès, ignorant l'éloge écrit par Joubert, n'en connaissant ou n'en devinant que des bribes, n'a pas eu l'occasion de formuler, — cette hypothèse ne tient pas. Membre ou, du moins, « associé regnicole » de ladite académie, Langeac ne pouvait pas être admis au concours. Je me figure qu'il engagea le jeune Joubert à concourir et l'y excita, lui représentant l'affaire comme assez avantageuse : un peu de gloire et douze cents livres. Douze cents livres ; et Joubert n'était pas riche. On doit imaginer qu'il apprécia l'éventualité de l'aubaine. Mais on le connaîtrait mal, si l'on croyait qu'il va tout aussitôt se mettre à l'ouvrage et, sans désemparer, perpétrer cette besogne lucrative. Non ! il n'avait pas tant de hâte ; à l'égard même de la plus légitime cupidité, il préservait les droits et prérogatives de sa studieuse nonchalance. L'éloge de Cook, promesse d'un bénéfice, lui fut un prétexte à lire et à rêver.

Le 22 septembre 1798, il écrit à Mme de Beaumont : « Je suis pourtant bien aise qu'avant de le quitter (le château de Theil) vous y lisiez Cook. Ses voyages ont fait dix ans les délices de ma pensée. Je connaissois Otahiti beaucoup mieux que mon Périgord. Je me souviens encore de Tupia, de Teinamaï, de Towa, de Toubouraï Tamaïdé, etc. Lisez bien le second voyage, et ne lisez pas le premier, si vous n'avez pas commencé par là. Cet Hawkerstorf a tout gâté et me dégoute pour la vie des manieurs de relations... » Et il allait continuer, le souvenir d'Otahiti l'amusant. Mais il rature le premier mot d'une nouvelle phrase : « J'efface, car il faut finir. Bonsoir ». Joubert songe aux délices de sa pensée beaucoup plus qu'aux douze cents livres de l'Académie marseillaise.

Mais il a travaillé très sérieusement. Il a fait maintes lectures, examiné les livres des navigateurs. Le 4 mars 1787, il lit *La figure de la terre*

(édition in-8° de Lyon, 1756) de Maupertuis, qui
« navigua dans la neige », il lit le *Voyage de l'ami-
ral Anson* et l'*Histoire du Kamchatka*. Il s'intéresse
à la *Figure de la terre*; il est ému de voir grandir,
dans sa pensée, l'idée ancienne de la planète que
nous habitons, autrefois petite, enfermée dans un
horizon qu'élargit l'effort continu des navigateurs.
Il lit, au mois d'août, l'*Histoire de l'astronomie*,
de M. Bailly; et il note sur son carnet que vient
de paraître, sous le nom de M. Letourneur, la traduction du *Voyage au cap de Bonne-Espérance*, de
Sparrmann : il la lira bientôt. Il lit le « *Voyage à la
baye d'Hudson en 1746 et 1747, pour la découverte
du passage nord-ouest*, par M. Henry Ellis, gentilhomme, agent des propriétaires pour cette expédition. Paris, 1749, in-12 ». Il lit, dans le *Mercure*,
un compte-rendu de la *Vie du capitaine Cook*, par
le Dr Kippis, de la Société royale de Londres,
traduite en notre langue par M. Castéra. Il lit
*Détails nouveaux et circonstances sur la mort du
capitaine Cook, traduits de l'anglois* (à Londres, et
se trouve à Paris, 1786). Il lit la *Théorie de la
terre*... Et il est enchanté — comme le jour d'autrefois où il quitta Montignac-sur-Vézère pour la
ville rose de Toulouse : — car il devine l'étendue
de la terre, vaste au gré de son imagination ; — et
comme au temps où, frais débarqué à Paris, il
entendait M. Diderot lui raconter mille ingé-
nieuses fantaisies : — car son esprit découvre des
perspectives nouvelles.

En 1785, quand Fontanes est parti pour Londres,
Joubert l'a prié d'attraper là-bas, touchant Cook et
ses compagnons, des informations que l'on n'avait

point à Paris. Le 10 novembre, Fontanes lui écrit :
« J'ai dîné avec le capitaine Carteret, qui a fait le
tour du monde avec votre ami Cook. J'ai vu le
portrait original d'Omay... » Et Omay était un
Otahitien amené par Cook à Londres... « Vous
voyez que je songe à vous... » Quelques jours
plus tard : « Enfin j'ai vu le respectable Banks... »
Banks le naturaliste, l'un des compagnons de
Cook... Fontanes, pour se procurer des renseignements, n'épargne pas sa peine ; mais il constate
que la renommée de Cook a beaucoup moins d'éclat
qu'en France, en Angleterre... « Il n'a point laissé
d'enfans, mais une veuve assez obscure, qui jouit
d'une petite pension. Des personnes qui ont connu
ce grand homme dans la vie privée disent qu'il y
portait un esprit peu agréable... On accuse Cook
de dureté et même de jalousie... » Le 20 janvier
1786, Fontanes raconte à Joubert que « les Anglais »
ont fait une pantomime d'Omay : « C'était un sujet
charmant. Le génie de Cook devait les élever. Eh !
bien, ils ont donné Arlequin pour domestique à
Omay. Ils peignent l'Otahitien débarquant à Ports-
mouth poursuivi par les officiers de la douane et la
justice en grand panier. La scène change. Le jeune
insulaire retourne dans sa patrie. On attend quelque
chose. C'est un matelot qui voulant reprendre son
habit trouve dans le panier où il l'a laissé un crabe
immense qui lui dévore la tête... » Fontanes affirme
que cette pantomime attire une grande affluence à
Covent-Garden : c'est peut-être pour la décoration,
fort belle, imitée des dessins du fameux Louther-
bourg ; mais la décoration, si belle, ne fait que
mieux sentir le ridicule de la comédie. Fontanes

a visité un cabinet d'histoire naturelle, celui de sir Arthur Lewis : une salle entière est consacrée aux curiosités que le grand navigateur avait rapportées d'Otahiti ; et l'on y voit le portrait de Cook. « C'est jusqu'à présent le seul hommage rendu à sa mémoire par les Anglais. Ce que je vais vous dire vous paraîtra bizarre ; mais la France les a souvent avertis du mérite de leurs grands hommes... » Vers la fin de sa lettre, Fontanes promet à Joubert de revoir Banks : « Vous aurez d'excellens détails sur Cook... » Les excellents détails sur Cook, si Joubert les a eus, ce ne fut point par une lettre ; ou bien la lettre est perdue. À son retour de Londres, Fontanes eut-il quelques renseignements à donner ? Je crois que ce ne fut pas grand'chose. Pourtant Joubert signale que, dans la patrie de Cook on a frappé des médailles en l'honneur du héros : il le sait par Fontanes ; il indique aussi que l'Angleterre a moins fait que la France pour la gloire de Cook.

Principalement, c'est aux relations des voyages de Cook, lues et relues sans cesse, que Joubert se confie. Il prend des notes. Un petit incident le séduit, par le pittoresque ou la poésie. Souvent, il s'amuse à combiner la phrase ; et il note aussi son commentaire, sa méditation, sa rêverie. Il commence une rédaction ; puis il l'abandonne : et il flâne avec plaisir.

Je voudrais donner une idée de ces brouillons, qui sont très nombreux et confus, quelques-uns datés, les autres non, et tous, dans l'inévitable fatras des paperasses, ornés d'imaginations ravissantes. Feuillets épars ou pages de carnets, et n'essayons pas de mettre aucun ordre parmi tout ce hasard, où je crois que Joubert ne se débrouillait plus, où je crois qu'il s'égarait volontiers. Non qu'il n'ait jamais tenté d'organiser un plan, pour son ouvrage... « Cet ouvrage sera divisé comme le monde. J'irai d'abord au pôle austral, je séjournerai dans les tropiques et je reviendrai par les glaces du nord. — Je ne voguerai point à pleines voiles dans ces mers qui me sont inconnues, mais je suivrai timidement la route et les retours des vaisseaux de Cook. Quelquefois je m'arrêterai pour cueillir des fleurs dont je puisse parer mon sujet, comme ils s'arrêtoient pour cueillir des fruits et des plantes... » Et Joubert s'arrêtait à chaque instant ; la moisson de ses fleurs, bientôt, l'encombra. Quand il eut trop de notes et quand il eut trop rêvé à de jolis arrangements, l'abondance de ses papiers lui devint un embarras. Il esquissa des répertoires de ses idées et des faits intéressants : et les répertoires ne l'aidèrent point à se reconnaître. L'*Éloge de Cook*, ne tentons pas de le reconstituer : il n'a jamais, par son auteur, été constitué. Mais parcourons ses feuillets charmants, où les redites mêmes sont agréables pour marquer les points auxquels Joubert s'attardait avec le plus de plaisir. Nous n'aurons pas un ouvrage composé : nous aurons la pensée même de Joubert. Nous en suivrons le cours nonchalant ; nous nous arrêterons à quelques étapes d'une songerie intelligente et heureuse.

Le 2 octobre 1786, Joubert commença le premier de ces petits carnets qu'il a dès lors, toute sa vie durant, couverts de son écriture très régulière et comme dessinée. Les premiers mots qu'il trace, tout de suite après la date, les voici : « Ces belles

marinières... » Ils ont, aux yeux et à l'imagination
de qui aborde ces carnets, l'attrait de leur mystère,
qu'on est tenté d'orner un peu. Ils avaient un délicieux prestige pour Joubert, qui les écrivit, au milieu de la ligne, avec tout le soin de son crayon ; et
il les a encadrés de petites étoiles. La clef de l'é-
nigme, je la trouve dans une phrase d'un feuillet
du 2 février 1787 où, racontant l'arrivée de Cook et
de ses compagnons à Tahiti qui l'émerveille, il dit :
« Ni les naïades ni les napées n'offrent pas à l'imagination plus de charmes que ces riantes marinières
en étalèrent à leurs regards enchantés ». Voilà les
belles marinières autour desquelles rêva Joubert le
2 octobre 1786. Et, un peu plus tard, il écrit :
« Otahiti ! que tes femmes sont belles et que tes
hommes sont doux. Depuis que tu es connue, le
soleil se couche plus beau sur les montagnes de
l'Europe. Qui peut le voir descendre sous l'horizon
sans avoir le cœur réjoui par cette pensée : il se
lève pour Otahiti ? » C'est la première esquisse d'un
couplet que Joubert a maintes fois repris ; et, mieux,
c'est le refrain de son enchantement.

Tout le secret de la navigation, qui lui est révélé,
l'amuse ; et le changement des conditions de la vie
le divertit : « C'est dans le ciel que le vaisseau
trace sa route aux ïeux du pilote... Et, pour connoître son chemin, il faut le lire dans les astres.
Pour se conduire, le nocher ne doit pas regarder à
ses pieds, mais sur sa tête. » Alors, lui aussi regarde au ciel : « Etoile de Vénus ! c'est toi qui
causas les premiers voyages : aussi ai-je appris à
te connoître et à te distinguer dans le ciel... » Il se
rappelle Chappe d'Anteroche, cet astronome : « Il

partit de notre observatoire pour suivre ton cours
jusqu'aux champs glacés de Tolbosk : il arriva
portant la mort dans son sein : il te regarda, te vit,
calcula tes phases et tes apparences, écrivit la découverte et mourut en te regardant encore du lit
de feuïlles où les sauvages l'avoient couché... »
Les Otahitiens dont parle Cook, autant d'amis pour
Joubert : « Je connois Oberéa Maani, Teïna-May,
et Tonno qui n'étoit pas belle, mais dont la bonté
n'eut point d'égale. Je connois Putatow, Toubouraï
Tamaïdé, N. N., et surtout Towha. Informez-vous
de leur sort et scachez s'ils vivent encore, ô vous qui
séjournés dans ces belles contrées au moment même
où je parle. Puisse être heureux votre retour... »
La pensée qu'il y ait là-bas des voyageurs, à profiter du merveilleux séjour, l'induit en quelque
jalousie : « Hélas ! je n'ai jamais vu la mer, pas
même du rivage... » Et puis : « Hélas ! je ne scais
pas bien parler des choses que je n'ai pas vues... »
Cet empêchement le désole, lui casanier, lui enfermé, qui rêve à tant d'espace et aux impossibles
voyages, dans sa petite chambre d'hôtel meublé, à
Paris. C'est l'hiver. Il consigne sur le même carnet
que décorent les féeries de la navigation, ses
dépenses du mois de novembre : les plus grosses
sont pour le marchand de bois ; et il y a quatre livres
douze sols « pour des chaufferettes », ô médiocre
vie quotidienne du casanier !... Mais la pensée
d'Otahiti lui est une fête illusoire : « J'aime à
dormir tourné vers toi, comme pour donner à mes
dernières pensées avant le sommeil un cours plus
facile vers tes habitans. Il y a deux tropiques et
deux pôles : un seul occupe mon esprit. Et je

regarde avec plus d'amour, quand la nuit est belle, les astres qui brillent sur le pôle austral ».

Il n'a jamais vu la mer, pas même du rivage ; et, de mariniers, il n'en a vu que sur la petite Vézère. Mais le voici, par Cook, lancé à des périples imaginaires : « Tu m'as fait épouser la mer ; et l'attrait naturel qu'avoient pour moi les eaux courantes s'est accru depuis que les flots t'ont porté dans ces régions délicieuses. » Et que de singularités !... « Cette partie du monde, non seulement n'a pas d'habitans, mais n'a pas même de lieu. Là tout est mer, excepté la mer même convertie en îles de glace qui ont leurs montagnes et leurs plaines. Elles présentent aux regards des images de tours, de clochers, de murailles et de maisons, et la même variété de formes que les nuages d'où elles sont descendues. » Et le refrain d'Otahiti : « Otahiti ! que tes filles sont belles et que tes hommes sont doux ! Ta découverte, île charmante, ne sera pas inutile au bonheur du monde... »

Samedi 22 décembre 1787... Et ce ne sont que des bribes de phrases, mais jolies : « ... Et ce que l'Océan environoit, quand il se roule autour des pôles... Délicieuses relâches !... Latitudes et longitudes, pour largeur et longueur : une langue particulière est employée pour parler de ces grands objets... C'est pour eux (les Otahitiens) que les soleils de nos hyvers se hâtent de tomber et de descendre ; et ses rayons les ont touchés quand il se lève. Tu viens d'Otahiti, père du jour... Nous partageons avec eux le sommeil et la veille... Lointains pays où le dormir est doux... » 22 janvier 1788 : « Portez-leur la rose et qu'elle pare des seins qu'on dit semblables à ceux des statues grecques... » Il n'est pas jusqu'au langage otahitien qui ne séduise Joubert ; et Joubert en copie des mots avec soin : *Epaha tayo malerne taiye no tabano to nota wa whamo maiye...* 10 mars : « Plus une île est près de Taïti, plus les mœurs y sont bonnes, la terre féconde et les hommes heureux.. Ton langage, tes mœurs et ton bonheur sont départis dans les îles qui t'environnent. Tu es au milieu de toutes ces îles comme le soleil au milieu des astres... » Puis : « Que fait (présentement) le vieux Paowgand à Tanna? Et Paowgand vit-il encore?... » Et puis : « Ils ont, à Tanna, l'habitude de mon ami Fontanes : dans la joie qui suit l'admiration, ils font claquer leurs doigts. » Joubert était alors à Villeneuve-le-roi ; Fontanes était venu l'y retrouver : la gaieté de Fontanes, Joubert la réunit à ses fantaisies otahitiennes.

Du mois de juin 1788 : « Ils alèrent à Otahiti, pour y voir de plus près une étoile. Otahiti ! On nous a rapporté de toi des nouvelles qui ont charmé le monde ! Tout les favorisa pour leur rendre ce séjour délicieux. Tout, jusqu'à l'heure de leur arrivée. Il étoit nuit et, du navire, ils voyoient briller sur la côte les flambeaux qui servent aux insulaires pour la pêche. Ils entendirent le bruit des danses ou des heeva. Ils reconnurent la métropole des îles du Tropique et les mœurs du peuple ami... Un sommeil léger suspendit un moment leur joye. Ils ne s'éveillèrent que pour être heureux. Qui donnera maintenant à mon stile des agrémens et des couleurs, pour peindre... » Et le refrain : « Otahiti, que tes filles sont belles et que tes hommes

sont doux ! Tu es la merveille des tropiques, dans
les mers qui sont sous nos pieds ! Cette moitié de
l'Océan que tu partages te doit son plus bel ornement. Le néant est à ses deux bouts ; l'âge d'or est
dans tes bocages... » Et Joubert vante l'héroïsme
de Cook, son ingéniosité pratique, son désintéressement. Mais il ajoute : « Quelque intrépide et bon
qu'eût été Cook, sans doute il eût obtenu moins de
faveur et de renommée, s'il ne nous eût pas fait
connoître Otahiti... Otahiti, ton sol fécond ne
produit point de matières dures et précieuses. Tes
montagnes, dont la perspective est si riante, ne re-
cèlent point de métaux ni de pierreries. Tu n'as
pour tous biens que ton beau ciel, et tes arbres
qui portent le pain. Ta découverte néanmoins a
causé plus de joyes au monde que toutes ces
grandes rencontres de mondes et de continens
nouveaux qui changèrent tout à coup la face des
empires et couvrirent d'or et de diamans la terre
ancienne. Tu es, Otahiti, un lieu de relâche et de
radoub pour le navigateur fatigué de chercher les
pôles, tu es un lieu de repos pour l'imagination
lassée de chercher ailleurs que sur ton sol tant d'innocence et de bonheur... »

Cook est, aux yeux de Joubert, un double héros,
antique et moderne. Ses découvertes évoquent le
temps où la première audace des navigateurs con-
quit les espaces terrestres ; et ce conquérant, ce
faiseur de périples, a pratiqué les vertus nouvelles,
l'humanité, la bienfaisance universelle, la volonté
d'être utile aux hommes, à toutes les nations, de
servir au progrès. Joubert insiste sur la bonne efficacité de Cook : « Il sema des plantes utiles dans

les îles désertes et donna des exemples de vertus à
des peuples sauvages. Il rendit la mer plus navi-
gable et le séjour des vaisseaux plus sain... » etc.
Le caractère véritablement moderne de Cook, Joubert le marque avec beaucoup de zèle, et jusqu'à
écrire : « Si Cook avoit fait ses voyages il y a cent
ans, il y a deux cents ans, on auroit simplement
considéré sa conduite d'homme de mer et estimé
l'exactitude de ses déterminations. Il auroit obtenu
les suffrages de ses égaux et des scavans et l'attention
des politiques... » Et maintenant ? Ecoutons Joubert :
il ne se trompe pas. Donc, jadis, on aurait admiré ce
capitaine heureux ; « mais sa bonté, son extrême
attention à ne pas blesser la justice n'auroient pas
ému les esprits et donné à son nom cette vogue dont
nous sommes témoins et qui désormais durera toujours... On n'auroit sçu voir en lui qu'un habile
navigateur anglois, mais non pas l'homme qui doit
être cher à toutes les nations et à tous les siècles. »
Ce changement de l'esprit public, cette particularité
de l'esprit nouveau, que note Joubert avec le plus fin
discernement, c'est bien le caractère de l'époque.
Plus que jamais, on a souci de morale ; et, en faveur
de la morale, on a une tendance très forte, assez ridicule et assez belle, très dangereuse, à embrouiller
des choses différentes. Certes, un explorateur qui
évite d'être inhumain et qui, pionnier de la civilisation, n'agit pas comme un sauvage mérite une
louange singulière. Mais jadis, — et, pour Joubert,
jadis, — on n'eût pas songé à prendre un explorateur pour maître d'aménité, de vertu sociale ; on
n'eût pas songé à priser d'abord en lui les qualités
de douceur ; on n'eût pas songé à lui demander

une philosophie. C'est la mode nouvelle : une mode assez touchante, et qui ne fut pas sans inconvénients. Lorsque Lapérouse partit pour son grand voyage, Louis XVI lui rédiga des recommandations humanitaires : « Si des circonstances impérieuses obligeaient jamais le sieur de la Peyrouse à faire usage de la supériorité de ses armes sur celles des peuples sauvages, pour se procurer, malgré leur opposition, les objets nécessaires à la vie, il n'userait de la force qu'avec la plus grande modération et punirait avec une extrême rigueur ceux de ses gens qui auraient outre-passé ses ordres. Dans tous les autres cas, s'il ne peut obtenir l'amitié des sauvages par les bons traitements, il cherchera à les contenir par la crainte et les menaces, mais il ne recourra aux armes qu'à la dernière extrémité, seulement pour sa défense et dans les occasions où tout ménagement compromettrait décidément la sûreté des bâtiments et la vie des Français dont la conservation lui est confiée. Sa Majesté regarderait comme un des succès les plus heureux de l'expédition qu'elle pût être terminée sans qu'il en eût coûté la vie à un seul homme[34] ». Sainte-Beuve, citant ce passage, fait de justes réflexions. Tant de précaution, dit-il, est honorable, et puérile, et dangereuse. Avec de tels scrupules, on est un philosophe, non pas un conquérant : et les « sauvages » abuseront de votre philosophie. Louis XVI l'a bien vu ensuite ; Louis XVI qui eut près de lui des sauvages plus sauvages que ceux de la Polynésie et qui, jusqu'au dernier moment, répéta : « Je ne veux pas qu'il périsse un seul homme pour ma querelle ! » et qui fut la victime, ou l'une des victimes, de sa mansuétude. Quand il rédigeait, à l'intention de Lapérouse, ses recommandations humanitaires, Louis XVI avait lu les voyages de Cook : il en avait, comme Joubert, tiré des leçons morales. La nouveauté d'opinion que signale Joubert, la voilà. Il l'a bien vue ; même, il a, en quelque mesure, participé à la séduisante erreur, à la jolie imprudence commune.

Son Cook est un grand navigateur ; il est aussi un philosophe. Joubert ne se contente pas de le peindre en vérité : il le transforme en un maître de la vie et fait de lui un emblême ou un exemple. Mais, ce grand navigateur, les circonstances l'ont placé dans des conditions héroïques et exceptionnelles, de sorte que l'exemple de Cook a bien l'air de dépasser nos modestes conjonctures. Inutile exemple ? Non pas ! Et Joubert amène vers nous, vers nos petites anecdotes ce héros emblématique. « Je veux chercher ce que Cook auroit fait s'il avoit eu des enfans... » Et il transcrit en père de famille l'explorateur d'un hémisphère... « Il auroit parlé rarement à ses filles, par une certaine austérité de pudeur. Il auroit parlé rarement à ses garçons, par une certaine gravité naturelle à tous les pères plus occupés du soin de former et de pourvoir leur famille que du plaisir de vivre avec elle et d'en être caressés. Il auroit quelquefois vivement et secrettement joui des délices de la paternité ; mais il en auroit plus constamment connu les devoirs que les douceurs... » Joubert, afin de rendre utilisable et moralement efficace l'exemple de Cook, organise des hypothèses. Supposons qu'au lieu de céder aux vœux de la plus rare destinée, Cook soit demeuré dans la profession que son père lui avait choisie : il est marchand. Quel marchand sera-t-il ? Un marchand considérable par la justesse de ses vues et la rigueur de sa probité ; non par un négociant célèbre. L'agent d'une grande compagnie de commerce, peut-être : et alors, un excellent employé, sans génie ; car il fallait à Cook les prodigieuses entreprises, pour montrer son génie. Mais il est un bourgeois très digne et très important : on vient lui demander conseil... Et si, toujours marin, Cook n'avait pas eu l'aubaine de ses grandes expéditions ?... « Dans un vaisseau de commerce, le bonheur que sa sagesse eût procuré à toutes ses entreprises l'auroit rendu recommandable aux négocians de son pays et tous auroient recherché l'avantage de devenir ses commettans. Dans un vaisseau de guerre, sa bravoure et son sang-froid, ses manœuvres sûres et hardies lui auroient sans doute valu l'honneur d'être nommé quelquefois dans les gazettes de son pays, mais ne lui auroient point procuré d'autre gloire. Soldat, il se fût élevé de grade en grade jusqu'au rang de capitaine... » Et parfait, toujours. Illustre, non ; mais, dans toutes les conditions, irréprochable. Ami solide et généreux, lié jusqu'au dévouement par une estime mutuelle. « Il n'auroit eu besoin d'un ami ni pour être consolé ni pour être supporté par son indulgence, mais pour avoir l'âme exercée par une bienveillance forte... Il avoit une si parfaite organisation, il étoit tellement épris de l'ordre qu'aucun des sentimens honnêtes ne pouvoit être hors de son cœur... » Et Cook devient un charmant bonhomme, une sorte de père de famille selon Diderot.

Nulle époque n'a été plus constamment — et,
parfois, déraisonnablement — éprise de morale.
Peu d'époques ont été moins morales; mais plus
les hommes de ces temps prérévolutionnaires sentaient menacés les principes de leur conduite et
sentaient leur vie hasardeuse, plus ils cherchaient,
et avec confusion, des morales un peu partout, fût-
ce chez les navigateurs.

Ainsi, le personnage de Cook, Joubert le dirigeait, avec beaucoup de jolie adresse, vers la morale. Tahiti, qui l'enchantait, lui devint un autre.
emblême et, cette fois, de qualité sociale. Une
phrase incomplète de Joubert fait allusion à ces
temps (le sien, par exemple), « où tous les peuples
devenus éclairés et mécontens de leur situation et
de leurs mœurs, en détournent leur attention et se
plaisent à la porter sur les mœurs et le gouvernement des peuples nouveaux et sauvages ». Remarque très juste; et c'est bien ce qui arriva. Jamais
on n'inventa si ardemment des utopies et des
Eldorado. L'exotisme qui, dans les arts, se manifeste avec tant de vivacité, c'est le signe du déplai-
sir qu'on éprouve chez soi. L'on se forge des imaginations séduisantes, à propos des pays peu connus ; et, dans le mystère aperçu, l'on place des chimères de politique sentimentale. Les sauvages se
prêtent le mieux du monde à ces ingénieux arti-
fices : les sauvages qui sont à la mode; les sauvages de Marmontel et, bientôt, de Chateaubriand.
Les Otahitiens de Joubert sont du même genre.
Ces « peuples qui n'ont pas de loix » l'intéressent
et l'attendrissent. Dans la peinture qu'il fait de
leurs mœurs, on voit la tendance philosophique.

Tahiti est, pour Joubert, un peu ce qu'est Genève pour Jean-Jacques : l'utopie. Joubert ne connaissait pas Tahiti ; et Rousseau connaissait Genève : mais la Genève que Rousseau s'ingéniait à célébrer n'était pas une réelle Genève, c'était comme Tahiti pour Joubert une rêverie.

Le commentaire de l'île idéale, Joubert le parait de maintes doctrines aventureuses. Même alors, on voit et sa prudence fine et sa retenue, que d'autres — les déclamateurs — n'ont pas du tout. Mais il est touché de fraternité universelle, de pacifisme et de sensibilité. C'est un chagrin pour lui de savoir que, dans la délicieuse Otahiti, la concorde ne règne pas toujours. Des guerres, dans un si beau pays, où les filles sont si belles et les hommes si doux !... On a fait d'autres légers reproches aux doux Otahitiens et belles Otahitiennes. Joubert répond : « S'ils aiment le plaisir, ce n'est pas par la corruption de leurs mœurs, mais par l'excellence de leur tempérament », magnifique réponse. Et que de vertus émouvantes !... « On se délasse du spectacle de tous les malheurs en contemplant quelques minutes l'heureux sort de ce peuple aimable, vif et toutefois si doux qu'il semble que la nature, qui ne lui permet pas d'être un moment indifférent, lui ait cependant rendu la haine impossible. Il a toute la beauté et toute la bonté des enfans. Ses légèretés mêmes sont à peine des défauts et, parmi ses défauts, aucun n'est incompatible avec l'innocence. Peut-être le meilleur des hommes seroit-il parmi nous celui qui à force de philosophie seroit enfin devenu ce qu'est naturellement un jeune Otahitien. » Voilà, formulée avec toute la netteté possible, la pensée de l'époque, la pensée de Joubert ému de philosophie. Il raconte l'histoire d'un jeune Otahitien plus charmant que tous les autres et nommé Tupia. Cook l'avait rencontré lors de son premier voyage et l'emmena sur son navire. Mais, « du regret de la mort de son ami Taïeto », Tupia mourut à Batavia. Quand le capitaine Cook revint à Tahiti, les habitants lui demandèrent des nouvelles de Tupia. Ils composèrent des complaintes et chants funèbres qui avaient ce refrain mélancolique : *Mort, Tupia, mort, mort !* — Et Joubert : « C'est ainsi que des peuples grossiers scavent honorer les talens et les vertus par des sentimens tendres que l'homme de bien espéreroit vainement d'obtenir chez les peuples polis où la civilisation a perdu la nature. O mes concitoïens ! plus j'y pense et plus je trouve que nous aurions tous besoin de devenir un peu sauvages ! » Il est manifeste que Joubert a subi l'influence de Rousseau.

Joubert approuve les Otahitiens qui « ne se figurent point après la vie et ne désirent point un plus grand bonheur que d'habiter une autre Otahiti et de s'y nourrir éternellement de fruits à pains et de gorces qui n'auront pas besoin d'être préparés aux feux ». Rêverie païenne ; et rêverie de l'âge d'or !

Rêverie païenne encore et dans laquelle des réminiscences de Lucrèce ont pris le tour de la science moderne. Les îles où est allé Cook sont, quelques-unes, volcaniques et l'on y aperçoit les indices des catastrophes géologiques : la terre périra... « Cette idée que la terre périra est affligeante. Parmi nos idées journalières et communes,

il n'en est aucune qui puisse nous en consoler.
Mais une idée, extraordinaire comme la première,
peut nous guérir de ce chagrin : c'est la considération du tout. C'est la connoissance des astres et
de leur nature. L'homme trouve dans ces connoissances une force qui lui fait supporter avec
tranquilité le sort de la planette. S'il faut que tu
périsses, habitation de nos enfans et de nos pères,
tous ces corps plus beaux et plus éclatans que toi
subsisteront du moins. L'élément du feu dont le
soleil est le foyer ne peut pas non plus périr, il
t'absorbera par une attraction dont on a calculé la
puissance et, réchauffée par cette action, tu re-
jailliras du corps du soleil avec les germes des
espèces que tu renfermes et qui ne peuvent pas
être perdus. Tu refairas ton cours, tu reprendras ta
place et tu recommenceras ton destin. » Joubert a
tout à fait abandonné les dogmes chrétiens ; son
idée du monde est conforme aux théories des phy-
siciens matérialistes.

Son idée de la société repose tout entière sur
l'idéal du bonheur. Les Otahitiens sont les hommes
les plus heureux et leur vie est organisée en vue
seule du bonheur ; à toutes objections, Joubert
réplique : « Ce n'est pas le désir des vrais biens
qui déprave l'homme, mais le désir de ceux qui
sont faux. Jamais aucun peuple ne s'est corrompu
pour avoir du bled, des fruits, un air pur, des
eaux meilleures, des arts plus parfaits, des femmes
plus belles. mais pour avoir de l'or, des pierreries,
des sujets, de la puissance, un faux renom et une
injuste supériorité... » Joubert examine les conditions du bonheur otahitien. Il y a « la qualité de

leur terroir », qui produit « tout ce qui peut rendre l'homme sage et rien de ce qu'il faudroit pour le rendre riche » : ainsi, la richesse — l'un des résultats de la civilisation — va tout à l'encontre du bonheur social. Puis ces petites îles sont enfermées chez elles et, par la mer infranchissable, garanties contre l'ambition : « Bornés dans leur territoire, ils (les insulaires) n'ont rien de mieux à faire que d'y être bons et tranquilles, comme les hommes le sont partout où ils sont indépendans et maîtres souverains d'un pays borné. » Joubert va tirer de là des conséquences importantes : « C'est une grande question pour le bonheur public de scavoir quelle étendue devroit avoir chaque pays, pour que les mœurs y fussent bonnes. En attendant qu'on la décide, voici une règle générale. L'homme animal ne regarde vraiment comme sa patrie qu'autant de pays que ses yeux en peuvent embrasser en se tournant de tous les côtés lorsqu'il est placé au point qui forme le milieu du sol où sa demeure natale est située comme une île au milieu de la mer. Et l'homme sensible ne regarde [comme] ses véritables compatriotes que ceux qui habitent cet espace de terre. Quant à l'homme civil, sa patrie morale sera toujours trop étendue toutes les fois qu'il ne sera pas membre d'un peuple où il sera possible à chaque individu de connoître tous ses compatriotes et d'être connu de tous... » Corollaire pratique : « Les grands Etats doivent chercher à se subdiviser de mille manières, s'ils désirent véritablement le bonheur général et individuel. Leur force même extérieure dépend de la multiplicité et de l'union de leurs parties. »

Il est évident que, tout cela, Joubert l'eût développé. L'*Eloge de Cook*, en son état de brouillons, ne nous donne pas toute une philosophie de Joubert ; et la philosophie de Joubert était, pour ainsi dire, inachevée comme l'éloge du navigateur. Il avait à en adapter les pièces, à en arranger les jointures ; il avait aussi à en terminer plusieurs éléments. Cependant, nous voyons comment tournait sa pensée. Joubert cède volontiers au goût législatif de ses contemporains. Comme eux, il ne craint pas de refaire, au gré de l'idéologie, la constitution des peuples. Il a posé en principe un idéal du bonheur, il a cherché les conditions du bonheur social et national : ces conditions, reste à les réaliser. Et il ne demande qu'à les réaliser en effet. Ce qu'il a très bien vu, c'est que les constitutions inventées par les philosophes, et inventées en vue du seul bonheur, ne sont pas applicables à de grandes foules humaines et à de grandes étendues géographiques. Donc, « c'est une question de scavoir quelle étendue devroit avoir chaque pays ». Excellente logique ; erreur, en fait : l'étendue de chaque pays, indépendante de la volonté des philosophes, est un phénomène géographique et historique. Joubert, à la façon de tous ces théoriciens, ne tient pas compte de l'histoire ; il néglige le vivant et impérieux passé. Il demande que les grands Etats se subdivisent de mille manières. Tâche impossible, qui tente les réformateurs ; et, au surplus, tâche que la révolution ne redoutera pas d'accomplir en France, lorsqu'à nos vivantes provinces elle substituera les départements administratifs et irréels : tâche funeste. On voit, dans l'esprit de Joubert, quelques-unes des velléités qui trouveront bientôt leur occasion. Mais il n'a pas l'outrecuidance et la désinvolture de ceux qui vont être efficaces. Il a, comme les autres, le défaut de travailler *a priori* ; mais il est préservé des pires folies par son souvenir provincial. Jeune philosophe (disais-je) il est venu à Paris parce que Paris, pour un petit provincial est, en quelque sorte, l'absolu. Il demeure assez provincial pour ne pas s'établir, à Paris, citoyen de l'univers. Ce qu'il dit de la petite patrie, ou de la province, garde une profonde et belle vérité. Il répond d'avance à des rêveurs plus fols que lui.

Joubert a goûté, à lire Cook, ce plaisir de divertissement auquel nous invite un Pierre Loti : dépaysement de l'esprit, son refuge ailleurs dans une fraîche nouveauté de toutes choses, l'offre des réalités les plus différentes de celles dont nous avons ou l'ennui ou le chagrin, l'offre de l'utopie. Comme il s'amuse à concevoir changées toutes les conditions de la vie ! Le voyage en mer, imaginé, le ravit : un chemin qu'on fait en cherchant ses repères dans le ciel ! La contemplation des arbres le ravit : pour les arbres et pour la mer, il invente des phrases, j'allais dire, infinies, mobiles et où il y a de l'ineffable. Ses mots bougent ; ses mots prennent une qualité de mystère. Il peint des merveilles étranges ; et il donne à son style une jolie étrangeté. Otahiti, des voluptés singulières, une musique à laquelle trois notes suffisent pour qu'elle soit touchante et triste, des danses qui ont une langueur exquise, un art précieux du bonheur et, sans lois, la perfection de l'innocence, un peuple bon grâce à la seule vertu de la nature : que de motifs charmants pour la pensée !

Pendant plusieurs années, l'Académie de Marseille ne décerna point le prix de douze cents livres qu'elle avait proposé. Elle recevait des mémoires et ne les jugeait pas dignes de sa récompense. Peut-être (mais je ne le sais pas) l'obligeant chevalier de Langeac disait-il à ses collègues : — Attendez ; mon vertueux ami M. Joubert travaille… Il ne travaillait pas vite ; et, attentif aux délices de sa pensée, il n'en finissait pas. Les derniers feuillets relatifs à Cook et datés sont de 1788. Je crois qu'alors il renonça décidément à parfaire son *Eloge* : d'autres projets l'avaient requis. Le 25 août 1789, le prix d'éloquence fut décerné à M. Pierre-Edouard Lemontey, citoyen de Lyon. Celui-ci avait plus d'assiduité que Joubert, et de ténacité. Les archives de l'Académie conservent trois mémoires de ce Lyonnais opiniâtre : sans doute, n'ayant pas eu de succès d'abord, recommença-t-il bravement [35]. Il publia son *Eloge* trois ans après avoir reçu sa couronne, en 1792 et quand il était membre de l'Assemblée législative. Agé de vingt-sept ans en 1789, cet aimable garçon, avocat, parleur ingénieux, faisait son chemin. C'est à lui qu'on s'était adressé pour rédiger le cahier de la généralité lyonnaise. Il fut, sous l'organisation nouvelle, nommé substitut au procureur de la Commune ; et il se lançait dans la politique. A la Législative, il eut son rôle parmi les honnêtes imprudents qui crurent maintenir en bel accord la monarchie et la constitution : l'une qu'on avait déconsidérée, l'autre qui était à la mode pour un peu de temps. Il n'aimait pas les violences et, révolutionnaire averti, voyagea pendant la Terreur. Il ne revint chez lui qu'après le rétablissement de l'ordre. Il avait de l'esprit, de la grâce, du discernement, de la pusillanimité. En petit comité, on le trouvait assez hardi. Il bégayait, mais il était bavard. L'arrivée d'un inconnu réduisait à la précaution ses hardiesses, au silence son bégaiement [36]. Il n'écrivait pas mal, avec trop d'afféterie. Il a composé des livrets d'opéras-comiques, et puis des livres d'histoire, tels que l'*Etablissement monarchique de Louis XIV*, des essais, une étude sur *Paul et Virginie*. Il fut de l'Académie française et installa son aménité dans le fauteuil où avait été si grincheux l'abbé Morellet. Il fut censeur dramatique et s'acquitta sans dureté de fonctions qui lui donnaient à plaisanter ; il disait à ses amis : « N'allez-vous pas voir, ce soir, *Athalie*, par Racine et Lemontey ? » [37] Mais son *Eloge de Cook*, très oratoire et chargé d'ornements, ne vaut rien.

Joubert avait travaillé des années, avec peu de suite. Ce fut, en somme, du temps perdu. Mais Joubert, toute sa vie, a perdu tout son temps, s'il ne s'agit que de produire. Il s'agissait, pour lui, d'accomplir la perfection de son esprit ; de cette manière, le soin qu'il accordait à l'éloge de Cook, il l'utilisa comme un exercice d'agréable méditation.

M. de Langeac, dit Paul de Raynal, « engagea M. Joubert à se charger d'un travail fort important, que les événements politiques vinrent malheureusement interrompre ». Quel est ce travail ? Ce n'est pas l'*Eloge de Cook*, mais un ouvrage en deux tomes in-8° qui parut seulement en 1813 et dont voici le titre : *Anecdotes anglaises et américaines. Années 1776 à 1783.* (A Paris, Delaunay, libraire, etc., 1813.) L'abbé Pailhès l'a deviné. En lisant les *Anecdotes anglaises et américaines*, attribuées à Langeac par les biographes et les bibliographes du temps, l'abbé Pailhès a remarqué un court chapitre sur le capitaine Cook. La lettre de Joubert à Mme de Beaumont l'informait du goût que Joubert avait eu pour les voyages de Cook. Et puis, dans le chapitre des *Anecdotes*, il apercevait du « syllabisme » : il y en a. L'abbé Pailhès décida que le chapitre Cook était de Joubert : il avait raison. L'abbé Pailhès décida que les deux tomes des *Anecdotes* étaient de Joubert : et, là, il avait tort.

En 1789, Langeac eut peu d'argent et, sage, crut qu'il n'en aurait plus guère. Il entreprit une assez profitable besogne de librairie. Les recueils d'anecdotes se vendaient le mieux du monde [38] ; et ce n'est pas étonnant, à une époque où la conversation florissait bien. Les libraires mettaient l'histoire et l'univers en anecdotes et, nous le savons par Milran, payaient à qui leur apportait de la copie, un louis la feuille. Langeac associa Joubert à son entreprise ; Joubert, qui a écrit : « Tout n'est pas grave et important dans l'histoire des peuples et souvent on y trouve avec plaisir des minuties qu'on se plaît à y regarder et qui n'y sont pas inutiles, soit parce qu'elles détendent et amusent l'attention, soit parce qu'elles entrent facilement dans l'esprit et, s'attachant à la mémoire, y fixent les faits principaux dont elles sont des dépendances ; quelques détails après les masses introduisent la variété. » Il y a, dans les papiers de Joubert, une assez grande quantité de feuillets occupés par des anecdotes anglaises ou américaines. L'un des feuillets porte la date du 23 mars 1789 ; je crois que l'ensemble du travail est de cette année-là. Ce sont des notes et des brouillons, des fragments de rédaction commencée. Ses anecdotes, Joubert les empruntait pour la plupart au *Courrier de l'Europe*, fondé en 1776, publié à Londres et à Boulogne, l'un des journaux les plus importans de l'époque et très riche en documents ayant trait à la guerre d'Amérique. Il rédigea en quatre pages un résumé de son *Cook* et même laissa, comme par mégarde, à ce résumé la marque de l'ancien *Eloge*, une rapide mention de l'Académie marseillaise.

Joubert choisissait les anecdotes pour leur agrément, pour leur qualité pittoresque ou sentimentale. La Révolution bouleversa le projet de Langeac et de Joubert : tous deux pensèrent à autre chose. Mais plus tard, sous l'Empire, quand l'attention se tourna vers l'Angleterre, Langeac se souvint du projet abandonné jadis. Il eut l'idée de publier alors le recueil dont il possédait les éléments et de le transformer en un pamphlet contre l'Angleterre. Sous le titre d'*Anecdotes* et sous cette apparence anodine, ce fut un ouvrage de polémique : il s'agissait d'exciter l'opinion publique, en signalant les absurdités et cruautés commises par les Anglais dans la guerre américaine. La Préface dit : « On espère que ces détails sur le gouvernement anglais seront un trait de lumière pour quelques souverains, et les détourneront d'une alliance perfide, dont ils n'ont déjà que trop supporté la honte et les périls. Leur histoire aussi le dira, s'ils vendent leur appui à ces ministres arrogans, non moins séparés, par leurs actions, de tout principe d'équité, qu'ils ne le sont du reste du monde par leur océan, pour eux si prodigue et si tutélaire. » La tendance politique est aussi évidente que le mauvais style de Langeac. Et, d'ailleurs, ce pamphlet politique est extrêmement mal fait. Beaucoup d'anecdotes sont désagréables pour les Anglais; et les autres, non : témoin, cet hommage rendu à leur grand navigateur Cook. Le simple recueil d'anecdotes est nouvellement destiné à un usage que d'abord il ne devait pas avoir et pour lequel on ne l'avait pas du tout préparé. En 1789, Joubert amassa, élabora une partie des matériaux. La rédaction définitive et tendancieuse — et maladroite — est de Langeac. Joubert ne se mêla point de la refaçon. Joubert, en 1812 et en 1813, est fort éloigné de pareilles choses. Il ne travaille guère ; et il médite, à l'écart de toutes contingences. Inspecteur général et conseiller de l'Université, mais revenu de sa seconde tournée d'inspection, revenu de ceci et de cela, malade en outre, il passe dans son lit le meilleur de ses journées. C'est une affaire, pour lui, que d'écrire ; il ne songe pas à reprendre dans ses tiroirs de vieilles anecdotes et à les tourner avec méthode au perpétuel détriment d'un adversaire, même national. Bref, il y a du Joubert, dans les *Anecdotes*, — et, là-dessus, l'abbé Pailhès a raison; — mais le recueil des *Anecdotes* et la nouvelle forme qu'il a prise en

1813, cela est de Langeac. L'abbé Pailhès a tort
de s'indigner ou, au moins, de flairer une fraude,
quand il trouve dans la *Biographie des hommes
vivants,* les *Anecdotes anglaises et américaines*
« attribuées » au chevalier de Langeac. Elles ne
sont pas tout à fait et exclusivement de lui : aussi
ne les a-t-il pas signées. On pouvait les lui attribuer [39].

Un chapitre qui est de Joubert — j'en ai le
brouillon sous les yeux — conte l'histoire de Marie
Connor, qui a trahi Washington : « Ceppendant
une femme avoit pensé tout perdre. Obscure,
ignorée et plébéienne, elle avoit tenu dans ses
jeunes mains tous les destins de cette guerre et le
malheur de l'Amérique... » Washington, « éloigné
de sa femme et de ses enfans » par les soins qu'il
devait à sa patrie, vit Marie Connor et l'aima. Il
fit bien les choses et il sut l'installer élégamment,
dans une petite maison, sur les bords de la rivière
septentrionale. « Il aloit la voir, seul et déguisé,
pendant la nuit, pour se délasser des travaux du
jour ; souvent il dormoit auprès d'elle... » Et il
éprouva « le sort commun de tous les grands
hommes qui s'oublient ». Marie Connor s'éprit
d'un moins grand homme, mais plus jeune, Clayrfort ; « leur âge étoit pareil, et leurs âmes amoureuses et communes avoient une plus grande égalité... » Joubert s'attendrit ; Joubert est sur le point
de pardonner à l'infidèle : mais il se repent de son
indulgence et appelle l'infidèle une ingrate. Elle
recevait du général Washington tous les biens
nécessaires à la vie « et Clayrfort les recevoit
d'elle ; elle le combloit de tous les dons qu'elle

acceptoit pour les lui rendre ; elle lui prodigua tout, jusqu'aux secrets » du général Washington. Projets politiques, plans de bataille, papiers importants, le « timide Clayrfort » recevait tout cela « des mains de sa maîtresse tremblante et nuë » ; il copiait en hâte ces documents à la porte même de la chambre « où dormoit le héros trahi ». Les ennemis vinrent à comploter de surprendre le général chez sa belle et de s'emparer de lui ; mais elle refusa d'être perfide jusqu'au bout : « elle n'osa pas achever, voulant tout faire pour la fortune de celui qu'elle aimoit, et non pas livrer aux Anglois celui dont elle étoit aimée... » Que Joubert a bien démêlé ces casuistiques de l'amour et de la trahison ! Je crois qu'il s'en indigne et s'en amuse : les psychologues sont habiles à consoler les moralistes. Joubert a esquissé ce roman, triste et ironique, où l'on voit un grand homme pareil aux hommes ordinaires et sensible aux mêmes attraits. Langeac, lui, est en guerre contre l'Angleterre, comme jadis à Jersey, à Cancale. Ces Anglais lui ont coûté cher : cent quatorze mille livres au bas mot, pour la légion de Nassau. Repris par Langeac, le chapitre de Joubert débute ainsi : « Une légère intrigue d'amour fournit au gouvernement anglais l'occasion d'employer, contre le général Washington, ses moyens ordinaires de perfidie... » Voilà le travail de Langeac, en 1813.

La touchante histoire de Mrs Ross est aussi de Joubert. Une jeune fille d'Hammersmith, « village agréable qui n'est pas à deux milles de Londres », avait avec le capitaine Ross un engagement que ses parents refusaient d'agréer. Le capitaine partit pour la guerre américaine. Elle se déguisa en homme et partit elle-même. Arrivée là-bas, elle chercha son amant ; elle le trouva, laissé pour mort au point où avait eu lieu un combat contre les Indiens. Il vivait encore. Elle le soigna, toujours déguisée, fardée, grimée. Elle ne se révéla même pas à lui. Elle ne se révéla que plus tard. Et il mourut ; elle mourut aussi. L'anecdote est dans le recueil de Langeac. Les papiers de Joubert n'en donnent que le commencement, la poétique invocation que voici : « Vous ne serez point oubliée, ô vous qu'on a déjà chantée quand votre histoire étoit nouvelle et vos aventures récentes. Les filles des bords de la Seine écoutèrent avec tristesse le récit touchant de vos maux... Nos écrivains les publièrent, les vers français les consacrèrent ; et les amans de mon pays, quand ils visiteront le vôtre, demanderont où est Hammersmith pour y honorer votre tombeau... »

Il y a ainsi de jolies choses, dans les anecdotes de Joubert. Son travail n'était pas difficile, en somme. Il rédigeait élégamment ce que les documents lui fournissaient de meilleur. Il ne se dépêchait pas. Il s'attardait à combiner, entre des phrases qui valent surtout par la netteté, des phrases gentiment harmonieuses ou rêveuses. Mais enfin, tout cela n'est que besogne. Et la besogne n'amusait pas Joubert. Je me figure que, parfois, le rôle qu'il avait auprès du chevalier de Langeac l'impatientait. Sur un feuillet de son écriture, on lit : « Aristote dit que la forme est le mâle. C'est elle en effet qui embrasse et féconde la matière et lui fait produire dans l'âme les impressions dont elle

nous affecte. 24 mars, lendemain de ma visite à
M. le c. de Lg. » Je ne dis pas que ces trois lignes
ne soient pas mystérieuses. Cependant, si Joubert
a noté la corrélation de sa pensée et de la visite au
chevalier de Langeac, c'est évidemment que les
deux choses sont liées dans son souvenir et dans
son intention. « Ma visite à M. le c[hevalier] de
L [an]g[eac]... » sa première visite probablement.
Et l'on peut conjecturer (sans trop d'assurance) que
Joubert allait s'entendre avec le chevalier sur un
travail que lui confiait le chevalier. Sans doute
s'agissait-il d'un écrit que Joubert était chargé de
revoir, d'améliorer, d'embellir. Peu de chose ! Et
M. de Langeac a peut-être dit à Joubert : — Vous
m'entendez bien ? et il ne s'agit que d'arranger un
peu la forme, sans toucher au fond... (Cela, je l'imagine : et, par exemple, c'est ainsi que Joubert a
dû revoir et, discrètement, retoucher le *Précis historique sur Cromwell...*) Et Joubert, un peu choqué,
un peu fier, badinant avec un peu d'amertume à
part lui : — La forme, la forme... Aristote dit que
la forme est le mâle !...

Après la mention de la visite à M. de Langeac,
ceci : « N. (nota.) La noblesse est une dignité qui
nous donne la présomption que nous fairons bien
parce que nos pères ont bien fait. » Evidemment,
à cette première visite, le chevalier de Langeac a
impatienté Joubert, et d'autant plus facilement que
le jeune Joubert, touché de quelques idées subver-
sives, était à l'occasion cassant et un peu susceptible.

Ce ne fut qu'une impression. Joubert, toute sa
vie, entretint avec le chevalier de Langeac les re-

lations les meilleures et vraiment affectueuses. Le
18 novembre 1818, il écrit : « M. de Langeac. L'impartialité est une vertu dans les autres, et la partialité est en lui une vertu. » Le bon chevalier de
Langeac avait la partialité de l'amitié, sans doute.
Ailleurs, Joubert l'appelle « un autre moi-même »,
un jour qu'il y a un service à rendre. Et nous retrouverons le chevalier de Langeac. Il n'était pas
et il ne devint pas un écrivain de réelle valeur, ni
même de quelque valeur. Mais j'ai voulu délivrer
cette honnête figure des nuages dont l'abbé Pailhès
l'a offusquée, sans malveillance et avec peu de précaution tout de même : on éprouve un peu de tristesse, je crois, à penser qu'un mort est caricaturé
pour jamais.

CHAPITRE III

ADÉLAIDE; ET LES APPROCHES
DE LA RÉVOLUTION

Un petit volume à la main, le bonhomme Béranger ne dort pas; il est au lit, mais il veille. Il lève un peu la mèche de sa lampe « que trop peu d'huile vient nourrir »; et il fredonne :

> Veille, ma lampe, veille encore ;
> Je lis les vers de Dufrenoy.

Il insiste, car c'est le refrain de sa chanson. A l'aube, il continue de lire ; et sa lampe s'éteint, mais le jour paraît.

Depuis lors, on n'a pas lu beaucoup les vers de Mme Dufrenoy. On ne les lit plus ; et l'on a tort : ils sont jolis. Sous l'Empire et la Restauration, les *Opuscules poétiques,* les *Elégies suivies de poésies diverses* et enfin les *OEuvres poétiques de Mme Dufrenoy* n'eurent pas moins de quatre éditions différentes en vingt ans[1]. La poétesse fut célèbre ; les contemporains parlent de sa gloire.

La dernière édition, d'un an postérieure à sa mort, qui survint en 1825, donne son portrait par Desenne. Eh ! bien, c'est une bonne dame qui a cessé d'être jeune et qui a pris avec l'âge un caractère de virilité peu élégiaque. Les traits sont forts ; le nez a plus d'énergie que de grâce ; la bouche est grande et charnue ; le menton se dédouble. Sur les cheveux noirs, que les bigoudis ont papillotés, une abondante batiste brodée sort en touffes et coques, en brides que l'empois raidit, d'un voile noir qui couvre la calotte du bonnet et qui se noue sur la poitrine parmi d'autres falbalas de lingerie. Une bonne dame de la Restauration, distinguée et sévère. Si l'on veut trouver à ce visage quelque douceur, c'est dans les yeux qu'il la faut chercher; ils sont grands et noirs, peut-être un peu rêveurs. Mais on ne dirait pas du tout que ce fût-là l'image d'une frivole qui a tenu la lyre de Sapho et de Corinne. A cette époque, Mme Dufrenoy est une digne veuve, mère et grand'mère, de fortune modeste malgré sa renommée et qui gagne sa vie en fournissant de littérature éducatrice l'industrie des éditeurs.

Dans les années qui ont précédé la Révolution, elle était jeune à ravir, très jolie, gaie, aventureuse. Un bel amour l'anima ; une déception l'attrista. Elle mit en poèmes son bonheur et sa tristesse ; les larmes valurent mieux encore que le rire au profit de son talent. La célébrité la récompensait.

Elle était née à Paris, dans la rue de Harlay, en 1765. Et elle était la fille de Jacques Billet, bijoutier de la cour de Pologne et de plusieurs nobles maisons de France, négociant cossu, lettré, que tout le quartier consultait dans les occasions difficiles et qui recevait chez lui les grands seigneurs, pour l'emplette de la joaillerie, les gens de lettres pour l'agrément de la conversation. La petite fille connut ainsi le vaniteux et intelligent La Harpe, et Chamfort qui environnait de badinage son génie, et ce toqué de Murville, petit poète et sempiternel bavard. On la mit au couvent des sœurs de la Roquette, où elle avait une tante, la mère Saint-Félix, religieuse et supérieure. La mère Saint-Félix veilla sur sa nièce et la gâta. Elle lui fit apprendre l'Evangile, les Epîtres des Apôtres, le grand Catéchisme de Montpellier, la musique. La petite Adélaïde Billet fut, au couvent, l'élève préférée ; elle eut le privilège de se lever une heure avant ses compagnes, de réciter dans la cellule de la supérieure les oraisons du jour et de préparer pour la supérieure et pour elle-même le café du matin ou la soupe aux herbes. La mère Saint-Félix lui confia la clef de sa bibliothèque où, pendant les récréations, elle put s'enfermer et lire — et n'en point encourir de blâme — les sermons de Massillon, ceux de Bourdaloue, l'*Imitation*, le *Magasin des Enfants* et la *Vie des Saints* ; elle s'éprit de sainte Geneviève et de sainte Cécile jusqu'à désirer de cueillir la palme du martyre. Elle en était là d'une éducation parfaite et cependant romanesque et elle avait seize ans à peine quand on lui offrit d'épouser M. Petit Dufrenoy, procureur au Châtelet, sensiblement plus âgé qu'elle, mais élégant, très riche et qui menait un joli train d'existence. Il demeurait sur le quai de l'Ecole, recevait beaucoup, non sans luxe. Il aimait la littérature et le plaisir ; il avait été en relations avec M. de Voltaire, pour affaires, et il en gardait le souvenir flatteur. La gentille adolescente fut sensible à tant de réels avantages. Elle épousa M. Petit Dufrenoy ; elle s'amusa d'être une dame et le fin mysticisme du couvent tourna en délicate et honnête futilité. Les palmes du martyre, elle les remplacera par les lauriers de la poésie. En fait de martyre, elle subira celui de l'amour, mais sans éclat fâcheux et, quand à M. Petit Dufrenoy se substituera pour un temps un bien séduisant poète, sans nul scandale. Cette époque fut indulgente et Mme Dufrenoy eut l'art subtil et décent d'organiser sa faute avec beaucoup de tact.

M. Petit Dufrenoy manqua de prudence et de conjugal souci ; car il lança cette petite épouse dans une société un peu hardie où les littérateurs donnaient le ton ; et il lui fit présent des élégies de Parny, qu'elle appela un « auteur divin » : et l'on voit comme son idée du divin s'est transformée. L'amant d'Eléonore se lirait sans péril, à présent ; l'on goûterait sa mélancolie, son ardeur, la sincérité de ses regrets et la nostalgie à laquelle il succombe, loin des beaux climats et de l'infidèle : mais nous ne sentons plus comme alors tout ce que cette poésie eut de voluptueux et d'alarmant pour les jeunes âmes et chimériques. Mme Dufrenoy le sentit à merveille. Elle y songea et se promit de rivaliser avec l'amant d'Eléonore : « L'amour, se dit-elle, n'a point chez les femmes la même expression que chez les hommes » : elles sont plus tendres et ainsi l'une d'elles ouvrirait « un nouveau sentier à l'élégie »². Je ne sais si elle annonça son projet à M. Petit Dufrenoy, très occupé au Châtelet et qui l'encouragea peut-être, oubliant qu'Eléonore n'était pas l'épouse de Parny.

Un éditeur parisien publiait, depuis 1785, le

Courrier lyrique et amusant ou passe-temps des toilettes. Le *Courrier* paraissait tous les quinze jours et avait deux parties : l'une de poèmes, chansons et romances, quelquefois avec la musique; et, l'autre, d'anecdotes. Il imprimait des poésies posthumes de Dorat, des poésies toutes fraîches de Ducis, de la comtesse de Beauharnais, de Cubières. Mme Dufrenoy put glisser, dans cet aimable recueil, ses premiers vers, qui sont tout à fait gracieux. Au mois d'octobre 1786, le *Courrier* rend compte d'une séance qu'a tenue le Musée de Paris et où l'on a eu la joie d'entendre Mme Dufrenoy lire l'*Epitre à ma rivale* : « Les vers de cette dame ont fait la plus grande sensation et les applaudissements ont redoublé quand on en a nommé l'auteur, dont la jeunesse et le sexe rendent les talens plus précieux et plus intéressans. » Mais le *Courrier* n'allait pas le mieux du monde; l'éditeur s'en lassait. M. Petit Dufrenoy gagnait beaucoup d'argent : il acheta le *Courrier* pour sa femme. Elle fut directrice, à partir du 1er janvier 1787. Sur la couverture, on lut : *Courrier lyrique et amusant ou passe-temps des toilettes, par Mme Dufrenoy, avec approbation et privilège du roi*; et cet avis : l'on enverrait les manuscrits et souscriptions à la directrice, « maison de M. Dufrenoy, procureur au Châtelet ».

Elle fut une charmante directrice. Elle annonça, dès le début, sa volonté d'être impartiale et de ne pas faire « acception de personnes ». Certains malicieux lui envoyèrent, pour son journal, des satires lestement dirigées contre elle : « C'est pousser un peu loin l'épreuve ! » dit-elle gentiment;

et elle imprimera les satires. André de Murville fut un de ses collaborateurs les plus zélés : il rédigea le compte rendu des séances académiques, des théâtres et des livres.

Pauvre Murville ! Grotesque, et digne de pitié ; le type du petit poète qui n'a guère de talent, qui n'a pas beaucoup moins de talent que les autres ; et les autres réussissent, mais lui ne réussit pas. Il en a de l'amertume ; et il a des ennuis. : car il est pauvre. Il se trémousse ; il ne renonce pas à triompher du mauvais sort. On devrait le plaindre, on pourrait l'estimer. On n'y songe pas : il prête à rire. Il n'est pas seulement laid ; mais il est gauche : et ainsi toutes ses tentatives semblent dérisoires. Il a des vertus. On le méconnaît hardiment : si drôles que soient ses tristes aventures, qu'il vous raconte sans faiblesse, il est fastidieux. Il s'appelle Pierre-Nicolas André [3] ; mais il préfère le nom de Murville, qu'on a la grâce de ne pas lui disputer. Depuis son adolescence, le désir furieux des prix académiques le tracasse. Ni l'*Epitre d'un jeune poète à un jeune guerrier*, ni l'*Ode sur les bienfaits de la nuit* ne lui valent une mention. C'est toujours La Harpe qui triomphe, comme en se jouant. Ce La Harpe, en 1775, emporte le prix d'éloquence, le prix et le premier accessit de poésie, car il a envoyé deux poèmes, tandis que Murville, pour une *Epitre sur les avantages des femmes de trente ans*, n'a rien du tout : sa confidence fut en pure perte ; et il fallut que sa vieille amie, « à trente ans plus savante », le consolât. Il eut le prix en 1776, pour les adieux d'Andromaque et d'Hector ; mais il eut le prix concurremment avec M. Gruet, l'Académie n'ayant pu se résoudre à préférer l'un de ces poètes. L'Académie n'était pas riche. Elle décida que, le jour de la séance solennelle, M. Gruet recevrait une médaille et, tout de suite après la séance, la rendrait à M. le secrétaire. M. de Murville recevrait une médaille; et il la garderait : mais il payerait à M. Gruet la moitié de 499 livres, 12 sols, six deniers, coût de cette médaille, avec l'écrin[4]. Murville n'était pas riche : et sa demi-gloire lui fut une dépense. Or, quelques jours plus tard, le jeune Gruet, élève de l'abbé Delille, était à la chasse. Son chien n'obéissant pas, il le châtia, de la crosse de son fusil. Le coup partit; le chien, sans doute, aussi. Mais le coup de fusil tua le jeune Gruet, « par un accident qu'on ne prévoit pas assez »[5]. Murville est trop bon homme pour insister davantage; mais enfin cet accident arrivait mal à propos, et inutilement, lorsque Murville avait raté la moitié de son prix. Murville, en dépit des avanies du hasard, conservait son orgueil et résumait en ces termes sa volonté de vaincre : « Si je ne suis pas de l'Académie à trente ans, je me brûle la cervelle! » Sophie Arnould l'entendit un jour et elle répliqua : « Taisez-vous donc, cerveau brûlé! »

Murville a trente-quatre ans, il n'est pas de l'Académie et survit à cette disgrâce, en 1787. Pour sa revanche, il est le principal collaborateur d'Adélaïde Dufrenoy, au *Courrier*. Ses petits articles ne sont pas mauvais, ni bons.

Adélaïde donna aussi, dans son *Courrier*, trois articles signés F, et qui sont probablement de Fontanes, et qui n'ont aucune espèce d'importance, ni pour l'auteur et ni pour le journal[6]. Sans doute Fontanes a-t-il été présenté à Mme Dufrenoy par ce Murville qu'il connaît depuis longtemps. En 1778, Murville concourait, bien entendu, pour le prix de poésie. Son plus dangereux rival était M. Doigni du Ponceau, un tout jeune homme. Il apprit que ce jeune homme avait inséré dans son poème soixante vers écrits pour lui, trop obligeamment, par Fontanes. Et aussitôt de courir chez Fontanes; il n'eut de cesse qu'il n'obtînt également soixante vers : cela rétablissait les chances du concours. Et personne n'eut le prix, ni M. Doigni du Ponceau ni M. de Murville. A peine l'Académie trouva-t-elle assez bons les vers qui, dans les deux poèmes, étaient de Fontanes : c'est Sainte-Beuve qui le raconte[7]. Murville fit ainsi connaissance avec Fontanes; et, s'il présenta Fontanes à Mme Dufrenoy, le seul qui s'en fût plaint à bon droit, — mais il ne se plaignit pas, — ç'aurait été M. Petit Dufrenoy.

Adélaïde publiait dans le *Courrier* les productions de sa muse, des romances, une chanson pour la fête de Mme Billet : que le buveur, dans son joyeux délire, chante Bacchus, l'amant Vénus; elle, chante sa mère. Une autre fois, ce sont des couplets pour la fête de M. Dufrenoy, sur l'air *Loin de toi, tendre Thémire*; et il n'est rien de plus édifiant. Mais, aux poèmes de la famille, elle emmêle d'autres poèmes, l'*Epitre à ma rivale*, déjà lue en public, non imprimée encore :

> Vous l'emportez, Zélis, et je perds pour jamais
> L'amant qui fut touché de mes faibles attraits...

Zélis n'est pas la maîtresse de M. Dufrenoy et ce n'est pas le procureur au Châtelet qui a excité cette jalousie. Qui est-ce?...

Mme Dufrenoy fait son chemin vers la gloire, à petits pas élégants. Elle donne au théâtre une comédie en un acte et en vers, l'*Amour exilé des cieux*. Le méchant La Harpe, dans sa *Correspondance*[8], déclare cette « prétendue comédie » très mauvaise; d'ailleurs, il en attribue la paternité à Murville, bien qu'on ait mis le nom de Mme Dufrenoy sur l'affiche, et il profite de l'occasion pour dénigrer le *Courrier lyrique et amusant*, lequel « amuse fort peu de lecteurs ». La Harpe déteste Murville. Après la mort de Voltaire, l'Académie avait mis au concours « un ouvrage en vers à la louange de M. de Voltaire ». Le prix serait de onze cents livres, « étant augmenté de six cents livres par un ami de M. de Voltaire »; et c'est d'Alembert, cet ami. Murville n'hésita pas; et d'autant moins que son rival perpétuel était hors de course : académicien depuis trois ans, La Harpe n'avait plus le droit de concourir. Murville se mit à l'œuvre; il rédigea de son mieux une *Epitre à M. de Voltaire*[9], et s'ouvrit de ses ambitions à M. de La Harpe. Or, entre les poèmes que reçut l'Académie, elle n'eut pas de peine à en distinguer un, supérieur à tous les autres, de sorte que Murville aurait seulement l'accessit. Quel était l'auteur du poème plus remarquable? On n'en savait rien. Sur ces entrefaites, l'Académie apprit du comte d'Argental, ministre plénipotentiaire de l'Infant duc de Parme, que l'auteur « avait des raisons personnelles » de ne point se nommer et priait qu'on remît à l'accessit la médaille. Le secret, on le sut bientôt : lauréat impénitent, La Harpe n'avait pu se tenir de concourir; et il avait joué à Murville ce vilain tour. Il mit le comble à sa méchanceté en raillant, dans le *Mercure*, le poème du pauvre diable; lequel se rebiffa, traita La Harpe de « Don Quichotte » prompt à redresser « les torts de tous les hémistiches qu'il rencontre sous ses pas », fors les siens. Plus tard, Murville imprimera son *Epitre à Voltaire* avec ce sous-titre : « pièce qui a remporté le prix à l'Académie française » ; et une longue note, très insolente pour feu La Harpe, interprétera cette contre-vérité. Provisoirement, ce que La Harpe déteste, dans le *Courrier*, c'est Murville. Mais il est vrai que le *Courrier*, journal un peu médiocre, dut manquer de lecteurs : après le numéro du 16 janvier 1789, il cessa de paraître. Je conjecture qu'Adélaïde ne le regretta pas outre-mesure. Elle l'avait pris comme les jeunes gens fondent une petite revue; et ils l'abandonnent dès qu'il leur est possible de se faire imprimer ailleurs. En 1789, Adélaïde, connue et qui ne manquait pas d'amis et d'admirateurs, n'avait plus besoin du *Courrier*. Le rêve qui, en ce temps-là, tourmentait le jeune Chateaubriand, elle le réalisait et insérait dans l'*Almanach des muses* ses élégies.

Eparpillées dans les recueils mondains, réunies à des balivernes de toute sorte et souvent fades, les Elégies n'ont pas toute leur signification, leur charme touchant. Il faut les lire dans l'une des éditions où Adélaïde les a disposées avec goût tardivement, à l'âge qu'il convenait d'attendre pour ne pas offenser la susceptibilité du procureur au Châtelet : le procureur était devenu aveugle. Ne l'était-il pas autrement, lorsque parurent d'abord, dans l'*Almanach* ou le *Courrier*, ces poèmes, clairs témoignages d'une sensibilité qui ne dépendait pas de lui ? Le procureur se demanda-t-il un instant qui était Elmandre, le héros des Elégies ? Il n'a pu croire que ce fût lui, à cause de maints détails, où il ne devait pas se reconnaître ; il a pu croire que ce n'était personne et que la poétesse inventait le héros ; il a pu éluder la question.

Ne l'éludons pas. Elmandre, c'est, à n'en pas douter, Fontanes : Fontanes qui avait une trentaine d'années et qu'on admirait pour son talent ; Fontanes, joli garçon, très hardi, très coureur ; tout plein de fougue, de passion, mauvais sujet, gai, amusant, spirituel, hormis dans ses vers, consacrés au pur idéal, et parfait en amour ; il sait parler aux femmes. Les élégies d'Adélaïde font un roman vrai, le roman de la tendresse qu'elle a eue pour Fontanes. Elle l'a vu, la première fois, à un concert, peut-être à une séance du Musée de Paris. L'on entendit Mlle Saint-Huberty et Raul, le flûtiste fameux[10] ; elle, s'abandonnait à cette vague rêverie « qui, pour une âme neuve, est presque un sentiment ». Soudain, qu'est-ce ? Une voix « plus douce encor qu'une douce musique » ; une voix « tendre et mélancolique ». Elle est émue. Elle regarde. Et c'est lui, — beau comme Apollon ; quel front majestueux ! les yeux attrayants, un doux sourire et cette « auréole de gloire » ! — c'est lui qui, cédant au désir général, récite ses vers : plutôt, il les « chante ». Il se tait :

Chaque applaudissement retentit dans mon cœur ;
C'est là que sont gravés et tes vers et toi-même...

Elle n'oubliera plus ce charmeur :

> Je dois te cacher mon amour,
> Mais je le chanterai sans cesse.

Elle ne lui cacha point longtemps son amour.

Au mois d'août de cette année 1789, Fontanes a le prix à l'Académie, pour un *Discours* (en vers) *sur l'Edit en faveur des non-catholiques*[11], poème qui n'est pas mauvais, poème qui ressemble -à des dizaines d'autres poèmes distingués, nés d'une même ambition; poème qui a pourtant de l'accent par endroits, à cause du sentiment personnel et de l'amertume avec laquelle Fontanes se souvient des malheurs de sa famille protestante; et poème enfin qui est assez plaisamment de sa date, avec sa rhétorique de la tolérance, avec son éloge du Roi et de la Raison, avec ses comparaisons de Louis XVI et de Henri IV, de Necker et de Sully, avec son regret que Louis XIV, si grand, n'eût pas vécu dans un siècle de lumières. Fontanes, dès qu'il sut la bonne nouvelle, se dépêcha d'écrire à Joubert. Il était enchanté; les malheurs de sa famille protestante lui avaient réussi : « J'ai le prix de l'Académie française. Je n'avais dit mon secret à personne. Pas un seul académicien n'était dans ma confidence. J'avais envoyé mon ouvrage sans nom. On m'a couronné par acclamation... » Et puis : « Le prix est de cent pistoles... » En outre : « Si vous avés une paire de manchettes, envoyés-la moi, car il me faut dîner en ville aujourd'huy avec vingt personnes et je n'ai que des chemises sans garniture ». Il aura des chemises à garniture, plus tard, et des habits brodés et chamarrés, quand il sera grand maître de l'Université impériale, président du Corps législatif et, sous la Restauration, pair de France ; mais il ne sera désormais ni gai ni amusant. Le 15 août 1789, à la séance de la Saint-Louis, après que M. Marmontel lui eut remis sa médaille de cent pistoles, il voulut lire lui-même son poème [12] ; et, « plus douce qu'une douce musique », animée de conviction furtive et de plus tenace rancune très huguenote, sa belle voix fit merveille. Adélaïde était là. « O transports, ô félicité ! » elle a vu « tout un peuple enchanté » sourire à la « naissante gloire » de son amant ; elle a vu « les nobles successeurs des Despréaux et des Corneilles orner son jeune front du laurier des neuf sœurs ». Cent beautés briguaient un coup d'œil du poète... Il lui semble que toute l'assistance est dans le secret de sa flamme. Fuyons ! Elle n'ose lever sur lui les yeux. Fuyons ! Et elle gagne la « retraite enchanteresse, séjour au bonheur consacré », où leur usage est de se retrouver loin des importuns. Elle lui apporte des fleurs :

> Viens, un nouveau triomphe ici t'est destiné.
> Viens et partage mon ivresse.
> Viens, c'est surtout par sa maîtresse
> Qu'il est doux d'être couronné !... [13]

Si l'on dit que c'est ridiculement donner de l'importance aux lauriers académiques, non : et le puéril empressement d'Adélaïde enchantait Fontanes. Comme elle se sauve bien, contente d'un tel succès, un peu jalouse de ces femmes qui lui admirent son amant, un peu effarouchée et touchée de quelque pudeur timide, jusqu'au moment d'être seule avec lui !...

Fontanes l'affichait un peu ; il affichait aussi M. Petit Dufrenoy. Quelques années plus tard, Chateaubriand se rappelait encore un dîner « fort gai » auquel Fontanes l'avait prié en 1789[14]. Il y avait Ginguené, Flins et Parny. La Harpe, qui « n'allait plus à ces parties de jeunes gens », avait « envoyé sa femme ». Il y avait « Mme du F..., la poétesse et la maîtresse de Fontanes ». M. Dufrenoy n'avait pas envoyé sa femme, mais il l'avait accompagnée ; et il « ne s'apercevait de rien ». Charmant dîner : « grande chère, bon vin, pas trop poètes ; cependant nous ne pûmes nous empêcher de l'être un peu ». Le chevalier de Parny, « grand, mince, le teint brun, les yeux noirs enfoncés, et fort vifs », parla d'Eléonore ; mais « il n'avait pas de douceur dans la conversation ». Joubert n'était pas là.

Ah ! Fontanes, mauvais amant ! Jaloux et volage : avec sa jalousie, il croit prendre les devants sur la jalousie que sa légèreté fera naître. Et l'amoureuse s'est juré de ne l'aimer plus...

> Mais, ce soir, en secret, il demande à me voir ;
>   Son cœur peut-être a su m'entendre.
> Peut-être que ce soir l'entretien sera tendre...
>   Aimons l'ingrat jusqu'à ce soir !

N'est-ce pas l'accent déjà de certains poèmes de Marceline, de ses poèmes haletants où, de vers en vers, l'angoisse interrompt le souffle de la période poétique ; les mots se précipitent et s'arrêtent.

Elle se souvient des tremblants préludes de cet amour : elle souffrait, en l'absence du bien-aimé ; en sa présence, elle souffrait davantage. Le plaisir et le danger de le voir la torturaient et elle se faisait, dans un seul jour, humble, fière, coquette, tendre. Elle connut son mal et redouta d'être guérie. Elmandre la trahira, la punira de sa faiblesse : elle ne peut s'en repentir.

Il l'a trahie. Ah ! qu'il cesse de la troubler, l'artificieux ! Sous le nom d'amitié, qu'il n'éveille plus l'amour en elle ! Non, ce n'est pas de l'amitié : veuille-t-il ne plus la décevoir.

> Non, l'amitié n'a point, n'ose plus me le dire,
> Ce trouble, ces transports, cet inquiet bonheur ;
> Ses chastes voluptés n'ont jamais le délire...
> Ah ! tremble d'allumer une flamme imprudente :
> Mon cœur contre l'amour n'est que mal affermi ;
>   Ne fais pas de moi ton amante,
>   Si tu n'es pour moi qu'un ami.

Que ces vers sont bien frissonnants ! et, sous la décence littéraire des mots, comme persiste la réalité audacieuse de la scène où elle a eu peur de sa faiblesse, où elle a succombé à sa faiblesse et où l'amour l'a reprise. Quelquefois, un peu d'apaisement, relâche dans sa plus vive douleur, la laisse rêver. Elle se rappelle toute la misère de son amour, l'espoir et la déception, le chagrin dans la joie, ferveur et soupçon :

> Voilà ce qu'on se plaint de sentir quand on aime
> Et de ne plus sentir quand on cesse d'aimer.

Croit-elle ne plus aimer le volage ? Elle l'aime : il a plus de grâce encore, s'il est coupable. Elle aime tout de lui, jusqu'à ses caprices « qui lui font haïr le matin ce qui le soir fait ses délices ». Elle aime jusqu'à son air « vaurien ». C'est le mot que d'abord elle a écrit et qu'on trouve dans le premier texte du poème, publié en 1790 par l'*Almanach des muses*. Et, ensuite, elle a remplacé *vaurien* par *lutin*; mais notons l'air vaurien du jeune Fontanes séduisant : notons surtout la familiarité gaie et triste du badinage. Elle aime tout de son amant...

> Et, s'il pouvait changer un jour,
> Il me ferait, je crois, lui pardonner l'amour
> Qu'il sentirait pour ma rivale.

Fontanes, tous les ans, vers l'automne, va pleurer sur la tombe de ses parents. Elle reste à « Lutèce », fuyant les plaisirs qu'il ne partage pas, inquiète et cependant rassurée à se dire que là-bas d'imposants souvenirs le détourneront du péché...

> D'imposants souvenirs, des mânes révérés
> M'y défendent contre lui-même.

Il revient. Elle écrivait un poème : une main lui cache la page commencée. C'est lui! Et il sourit avec malice; il ne lui permet plus d'être une femme de lettres. Un instant, elle souffre dans sa fierté ; mais, « ô pouvoir d'une caresse! » elle abandonne sans regret son poème.

Le tyran! Seulement, il la trompe... On le dit...

> S'il est vrai que tu sois coupable,
> Par pitié trompe-moi toujours.

D'une semaine, elle ne l'a pas vu... L'on chuchote... Ah ! qu'on se taise :

> Je peux lui pardonner les tourments que j'endure,
> Non pardonner le mal qu'on me dirait de lui.

Il vient. Cette fois, il est trop gentil :

> Ce matin, pendant mon sommeil,
> Tu m'apportas les fleurs que j'aime ;
> Tu venais, disais-tu, de les cueillir toi-même
> Et, pour me les offrir, tu pressas mon réveil.
> Ce tendre soin devait me plaire...
> Mais il ne t'est pas ordinaire ;
> Mais tu l'accompagnas des serments les plus doux...
> Tu paraissais m'aimer d'une nouvelle ardeur ;
> Cependant, j'éprouvais une vague tristesse...
> Et ta voluptueuse ivresse
> Ne me donnait plus le bonheur.
> Souvent même, par intervalles,
> Tes transports plus pressants m'inspiraient quelque effroi :
> Aurais-je à craindre des rivales ?
> Un remords généreux te rendrait-il à moi ?
> Près de m'abandonner, sais-tu du moins me plaindre ?
> Ou, semblable aux flambeaux qui remplacent le jour,
> Voit-on la flamme de l'amour
> Briller plus éclatante au moment de s'éteindre ?...

Il me semble que ce poème est admirable ; et que, dans les romans où les alarmes de l'amour sont analysées le plus exactement et avec le plus d'impitoyable netteté, dans *Adolphe* ou dans *Fanny*, je suppose, l'écrivain n'obtient pas des mots les plus hardis plus de justesse ; et que, dans ces vers, la chaude passion communique à la brève remarque une intensité surprenante ; et que la beauté de l'image finale consacre tant de délicatesse psychologique et, en quelque manière, la divinise.

Dupée longtemps, l'amoureuse a enfin dû savoir que, pour une personne moins jeune et moins belle, le perfide l'a dédaignée. Alors, Adélaïde voit revenir les anniversaires, doux autrefois, atroces maintenant :

> ... Je vous aime ; et vous ne m'aimez plus !

Dans son dépit, la délaissée invoque la raison ; le temps lui allège ses maux :

> Semblable à ce ruisseau qui coule dans nos champs,
> Ainsi coule ma vie, uniforme et paisible.
> Cependant quelquefois, sur le soir d'un beau jour,
> Mon cœur se sent pressé par la mélancolie.
> Je ne regrette plus l'ingrat qui m'a trahie ;
> Je regrette encor mon amour.

Elle regrette aussi l'amant. Plutôt que de le perdre absolument, elle lui offre la tentative d'une amitié : « Je t'aimerai mieux qu'une amante ! » Après tant d'amour ? Elle n'a pas à être exigeante :

> Je bornerai mes vœux à te voir, à t'entendre.
> Je le sais, pour une âme tendre,
> Un amour malheureux est encore un bonheur.

Elle se fait toute petite et bien soumise : elle a peur de le fâcher. Et qu'il vienne ! Les caresses pour jamais sont finies. Qu'il vienne sans crainte : elle saura prendre « cet air serein de ses plus heureux jours ». Le plaisir qu'elle aura près de lui, elle saura le lui dissimuler. Lui, n'aura point à se contraindre. S'il veut parler de son nouvel amour, elle l'écoutera, cachant tout émoi. S'il veut amener son nouvel amour, elle l'y autorise. Si elle se trouble un instant, vite elle songera que cette femme est chère au bien-aimé. Ils causeront : doux entretiens ; mais elle étudiera ses yeux et son langage. Enfin :

> Pour excuser votre nouveau lien,
> Je vous dirai qu'un autre amour m'engage ;
> Je le dirai : mais, vous, n'en croyez rien !...

Adélaïde Dufrenoy, dès avant que d'aimer, projeta d'égaler Parny : ne l'a-t-elle point surpassé ? Son idée était une ingénieuse idée littéraire : composer les élégies d'une femme ; avec moins de « passion », disait-elle, les femmes ont plus de tendresse. Elle aima et elle eut la tendresse et la passion, mais, dans la passion comme dans la tendresse, une finesse de douleur qui est bien féminine. Elle a écrit plus d'un chef-d'œuvre tel que, malgré le tour un peu suranné, les accents du cœur y sont naturels. Il faut la placer tout auprès de Marceline, parmi les poétesses amoureuses. Elle a moins de génie que Marceline ; elle n'a pas les cris de Marceline, si déchirants. Mais, dans le désespoir, elle a plus de retenue. Elle se surveille et, pourtant, n'est pas guindée. Sa douleur est assez visible, sous la modestie un peu élégante des vers. Avec une jolie attitude, elle est bien frémissante. Peut-être voudrait-on que le sentiment bouleversât la poésie plus vivement ? Adélaïde était, deux fois, l'élève de ce Fontanes, si fol en ses amours, si calme dans ses vers. Il lui avait enseigné la passion chaleureuse et l'art d'écrire attentivement ; et, quand elle apaise les mots de son ardent amour, c'est encore un hommage qu'elle rend à son maître.

La révolution qui approche, c'est, pour de jeunes écrivains comme Fontanes, et Joubert aussi, le signal d'une activité nouvelle : ne vont-ils pas se lancer dans les journaux et lancer des brochures ? Ils ont tout particulièrement flâné, ces dernières années, Joubert à Villeneuve et Fontanes qui voyageait. Le 10 février 1789, Joubert note sur son carnet : « Paris : cette ville où l'air est perpétuellement remué. » C'est une impression de retour à Paris ; il venait de rentrer, je suppose. Ses carnets de cette époque sont à peu près vides, mais ce qu'on y trouve est de qualité politique. Du 20 mars : « La liberté politique pour un peuple consiste à se gouverner comme il veut, sa liberté religieuse à croire ce qu'il veut, sa liberté de commerce à vendre et à acheter comme il lui plaît. » Trois jours plus tard : « Tout homme est libre et ne peut perdre sa liberté. Il ne peut la perdre par sa volonté car ce serait une folie, ni par la volonté d'autrui car ce serait une oppression. Quiquonque ôte à un homme la liberté pour toute sa vie est digne de mort. La liberté consiste à pouvoir faire et dire tout ce qui n'est pas deffendu par la loi ». Ce sont là des principes, et posés sous la forme la plus théorique ; et c'est de la dialectique sur des principes : travaux de la raison pure. Joubert entre beaucoup mieux dans la réalité, il a le sentiment des relativités réelles et il indique en peu de mots la vérité psychologique des révolutions, quand il écrit, le 17 avril : « Ce ne sont pas les faits, mais les bruits, qui causent les émotions populaires.

Ce qui est cru fait tout. » Quant à Fontanes, il paraît loin de la politique ; et pourtant il y a de la politique dans son *Discours sur l'Edit en faveur des non-catholiques* : de la politique assez vague, mais toutes les idées sont vagues au début des révolutions ; c'est la violence qui les déterminera.

Avec des idées vagues ou non, le sensible et ardent Fontanes ne va pas rester tranquille. Et il lui faut un journal, non pas un petit *Courrier* comme celui qu'aurait mis naguère à sa disposition l'aimable Adélaïde, un vrai journal. Il se le procura pendant l'été de cette année 1789. Ce fut le *Journal de la Ville*, qu'avait fondé, que dirigeait Jean-Pierre-Louis de Luchet, le marquis de Luchet, jadis marquis de La Roche du Maine et qui, s'il n'était pas marquis, était peut-être « bon gentilhomme » cependant. C'est le dire de Grimm. Mais Rivarol l'accuse d'avoir été jésuite, et mauvais jésuite[15] : il est vrai que Rivarol prétend aussi que Rivarol était comte. Marquis, bon gentilhomme ou défroqué, tout cela ensemble, qui sait ? ou rien de tout cela, ce Luchet n'avait pas eu la vie commode ni exemplaire : raté en France, ruiné hors de France dans une entreprise industrielle, journaliste à Lausanne, puis, sur la recommandation de Voltaire, bibliothécaire du landgrave de Hesse et directeur de son théâtre, passant de là au service du roi de Prusse et, en 1788, revenu à Paris. Son *Journal de la Ville* a pour objet de le nourrir et, sur les prospectus, de favoriser les progrès « de ce pouvoir que Mirabeau appelle le salut de tous les jours, la sécurité de tous les foyers, le pouvoir municipal ». Luchet sera « l'interprète du peuple »; il ajoute : « le peuple! ce souverain législateur et duquel dérive toute puissance ». Bavardages; mais il ne s'agit que de bavarder.

Dès le début, le *Journal de la Ville, par Jean-Pierre-Louis de Luchet* donna des signes de faiblesse. Luchet sentit que, tout seul, il ne suffisait pas. Fontanes se présenta et devint « un des principaux coopérateurs », Fontanes, plein de confiance, agrandit le journal et, dès le 1er octobre, le fit passer du format petit in-octavo à l'in-quarto. Luchet disparut de la manchette : *Journal de la Ville par une société de gens de lettres.* Le 9 octobre, on annonçait qu'à partir du 1er janvier suivant, M. de Fontanes aurait « la rédaction » du journal. En fait, il l'a dès maintenant; il est bel et bien directeur. Il a pris pour associé, dit le prospectus, « un homme de lettres, son ami, connu par son talent et son esprit et dont les principes sont les mêmes que les siens », par bonheur. On s'attend que ce soit Joubert? Pas du tout : c'est Carbon de Flins des Oliviers.

Flins, un bon choix. Sans génie, sans un vrai talent d'écrivain, ce Flins est journaliste. Il l'est dans toutes ses œuvres, dans ses comédies, dans ses vers, joliment tournés, alertes et qui ont le ton de la chronique rimée. Il vient de publier son *Dialogue entre l'auteur et un frondeur* [16], « sur les ennemis des lettres et les faiseurs de libelles anonymes ». Ces ennemis et faiseurs, c'est Rivarol, en châtiment de son *Petit almanach de nos grands hommes* : et le faux comte de Rivarol a épousé la fille d'un maître d'école anglais, laquelle prétend à la couronne d'Angleterre, tandis que lui réclame la couronne de Milan. Flins est un excellent polémiste, et gentiment inconsidéré, s'il n'a pas peur de Rivarol. Au mois d'août, Flins rédigeait sans collaborateurs une sorte de journal qui n'eut alors que cinq numéros et qui, sous ce titre, *Les voyages de l'Opinion dans les cinq parties du monde* [17], est une amusante chronique, mêlée de couplets, où l'Opinion joue un peu le rôle d'une commère de revue : « J'étois endormi... J'entends du bruit tout à coup ; je regarde : une belle dame étoit au chevet de mon lit. Je ne fus pas tenté d'être galant, car je vis bien que ce n'étoit pas une femme comme une autre... Je suis, me dit-elle, la reine du monde. Reconnois l'Opinion... » Et lui : « Comme vous êtes changée ! Vous étiez faible et petite ; maintenant vous êtes grande et forte. Jadis vous parliez si bas : aujourd'hui vous criez comme un avocat. Vous n'osiez sortir que de nuit, en habit couleur de muraille : je vous vois à toute heure vous montrer dans les palais, dans les places publiques ou même dans les cabinets des ministres ; souvent, m'a-t-on dit, vous portez une robe de pourpre et un manteau bleu de roi... » L'Opinion le mène, et en un clin d'œil, à Versailles, aux États généraux. Ils voient Calonne, le cardinal de Loménie, Séguier, etc. : autant de satires, et d'un tour très vif. Le 1er janvier 1790, Flins fit représenter, au Théâtre de la Nation et par les comédiens ordinaires du roi, *Le Réveil d'Epiménide à Paris* [18]. En vers faciles, un peu négligés et gracieux, c'est encore une revue. Epiménide, qui a dormi cent ans, — il ne dort pas à moins, — se réveille ; et

l'on fait défiler devant lui les nouveautés. Il y a
le retour du roi à Paris. Il y a un gazetier, qui
invente les nouvelles. Il y a M. Rature, le censeur,
qui n'invente rien, mais qui coupe. Il y a
Mme Brochure. Il y a un paysan qui déclare : « Nous
avons lu les droits de l'homme. » Il y a un abbé,
ridicule et qui se lamente sur la suppression des
bénéfices ; etc. Ce *Réveil* valut à Epiménide, plus
tard, un éloge imprévu : le jeune Chateaubriand,
primesautier, de l'*Essai sur les révolutions* félicita
le Crétois d'avoir « payé son tribut à notre révolution en fournissant à M. Flins le sujet de son
ingénieuse comédie ». Le vieux Chateaubriand se
ravisa : « C'est un tribut qu'un jeune auteur
payoit à une première liaison littéraire... » En
tout cas, Flins avait de l'esprit ; Fontanes pouvait
l'employer dans son journal.

Mais le journal, qui délaisse un peu la municipalité, grand espoir de Luchet, s'emplit de l'Assemblée nationale. Quotidiennement, le compte rendu
de la séance est rédigé par « un député », seule
sorte d'homme qui ait sous les yeux « tout le plan de
la révolution » et qui sache comment la révolution
donne à la France « de nouvelles loix, de nouveaux
usages et, pour ainsi dire, un nouveau peuple ».
Quant à la littérature, elle ne sera point négligée,
dit le prospectus ; elle a, dans ce siècle, prêté ses
embellissements à la philosophie : « plusieurs écrivains célèbres, amis du rédacteur, lui ont offert et
leurs services et leurs lumières ». Joubert est-il
l'un d'eux?... Notons-le : si Fontanes a pris pour
associé Flins, et non Joubert, c'est que décidément le journalisme ne tente pas Joubert. Néan-

moins, Joubert a été l'un des « coopérateurs » du journal de Fontanes, qui le 9 octobre s'intitule *Journal de la Ville et des provinces ou le Modérateur, par une société de gens de lettres* et, le 1er janvier 1790, *le Modérateur*.

Cherchons la collaboration de Joubert [19]. Les articles ne sont pas signés, ou le sont rarement : « Cet article est de M. de Fontanes », « cet article est de M. de Flins » ; et jamais l'article n'est de M. Joubert. L'exemplaire de la Bibliothèque nationale porte des notes manuscrites de Mercier Saint-Léger. Ainsi, une analyse désagréable du *Charles IX* de M.-J. Chénier se trouve accompagnée de cette remarque : « Cet article est de M. de Fontanes, qui n'aime pas M. de Chénier. » Pas une fois Mercier Saint-Léger n'a écrit le nom de Joubert. Mais, le mardi 13 octobre 1789, parut en tête du journal et sur plusieurs colonnes un Salon de 1789, et qui est de Joubert : je puis le démontrer.

Le 21 août 1789, quatre jours avant cette séance de la Saint-Louis où Fontanes devait recevoir son prix de poésie, Menu de Chomorceau écrit à son « très cher et très estimable ami » M. Joubert. Il le prie d'aller au Louvre et d'y demander à M. Marmontel les billets d'entrée qui reviennent à M. Target, membre de l'Académie française : « M. Marmontel les distribuera au Louvre demain à trois heures après midi. Ayez, la complaisance, je vous en prie, de vous y rendre vous-même ; cette commission qui est de confiance ne peut être donnée à d'autres... » Joubert alla donc au Louvre, le 22 août ; et, puisqu'il était là, il visita le Salon de peinture et de sculpture, ouvert tout récemment. Il avait apporté la lettre de Menu de Chômorceau ; et, sur la quatrième page de cette lettre, page blanche, il écrivit ceci : « — et s'être enfui d'un tableau de Rubens avant d'avoir donné à ce grand artiste le temps de le finir et de le soigner. — N^a Le temple de Vénus changé en colombier. — Ce ne sont pas là des Français mais des figures de Vateau. — *Une grappe de raisin attachée à un vieux mur* ». Petits bouts de phrases mystérieux, et qui ne sont plus mystérieux, si on les retrouve dans le Salon du *Modérateur*, avec le reste des phrases. Or, le critique du *Modérateur* loue, de M. Robert, le tableau représentant « un ancien temple de Vénus qu'on a réparé et où on a bâti un colombier qui sert d'asyle aux pigeons fuyards ». Mais il ne loue pas, de M. Vincent, un *Zeuxis choisissant les traits dés cinq plus belles filles de Crotone pour peindre Hélène*. Il y a là une belle fille qui a l'air d'une copie : « on croiroit qu'elle s'est échappée d'un tableau de Rubens, avant que ce grand peintre eût eu le temps de la dégrossir ». Et, le critique du *Modérateur*, c'est donc Joubert, qui le 22 août prenait des notes et qui les utilise pour son article quelques semaines plus tard.

Ce Salon de Joubert, « Lettre aux auteurs du journal sur les tableaux exposés au Louvre en 1789 », est moins riche en idées neuves que ses brouillons de 1786 ; on n'y rencontre pas de ces vues qui vont loin, de ces remarques originales et qui composent toute une esthétique et une philosophie de l'art. Ce sont des jugements, brefs et, d'ailleurs, très fins, très attentivement formulés. Au mois d'octobre 1789, il ne s'agit pas de théories sur la peinture et la sculpture. Joubert s'excuse presque de parler statues et tableaux « quoique les arts soient négligés depuis quelques mois et qu'ils ne puissent exciter le même intérêt que les grandes révolutions dont nous sommes les témoins ». Le *Mercure* indiquera la même pensée, quand il étudiera le Salon de 1789, le 24 octobre seulement, deux mois après l'ouverture et quinze jours après la fermeture de l'exposition : « Ce n'est pas au sein des troubles et de l'inquiétude que les artistes, etc... »

Joubert reproche à M. Vien de peindre « des têtes françaises sur des corps grecs, des attitudes antiques et des traits modernes ». Mais il ne méprise pas cet artiste qui, « dans un moment où le goût de notre école étoit tout à fait corrompu, a conservé les vrais principes et les a transmis aux jeunes peintres ». Il ne refuse pas toute louange et il n'épargne pas toute ironie à Mme Vigée-Lebrun : « Elle commence à égaler sa réputation. Elle avoit besoin d'imposer à l'envie par les progrès de son talent, car dans le bouleversement général elle a vu s'éloigner de [sa][20] société quelques-uns de ces hommes puissans, dont le suffrage ne donne pas la gloire, mais accroit pour un temps la renommée. Elle méritera bientôt l'admiration des connoisseurs... » Joubert la félicite d'avoir répandu des grâces sur la plupart de ses figures « et surtout dans ce tableau où elle est représentée embrassant sa fille. Nous avons entendu dire *à des femmes* que Mme Lebrun s'étoit donné un grand air de jeunesse ; mais nous leur avons répondu qu'avec son talent, on étoit toujours jeune et belle. » Eh ! en 1789,

Mme Lebrun n'avait pas trente-cinq ans. Or, le tableau qui est, pour Joubert, l'occasion de cette malice, — Joubert s'est trompé, — ne représeute pas madame et la petite Lebrun, mais « l'épouse de M. Rousseau, architecte du roi, avec sa fille ». Au précédent Salon, en 1787, Mme Lebrun s'était peinte « tenant sa fille dans ses bras ». Joubert a-t-il cru qu'elle avait la manie de se montrer ainsi? Et il en est pour ses frais de taquinerie.

Joubert fait grand cas de M. Vernet qui, dans le *Naufrage de Virginie*, joint « son génie à celui de M. Bernardin de Saint-Pierre ». Voilà deux « admirables peintres de la nature, et leurs talens s'embellissent l'un par l'autre ». Gloire à M. Vernet, pour ses œuvres et pour son fils! M. Vernet le fils, avec un *Triomphe de Paul Emile sur Persée roi de Macédoine*, fixe tous les regards. Sans doute, il a doté Rome de magnifiques monuments, prématurés et que Paul Emile n'a pas vus; sans doute aussi, ses couleurs sont quelquefois trop vives : mais, « s'il pèche, c'est par l'éclat et la beauté ».

Les paysages de M. Tonnay sont poétiques : « Ce sont, en quelque sorte, des idylles et des romances sur la toile. Ils ont toujours pour objet des solitudes peuplées. Le site en est charmant à l'œil et favorable à la rêverie ».

Mais la grande admiration de Joubert, en 1789 comme trois ans plus tôt, c'est David. Certes, il sait ce qu'on peut dire, et les fautes de composition que ce peintre commet : tant pis! « Qu'on critique M. David tant qu'on voudra, il n'en reste pas moins à la tête de notre école, et par conséquent de toutes celles de l'Europe dans ce moment. D'ailleurs, quelle pureté, quelle correction dans le dessin! avec quelle exactitude il peint tous les détails de son sujet! Dans le tableau de Brutus, ces meubles modestes et grossiers, cet ordre toscan de la plus [simple] [21] architecture, tout annonce cette Rome qui n'est encore que de brique, mais qui doit devenir *la ville éternelle*, comme le dit si admirablement le grand peintre Montesquieu. » On reproche à M. David sa peinture plate et sans lointains : « Si j'avois le temps, réplique Joubert, je prouverois par de grandes autorités que, si M. David néglige quelquefois les effets de perspectives, et toutes ces oppositions frappantes, ces dégradations hantées d'ombres et de lumière, il se conforme en cette partie au goût simple des anciens peintres. » S'il le voulait, ce peintre de « génie », cet « artiste sublime », et si habile, aurait sans peine les agréments qu'on goûte chez d'autres : il préfère « la vérité de l'expression et du dessin ».

Plusieurs tableaux fâchent terriblement Joubert : une mort de Sénèque, de M. Perrin, où l'on ne voit mourir qu'un « homme ordinaire »; une sainte Thérèse (de M. Giroust, mais Joubert ne lui fait pas l'honneur de le nommer) « qui a plutôt l'air d'un moine hideux que de cette femme intéressante chez qui la religion étoit un excès d'amour et qui définissoit le diable par ces mots dignes d'une âme tendre, *le malheureux qui n'aimera jamais*; un « burlesque et dégoûtant » combat d'Entelle et de Darès, pour lequel M. Rameau doit réparation aux mânes de Virgile : « ce qu'il peut faire de mieux, c'est de lui sacrifier son tableau ». Joubert est dur, à l'occasion. Mais comme il juge avec délicatesse, quand il écrit, à propos d'une statue du Silence : « Ce n'est là qu'un homme qui met le doigt sur [sa] bouche. Il n'y a rien dans ses traits de divin ni de silentieux. Ses yeux, ses mains, son attitude *ne se taisent point...* » Et il paraît que les artistes vantent ce Silence. Peut-être, dit Joubert, le « travail mécanique » en est-il excellent : mais ce n'est pas là le tout d'une œuvre d'art ; ce n'en est pas le principal.

D'ailleurs, ses observations, il a soin, selon Montaigne, de les donner « non pas pour bonnes, mais pour siennes ». Il n'est pas peintre ; il ne possède pas une collection de tableaux ; il n'est guidé que par « le sentiment des arts ». Il dit : « Je reproduis les impressions que j'ai reçues, et je serai content si quelques-uns de vos lecteurs retrouvent dans leur âme ce que la mienne a senti. » L'on n'est pas moins dogmatique et, autant dire, impertinent ; l'on ne se fait pas moins de hautaines illusions sur l'importance et le vain sacerdoce de la critique. Il termine ainsi sa lettre, avec un mélancolique sourire : « Ceux que j'ai blâmés peuvent me traiter d'ignorant tout à leur aise. Je leur pardonne du fond du cœur, Si vous pouvez insérer cet article dans votre journal, en le substituant à quelque grave discussion, je serois très fier d'avoir deux ou trois lecteurs. C'est un grand succès dans ce moment-ci. Le petit nombre des amis des arts se cache et se tait. Les arts aiment la paix ; et leur règne est un peu troublé... »

L'article est signé « un des coopérateurs », Y

a-t-il, dans le *Modérateur*, autre chose de Joubert?
Je le crois ; et je ne l'affirme pas. Peu de chose,
en tout cas ; et point de politique, ou je me trompe.
Le ton sur lequel il demande qu'on imprime sa
critique d'art à la place de « quelque grave discussion » et la demi-tristesse qu'il a pour constater
que les arts sont malheureux, cela n'est pas d'un
collaborateur politique. Peut-être ne serait-il pas
imprudent d'attribuer à Joubert une courte nécrologie de Joseph Vernet[22], puis une courte notice sur
les romances de Berquin[23] : « Il n'a reproduit que
des sentiments aimables et purs. Il a su charmer
l'enfance en lui donnant des leçons. Ses romances,
ses idylles, ses contes ont presque tous les grâces
et la naïveté de cet âge intéressant... Ce talent
est bien plus difficile qu'on ne croit. Il faut avoir
une grande flexibilité d'imagination, une justesse
d'esprit fort rare et surtout une sensibilité bien
vraie pour n'être ni au-dessus ni au-dessous de la
morale propre à l'enfance... » J'attribuerais encore
à Joubert deux ou trois autres petits essais; mais
sans nulle assurance. Joubert a écrit dans le
Modérateur de Fontanes, comme il lui plaisait
d'écrire, un peu, très peu.

Le *Modérateur* allait, sans lui, son chemin, son
petit chemin, sans vif éclat. Il n'avait pas la soli-
dité ancienne et la qualité posée du *Journal de
Paris*; et, pour être un journal nouveau, qui maî-
trise l'attention publique, il lui manquait une doctrine vigoureuse. Il lui manquait la violence des
gazettes révolutionnaires ou l'énergie des gazettes
réactionnaires. Il lui manquait les convictions nettement arrêtées d'un directeur et de son équipe.

Les convictions de Fontanes, où en sont-elles? Il a montré, dans son poème académique, de l'indulgence pour les catholiques et de l'attachement pour le protestantisme persécuté de ses ancêtres paternels. A-t-il jamais été religieux? Il l'est, un peu vaguement, et il l'est tout de même, dans la *Chartreuse* et dans le *Jour des morts*. Mais la poésie élégiaque est facilement religieuse; elle n'engage pas beaucoup la sincérité profonde d'un poëte. J'accorderais plus d'importance sérieuse à une lettre que Joubert reçut de Fontanes en 1790, quand il venait de perdre son père : « Je sens tous vos chagrins et je me reproche de ne vous avoir point porté toutes les très faibles consolations dont l'homme peut disposer. Mais, croyés-moi. Ce n'est qu'avec Dieu qu'on se console de tout. J'éprouve de jour en jour combien cette idée est nécessaire pour marcher dans la vie. J'aimerais mieux me refaire chrétien comme Pascal ou le Père Boy mon professeur, que de vivre à la merci de mes opinions ou sans principes comme l'Assemblée nationale. Il faut de la religion aux hommes, ou tout est perdu... » Or, Fontanes et Joubert vivaient assez plaisamment ; et Fontanes va continuer de vivre un peu gaillardement. Le botaniste Candolle raconte que Fontanes lui aurait dit, en 1797 : « Ne vous y trompez pas; notre but n'est pas de rétablir la puissance des prêtres, mais il faut frapper l'opinion publique de l'utilité d'une religion ; et ensuite nous avons l'intention de pousser la France au protestantisme. » Candolle détestait Fontanes, à l'époque où il écrivit ses Mémoires. Il est possible qu'il ait mis de la malveillance à « trop préciser le dire de Fontanes »[24]; il est possible aussi que l'anecdote soit vraie. Un jour, le *Modérateur* se moque du pape, très gaiement[25]. Et j'imagine Fontanes assez religieux d'abord, assez dissipé ensuite, un peu mêlé de catholicisme et de protestantisme : on a deux religions, et l'on n'a pas de religion. Plus tard, il devint un personnage officiel, et catholique; peu importe. Ses opinions politiques? Il est malaisé de les définir. Fontanes y trouvait de la difficulté : à plusieurs reprises, il dut rectifier, dans le *Modérateur*, l'idée qu'on se faisait de la doctrine du *Modérateur*. La doctrine du *Modérateur*, c'est la modération; mais qu'est-ce que la modération? demande Pilate. Évidemment, Fontanes et ses amis craignaient la grande hâte des novateurs. Mais Fontanes redoute aussi qu'on aille trop lentement. Il annonce, le 23 octobre 1789, qu'il entend modérer la vivacité des uns et, pareillement, la lenteur des autres. Il ne ménage, dit-il, « ni le Prince, ni le Peuple, ni l'Hydre, ni l'Idole ». Bref, à qui en a-t-il? À tout le monde, aux forcenés et aux lambins. Quelle besogne!... Et il est « très modéré » : mauvaise condition, pour attaquer les uns et les autres.

Quand Flins publia sa comédie d'*Epiménide*, il profita de l'occasion pour faire un peu de réclame au *Modérateur* et pour exposer clairement la pensée d'un journal « si fidèle au titre de Modérateur ». Il disait : « Quelques gens ont pensé que ce titre ne convenait pas à un journal dirigé par un grand poète; mais ils se sont trompés. M. de Fontanes confirme tous les jours cette vérité, que les esprits les plus élevés sont aussi les plus sages, tandis que

les esprits médiocres et les hommes sans caractère sont entraînés par les événements et l'esprit
public vers ces deux extrêmes, plus voisins qu'on
ne croit, la licence et la servitude. » Oui! Mais,
entre la licence et la servitude, encore faut-il avoir
un logement : dans cet intervalle, Fontanes et le
Modérateur sont campés et comme un peu sans
domicile. La vérité, c'est qu'ils sont, un Fontanes,
un Carbon de Flins, des littérateurs qui, ne sachant
pas qu'ils auraient affaire à la politique, ne l'ont
pas méditée assez pour y avoir des idées bien
nettes ou des passions bien fortes. Ni les idées ni
les passions ne les mènent aux extrêmes, à la
licence ou à la servitude : et ils ne vont nulle part.

Ils sont quelquefois très bons dans la polémique
littéraire, où ils se connaissent, qu'ils taquinent
avec esprit l'éditeur Panckoucke et son *Journal de
Paris*, où vilipendent Sébastien Mercier[26] : « Il
avoit la réputation d'un mauvais auteur, mais d'un
honnête homme; il ne faut pas renoncer, quand
on a cinquante ans, à ce dernier titre... » Et
veuille-t-il « se rendormir jusqu'à l'an 2440, s'il
veut continuer d'être cher aux provinces », Il
réplique? « Qu'importe à un homme de lettres le
goût de M. Mercier? » Dans la politique, ils sont
moins adroits et, pour ainsi parler, costauds. Ils
ont houspillé Camille Desmoulins qui, dans ses
Révolutions de France et de Brabant du 25 janvier
1790, secoue Fontanes : « J'ai deux ennemis
déclarés, Sanson et M. Fontanes. Le journaliste,
dans la feuille dite le *Modérateur*, me menace de
tout le poids de sa colère. Pour réponse, j'ai fait
graver à la tête de ce numéro le portrait du modé-

rateur M. de Fontanes... » Et, le portrait de Fontanes, c’est un Janus à deux visages nuque contre nuque : l’un des visages est le visage même de Fontanes, souriant, pimpant, gentil garçon très sceptique ; l’autre visage, un horrible visage, tout hérissé de colère, avec des yeux qui lui sortent des orbites, avec des dents qui lui sortent de la bouche, avec un air de diable hargneux. Et Desmoulins : « Gens modérés, si vous êtes doux, c’est par indifférence pour des maux qui vous sont étrangers. Qu’ils me disent si Brutus étoit un homme doux !... » L’image porte cette légende : « Portraits des Impartiaux, des Modérés, des Modérateurs, autrefois dits les Aristocrates. » Le *Modérateur* accusa le coup, voilà tout[27]. Et, le 17 avril 1790, le *Modérateur* publia cet avis : « MM. de Fontanes et de Flins déclarent qu’ils n’ont plus aucune part à ce journal fondu avec le *Spectateur national* ». C’est fini.

Le 8 mai 1824, Chateaubriand publiait dans le *Journal des Débats* l’éloge de Joubert qui venait de mourir : « M. Joubert avait de vastes connaissances ; il a laissé un manuscrit à la manière de Platon, et des matériaux historiques. »[28] Or, ni Chateaubriand ni Paul de Raynal n’ont rien imprimé de ces matériaux. Le 5 janvier 1791, François Lamarque, dans le *Journal patriotique du département de la Dordogne*, appelait Joubert « historien profond et aussi sage qu’éloquent moraliste ». Ainsi, Joubert n’aurait pas seulement réuni des matériaux historiques : il les aurait élaborés, pour mériter le titre d’historien. Dans ses papiers, je trouve une liasse de brouillons qui ont trait aux origines de la Gaule. Mais, que se proposait-il ? Nous aurions grand peine à le deviner, si l'absurde et précieux Milran ne venait à notre secours.

L'une des lettres qu'il publie dans sa *Petite histoire de France*[29] est adressée à Joubert le 21 février 1791 et munie de ce préambule : « M. Joubert est auteur de l'introduction (un volume in-8°) à l'*Histoire impartiale de France,* ouvrage qui ne s'est pas continué et que son titre rendait digne de sortir des presses de Prudhomme. » Voilà, semble-t-il, un renseignement très bien complet. Nous avons le titre du volume : *Histoire impartiale de France* ou *Introduction à l'histoire impartiale de France.* La date : 1790 ou 1791. Le format : in-octavo. L'éditeur : Prudhomme. Il n'y a plus qu'à chercher le volume ; et l'on s'attend que ce ne soit pas difficile. Je l'ai cherché, assidûment : je ne l'ai pas trouvé. Je l'ai cherché à la bibliothèque nationale et ailleurs, à Paris et en province. Je l'ai cherché, sous le nom de Joubert, sous le nom de Prudhomme ; je l'ai cherché parmi les anonymes : Barbier ne le connaît pas. Et personne ne le connaît ; et l'on dirait qu'il n'est nulle part.

Ce Prudhomme, avec qui Joubert fut en relations, était, comme la plupart de ses contemporains les plus actifs, un toqué. Né à Lyon en 1752, il avait été garçon de magasin chez un libraire de la ville : et c'est là que le prit, de bonne heure, la passion, la manie, la fureur de l'imprimé, qui occupa et tourmenta son existence désormais. Il fut consacré aux livres ; il fut l'esclave ensorcelé des livres, à l'époque où les livres devenaient fous. Maîtres de sagesse, les livres peuvent aussi être les pires maîtres de démence. C'est ce qu'ils furent pendant les années révolutionnaires ; et ils ne tracassèrent aucune cervelle autant que celle-ci. Prudhomme avait débité aux clients ceux du libraire lyonnais : il rêva d'en manier d'autres, d'en écrire, et d'en imprimer, et d'en relier. A Paris, où il vint, il s'établit papetier bouquiniste ; et puis relieur ; ensuite, à Meaux. Il lut ; et il dévora tout ce qu'il pouvait attraper. Aux approches de la Révolution, les faiseurs de brochures dépensèrent une incroyable fertilité. Prudhomme se vantait d'avoir publié, de 1787 à 1789, quinze cents pamphlets ; et il exagérait, un peu. Il écrivait tout ce qui lui passait par la tête, qu'il avait tumultueuse. Il fonda une librairie : imprimeur, auteur, éditeur, journaliste, il noircissait du papier, sans cesse. En 1789, le *Résumé général des cahiers et doléances des bailliages* lui fournit trois volumes in-octavo. Les recueils de pièces sont à la mode : le document, qu'on se procure sans difficulté, donne de la matière à bon marché aux maniaques de l'imprimerie. Vers la fin de l'année 1790, Prudhomme fait coller sur les murs de Paris cette affiche : « *Prudhomme à tous les peuples de la terre. J'avertis que je publierai incessamment les crimes de tous les potentats de l'Europe, des papes, empereurs, rois d'Espagne, de Naples, etc. Le premier besoin d'un peuple qui veut être libre est de connaître les crimes de ses rois. Malgré la vigilance des despotes, j'en répandrai des millions d'exemplaires dans leurs états, sous ma devise : Liberté de la presse ou la mort !* » Pour mener à bien cette œuvre immense et vengeresse, il assembla des collaborateurs. Il confia les « crimes des reines de France » à Mlle de Keralio, les « crimes des rois de France » à La Vicomterie ; ceux des papes, au même. Il distribua les divers tyrans et les empereurs turcs : tout cela fit des volumes. On peut, là-dessus, se figurer Prudhomme révolutionnaire ? La Terreur le mit en prison, comme agent royaliste. Et je ne sais s'il fut agent royaliste ; mais il est royaliste aussi volontiers que révolutionnaire : il est énergumène à la disposition de l'opinion qui saura le prendre, et non pour de l'argent, pour des profits ; non : pour le plaisir de la violence et du remuement, pour le plaisir d'imprimer. Après Thermidor, lui qui avait publié les crimes des papes, rois et empereurs, publia les crimes de la Révolution : c'étaient encore des volumes. Vers la fin du siècle, on le nomma directeur des hôpitaux, retraite qu'on accorde singulièrement aux énergumènes émérites. Mais la tranquillité des malades et moribonds l'ennuya. Il retourna bientôt à ses amours et s'établit, de nouveau, libraire. Jusqu'à sa mort, il imprima et publia. Et il mourut quasi octogénaire, en 1830. En 1824 et 1825, il lança les douze volumes de son *Histoire impartiale des révolutions de France*. Impartiale : c'est un mot qu'il affectionne. Et l'impartialité d'un garçon qui n'apaise jamais la turbulence de son esprit !... Sans doute apercevait-il que sa diverse partialité, contradictoire d'un moment à l'autre, neutralisait son truculent dogmatisme et aboutissait, par la nullité finale, à une sorte d'impartialité concluante.

La grande œuvre de Prudhomme, c'est un journal qu'il publia de 1789 à 1794, les *Révolutions de Paris, dédiées à la Nation et au district des Petits Augustins*. Il en devait l'idée au publiciste Tournon, lequel signa conjointement avec lui le premier numéro. Mais Prudhomme et Tournon se chamaillèrent, Prudhomme réclamant son autorité de propriétaire, directeur et maître ; Tournon supportant mal, lui « homme de lettres, auteur de quantité d'ouvrages connus, membre d'Académies », d'être « le manœuvre d'un marchand papetier, d'un homme qui ne sait pas l'orthographe ». La querelle aboutit à ce que Tournon publia de son côté des *Révolutions de Paris* qui tombèrent dans l'eau, et s'y noyèrent, et Prudhomme ses *Révolutions de Paris* qui eurent un succès fabuleux [30]. Peu lettré certainement, Prudhomme avait le génie du journalisme, qui est un genre où la littérature n'est pas l'essentiel. Son génie de journaliste, Prudhomme le montra le 14 juillet 1789. Il était à la prise de la Bastille, avec les badauds de Paris ; mais il se distinguait des autres badauds par le souci actif de son métier. Il entra dans la place ; il se glissa ; il confisqua et emporta une liasse de papiers, qu'il dépouilla, rentré chez lui, et dont il inséra dans sa feuille toute neuve les éléments les plus aguichants : quelle aubaine, pour les débuts d'un journal !... [31] Délivré, mais aussi privé de Tournon, il se procura le très intelligent Loustalot, qui lui rédigea l'*Introduction à la révolution, servant de préliminaire aux Révolutions de Paris*. Mais Loustalot mourut en 1790, à vingt-huit ans. Prudhomme recourut alors, probablement, à Chaumette, à Sylvain Maréchal, à Fabre d'Eglantine. C'est peut-être par Fabre d'Eglantine que Joubert a connu Prudhomme. Mais je ne crois pas qu'il ait collaboré aux *Révolutions de Paris*. Le ton du journal n'est pas du tout celui de Joubert, celui même du jeune Joubert. Le journal a une désinvolture gaie et farouche. Il annonce chaque semaine, dit un de ses émules, « des complots, des batailles, des malheurs, du sang prêt à couler » [32]. Il brosse le tableau du Paris d'alors : tableau vulgaire ; mais la peinture est de la même qualité que le sujet. Prudhomme n'a aucune ambition politique, — tant il est journaliste ; — et, ses collaborateurs, il les oblige à n'être que journalistes. Et il écrit, dans le dernier numéro de son journal, le 10 ventôse an II : « J'avais juré de ne cesser mes *Révolutions de Paris* que lorsque mon pays serait libre : j'ai tenu ma parole ! » Oui, en quelque sorte ; mais, autrement, non.

Les *Révolutions de Paris* faisaient chaque semaine un fascicule de cinquante pages, avec gravure. Elles devaient occuper Prudhomme. Mais il avait de l'activité à foison ; pour toutes les entreprises, il était toujours prêt. L'*Histoire impartiale de France* a été l'une de ses entreprises. Dans le numéro 73 des *Révolutions* (27 novembre-4 décembre 1790), il publia cet *Avis* : « Je mettrai en vente dans le mois de janvier prochain les premiers volumes de l'*Histoire impartiale de France*. » Suit un boniment d'où il résulterait, si nous le prenions au pied de la lettre, que, dès le mois de décembre 1790, Prudhomme avait en librairie, déjà « tirés », les « premiers volumes » de l'*Histoire impartiale*. D'ailleurs, il fait le magnanime : il ne veut pas d'argent ; les souscriptions qu'il sollicite n'engagent même pas les souscripteurs. Ne prenons pas au pied de la lettre le boniment de Prudhomme. Avant de lancer, avant d'imprimer son *Histoire*, qui est une grosse affaire, il tâte l'opinion, tâche de savoir s'il aura des acheteurs. Il n'a pas « tiré » encore. Dans le numéro 76 (18-25 décembre), Prudhomme invite à se faire inscrire en son bureau des *Révolutions* les personnes qui voudraient se procurer « la première livraison de l'*Histoire impartiale de France* ». Cette fois, il ne s'agit pas des « premiers volumes », mais de la première livraison, qui nous intéresse, étant évidemment celle de Joubert. Mais elle n'est pas prête : Prudhomme ne dit pas qu'on aille la prendre à son bureau ; il exhorte seulement les amateurs à « s'inscrire » et il répète qu'il ne demande pas d'argent « d'avance ». La même annonce est reproduite dans les numéros suivants jusqu'au 5 février 1791 [33]. Après cela, plus rien, jusqu'au mois d'août : Prudhomme n'a pas vu les souscripteurs affluer. Soudain, le numéro 109 (6-13 août) contient un nouvel *Avis*. On a répandu dans le public un mauvais bruit : les *Révolutions* seraient sur le point de disparaître ; pas du tout ! Et, pour attester la vitalité de sa maison, Prudhomme imprime la liste des ouvrages qu'on trouve au bureau des *Révolutions*. Parmi ces ouvrages : « *Histoire impartiale de France*, douze volumes in-octavo, superbe édition... » Oui ; mais : « sous presse ». Donc, Prudhomme n'avait pas « tiré », au mois de novembre 1790. Il avait, avec la plus sage prudence (il n'est tel fou qui ne soit sage une fois en sa vie) ajourné son projet. Mais, au mois de septembre

1791, comme l'Assemblée nationale allait se séparer, l'un de ses membres, du même âge que Joubert, le jeune ancien évêque d'Autun, M. de Talleyrand, soumit à ses collègues un plan de réforme de l'instruction publique : il partait de l'école communale et montait jusqu'à l'Institut, notant ce qu'il fallait à chacun des échelons de la pédagogie nouvelle[34]. Prudhomme ne méconnut pas l'importance nationale et, quant à lui, l'importance industrielle de ce programme. Dans son numéro du 10-17 septembre, il consacra le premier article à un « examen du rapport de l'ancien évêque d'Autun sur l'éducation nationale ». On réclame, remarquait-il — et il approuvait ce désir — un cours d'histoire dans les écoles de district. Mais il faut des livres : on ne doit pas s'en remettre aux seules lumières du corps enseignant. Or, « une histoire impartiale des peuples libres et des Français n'a pas besoin des commentaires d'un professeur », si elle est bien faite et dans l'esprit le plus recommandable. En note : « *L'Histoire impartiale de France*, en douze volumes, actuellement sous presse dans notre imprimerie, est écrite dans cet esprit et doit être un des premiers livres indispensables à l'éducation nationale. » Admirable Prudhomme, grand journaliste et, en outre, négociant avisé ! Il compta que le rapport de Talleyrand assurerait le débit de sa marchandise. Et il sentit bientôt qu'il valait mieux attendre. Il attendit. L'année suivante, au mois de juillet, il imprima de nouveau sur sa couverture l'annonce des douze volumes, in-octavo, superbe édition, sous presse. En même temps, il donnait la liste de tous les ouvrages qui étaient en vente dans ses bureaux : l'*Introduction à l'Histoire impartiale* n'y figure pas. Cette fois, c'est tout. Prudhomme a compris qu'en pleine révolution, lorsque les événements vous emplissent chaque journée de plus d'histoire qu'il n'y en a de passionnante dans les siècles du passé, l'histoire anciennement vécue n'aguiche plus personne : l'on ne va au passé que si le présent vous laisse du loisir. En outre, pendant les années révolutionnaires, les opinions allaient vite. Une histoire préparée en 1790 avait cent ans en 1792, cette histoire fût-elle impartiale comme on ne l'est pas : l'impartialité elle-même s'était modifiée. Bref, l'*Histoire impartiale de France*, dont Joubert avait composé l'introduction, n'a jamais vu le jour.

Cependant, l'Introduction, Milran paraît l'avoir lue, l'avoir eue entre les mains : il la décrit. Et il dit que l'ouvrage « ne s'est pas continué ». S'il nous était permis de considérer Milran comme un écrivain circonspect, nous conclurions de là que la publication fut commencée : Milran n'est pas un écrivain circonspect[35]. Mais il analyse ou, du moins, il discute l'*Introduction* à l'*Histoire impartiale*. Donc, il l'a lue. Donc, elle a existé. Sous quelle forme ? Peut-être Joubert lui en avait-il communiqué le manuscrit ; les épreuves, peut-être. Il est possible que Prudhomme qui, à la fin de 1790, avait l'intention de publier un jour, et le plus tôt possible, cette Histoire, dont le titre était de lui, en ait commencé l'impression[36]. Ne connaissons-nous, de l'Introduction, que le titre ? Il nous reste, pour ne l'ignorer pas tout à fait, l'analyse de Milran et, mieux, quelques brouillons de Joubert. L'analyse de Milran ne vaut pas grand'chose, on le devine : mais elle nous permet de signaler comme ayant trait à cette œuvre les brouillons et fragments qui, sur quelques points, coïncident avec l'analyse de Milran.

L'ennui, c'est que Milran n'a pas le sens commun. Dépourvu de génie, s'il consentait à être simple et à dire les choses bonnement, il nous servirait mieux qu'avec toutes ses complications verbeuses. Lors de son premier séjour à Paris, les littérateurs l'intimidaient. Il était assez petit garçon, près d'un Restif, et d'un Fontanes, et même d'un Joubert qui, pour lui imposer, n'avait pas d'œuvres imprimées. Peu à peu, l'air de la capitale l'a excité. Il a pris des manières de hauteur et de vaniteux badinage. Il essaye de l'ironie : on ne sait plus, en général, ce qu'il veut dire ; et l'on est mis dans la dure nécessité d'interpréter Milran ! Pour démêler de sa pensée franche son ironie, l'on a besoin de savoir où il en est de sa pensée franche, laquelle tourne au vent de la politique [37]. Nous l'avons vu désespéré de l'athéisme de Joubert : maintenant, il va considérer le 10 août comme une date heureuse ; et il signe « un San-Culotte » sa brochure, très sotte, *Salluste aux Français de 1792* [38]. Dans sa *Petite histoire*, il annonce le projet de « guérir les esprits de deux maladies funestes, le respect pour les augures sacrés et le gouvernement des rois ». Il est, momentanément, un enragé ; l'on a besoin de le savoir, pour comprendre sa lettre à Joubert, lettre que voici, non pas tout entière, mais réduite au principal : « Je vous ai lu : vous êtes un impie. Vous ne portez aucun respect aux savans discours de M. Moreau sur le despotisme. Vous oseriez bien le taxer d'erreur ; et la preuve qu'il avait raison de médire de la liberté, c'est qu'il y gagnait trente mille livres par année. Où avez-vous pris qu'une nation libre se prépare un ennemi dans le voisin qu'elle laisse asservir ? Je vous le dis avec franchise, votre livre est plein d'hérésies ; et M. Mottié, qui nous a défendu de secourir les Belges, mettra votre belle histoire impartiale à l'index, dès que MM. Desmeuniers et Mallouet auront rétabli la censure littéraire. Ce n'est pas tout : les saints évêques de France qui ont refusé le serment diabolique ou civique, vont bel et bien excommunier tous les patriotes *in globo* ; mais vous serez de plus livré à l'inquisition, pour avoir dit que les nobles et les prêtres corrompirent les mœurs des Gaulois nos aïeux. On vous soupçonnerait de ne pas regretter des colosses d'osier, où les Druides et les Druidesses brûlaient, en la forêt sacrée des Carnutes, des centaines d'hommes à la fois pour l'édification des Gaules et pour la plus grande gloire de la divinité. Je vous vois venir, vous cherchez des rapprochements et vous voudriez bien qu'on inférât de la justice de vos Druides, que nos tonsurés de Rome en aubes de lin n'ont pas besoin d'une manne d'osier pour faire griller des hommes, mais qu'ils sont bien plus hardis que des prêtres Gaulois. Cette proposition est mal sonnante... Vous vous fourvoyez aussi en politique et vous écrivez avec confiance que celui qui saurait bien le passé, connaîtrait l'avenir ; d'où vous concluez, comme on conclut à votre école, que si nos ancêtres sauvages furent libres, nous qui sommes philosophes nous devons être libres aussi : beau raisonnement... » Etc., etc. Milran n'épargne pas les mots... « Vous vous mêlez encore de faire des lois, et vous prétendez, non seulement que la manie des duels soit proscrite, mais qu'il soit permis de tuer partout un duelliste... » Etc., etc. « Laissez là ces rêveries philanthropiques qui n'ont jamais opéré le bien... » Etc., etc. « Vous pouvez partir : je vous donne votre congé. Vos idées bisarres ne réussiraient qu'à rassembler sur votre tête les fureurs de la lanterne aristocratique ; car elle prend le dessus depuis que La Fayette ôte peu à peu son masque. Partez, et dites à votre respectable mère, qu'avant certaine introduction historique, j'avais pour son fils assez d'estime. » Joubert allait à Montignac, où ses compatriotes l'avaient élu juge de paix. Il s'en alla ; il s'occupa très soigneusement de sa magistrature : et je crois que l'*Histoire impartiale de France* ne l'intéressait plus.

Je n'ai pas retrouvé, dans les papiers de Joubert, tout ce qu'annonce Milran : — rien des discours de M. Moreau, rien de la Belgique, rien du duel et des duellistes[39] ; — ailleurs, l'analogie est manifeste, non pas entre les idées que Milran prête à Joubert et le texte de Joubert, mais entre les sujets que Milran dit que Joubert a traités et ceux qu'il a traités en effet. Si absurde qu'il soit, Milran n'a pas inventé toute son analyse. Joubert a dû parler des Belges, des duellistes et des discours de M. Moreau : seulement, ces passages de son essai sont perdus.

Ce qui reste de ses brouillons suffit à démontrer que le tatillonnant Milran fausse absolument l'esprit de l'ouvrage qu'il vient de lire. Tant mieux ! Il nous plaît de savoir que Joubert n'avait pas adopté l'abjecte manie d'employer le passé auguste comme un stratagème de malice et de taquinerie à l'égard du présent. A lire le bénêt Milran, Joubert aurait écrit le plus mesquin des pamphlets, le plus petiot et sournois. Mais non : l'ouvrage de Joubert avait la gravité de l'histoire. On n'a point à y dénicher des facéties, notamment sur « les tonsurés de Rome » : ces facéties sont de Milran tout seul. On y voit de claires allusions, parfaitement légitimes, loyales ; et loyales, les opinions de l'auteur.

Plusieurs feuillets de ces brouillons portent la date de 1787. Non évidemment que Joubert eût commencé en 1787 une *Introduction à l'Histoire impartiale de France*. Mais, en 1787, il entreprit une série d'études sur les origines de la Gaule, études qu'il utilisa plus tard pour son Introduction. Les sources que Joubert indique : Simon Pelloutier, l'abbé Du Bos, une dissertation de M. Schœfflin, etc. Il doit beaucoup à ces auteurs : il n'est point un spécialiste. Sans doute aussi a-t-il quelque dette envers les deux celtisants un peu toqués qu'il a connus, Le Brigant et l'abbé de Chaupy. C'est eux peut-être qui l'ont initié.

Premièrement, il trace une large esquisse des époques les plus lointaines. Il divise en deux classes les « peuples qui n'ont point eu d'histoire ». Les uns, dit-il, mangeaient assis et les autres couchés ; les uns n'étaient que mollesse et, les autres, agilité : les uns, les Sarmates et, les autres, les Scythes, « deux parts du genre humain ». Et les Scythes, en ce qui nous concerne, ce sont les Celtes, qui possédèrent « l'Espagne, les Gaules, la

Germanie et tout ce qui est contenu depuis le Boristhène jusqu'aux deux mers ». Joubert a beaucoup de gratitude aux Celtes : on leur doit, pour l'histoire, une clarté nouvelle. La connaissance que nous avons d'eux, qui sont nos pères, a permis de classer tous les autres peuples peu connus et de diminuer « les ténèbres de l'histoire »... « Ses commencemens, devenus plus clairs, ne rebutent plus par [une] effrayante obscurité... Quelle image peut-on se former nettement d'une époque, si on ne connoit aucune époque précédente qui ait amené celle-là ? L'esprit, si jose ainsi dire, est tout yeux. Il veut voir de tous les côtés, sans cela il ne peut rien voir. »

De ces deux nations, il s'en forma une troisième, qui habita l'Egypte et Tyr ; elle eut les arts, les lumières et changea la face du monde. Elle a chassé la barbarie. La barbarie a-t-elle disparu ? « Telle a été jusqu'à présent la nature des choses humaines, que la barbarie ancienne n'a pu être chassée encore entièrement et s'est toujours rencontrée dans quelque pays isolé quand les sciences et des mœurs plus douces s'établissoient partout ailleurs. C'est ainsi que, lorsque le soleil se lève et que le jour éclaire tout, il y a encore des cavernes et des antres où se retirent les ténèbres. »

Pour imaginer réellement ces peuples de la primitive antiquité, Joubert les suppose analogues aux peuples qui, de nos jours, préservés par la distance, ont gardé, loin de notre civilisation, les mœurs de la nature, la spontanéité normale de l'espèce humaine : les sauvages, en un mot ; les sauvages dont on avait une idée charmante et amicale ; et les sauvages, dit-il heureusement, qui sont « l'antiquité moderne » [40]. Il est d'autant plus porté à profiter de cette analogie que ses récents travaux, ses longues rêveries sur les voyages de Cook lui fournissent les points de comparaison. Revenir à la chère Otahiti par le détour du celtisme l'enchante. Il note que le pays où les anciens plaçaient le séjour du bonheur et de la vertu, en deçà des Alpes et du Danube, avait pour habitants un peuple assez semblable aux Zélandais : « Voyez les voyages de Cook : l'antiquité barbare à Tanna... ; l'antiquité grecque ou héroïque à Otahiti... » Il attribue aux Celtes, pour vêtement, « des peaux taillées à peu près comme les petits manteaux de nattes que portent les sauvages de Nootka ». Et, Bretons, cela veut dire *peuples peints* : ils se couvraient le corps de peinture, comme nos sauvages.

Ces renseignements que Joubert emprunte à des réalités modernes pour interpréter des réalités anciennes, on en voit bien l'usage dans un petit chapitre qu'il a consacré aux Phéniciens, ce peuple « si justement célèbre et qui ne l'est plus que par son nom, parce que les peuples ne communiquent avec la postérité que par les ouvrages qui leur survivent, et non par le commerce, qui ne lie que les vivants ». Les Phéniciens allaient chercher aux îles Britanniques l'étain, en Espagne l'argent, le fer et l'or en Gaule. Et ils cachaient leur route « avec le même soin que les Espagnols dérobèrent à la connoissance des peuples modernes le chemin qui les conduisoit de Manille à Atapucco ». Les Phéniciens emportaient les métaux bruts, les vendaient à des peuples habiles et les revendaient ouvrés aux Gaulois par exemple, car nos ancêtres se paraient de colliers et de bagues qu'ils n'auraient pas su fabriquer. « Si les Phéniciens leur portoient aussi leurs armes toutes fabriquées, ils les traitèrent sans doute comme nous traitons les sauvages modernes et les noirs, à qui nous ne vendons que de mauvais fusils pour garder sur eux une supériorité que la nature ne nous a pas donnée. » Les Gaulois, en effet, n'avaient que de mauvaises épées, molles et qu'ils étaient obligés de redresser à chaque coup. Voilà les Phéniciens, très civilisés, malins et qui n'ont laissé au monde qu'une barbarie favorable à leurs intérêts.

Joubert suit la continuité chronologique et logique de son histoire, les tribulations des grandes collectivités humaines et des races. Il ne commet pas l'erreur où tombent souvent les ethnologues ; il n'oublie pas que, durant les siècles, les dérivations ethniques s'altèrent, se compliquent et, en quelque mesure, se confondent : « chaque peuple aujourd'hui descend de tous les autres peuples, de même que chaque famille descend de toutes les familles... » Cette rare prudence lui épargne des billevesées que plusieurs de nos très savants contemporains n'évitent pas. « Il n'y a plus aujourd'hui dans le monde d'origine qui soit ancienne et de filiation qui soit pure. » Cependant, et cela posé, nous apercevons dans « ces grandes masses qu'on appelle les nations » des caractères permanents qu'il n'est pas défendu de reconnaître et d'analyser. Parmi les Celtes, Joubert distingue, pour son étude particulière, les Gaulois. Il les montre quasi barbares, dans leurs cavernes et leurs chariots. Puis ces nomades s'établissent. Ils ont des hangars, des abris « semblables à ceux de la plupart des sauvages » et aux « hippas » des Zélandais. « A cette époque, les Gaules n'offroient déjà plus dans aucun point de leur surface cette terre oiseuse et sauvage dont nous avons parlé d'abord ; cette terre uniforme et triste, couverte d'ombres et de bois, qui n'étoit jamais remuée et dont les vents et les saisons changeoient seuls à leur gré la surface... » Tout devient plus fixe : « L'homme enfin s'est arrêté, et la nature universelle qui partout est semblable à lui, ne jettant plus sur nos contrées des biens dispersés au hazard, y faisoit naître ses présents en des temps et des lieux marqués comme le vouloient l'industrie, la prévoyance et le travail. Ces familles d'anciens nomades qui ne voyoient auparavant les fruits d'une saison qu'en voyageant toute une année les faisoient tous croître autour d'elles... Les troupeaux, les animaux, premiers compagnons de nos pères, avoient changé de caractère. Errants, oisifs auparavant et dévastateurs ainsi qu'eux, ils connoissoient une demeure, ils avoient quelque occupation. Ils couvroient de fruits cette terre qu'auparavant ils dépouilloient. Enfin la Gaule avoit déjà ses fruits, ses champs, ses pâturages. Elle avoit aussi ses hameaux... » Après les villages, les villes se bâtissent : Autun, qui servait de forteresse aux Eduens ; Lyon, *Luk-dun*, qui en celtique veut dire le mont du corbeau, etc. Certaines régions demeurèrent assez désertes : ainsi le pays de Reims et de Langres. Les villes, c'est à l'exemple de Marseille que les Gaulois les édifièrent.

Et Marseille est, pour Joubert, l'occasion de présenter l'une de ses idées favorites : une idée assez subversive et qui lui dura même quand il eut évincé toute l'idéologie aventureuse de sa jeunesse. Il déteste et jamais il n'a aimé la propriété. En 1785, Fontanes lui écrit, de Londres : « Je ne sais si vous, qui êtes grand ennemi de la propriété et des barrières de fer, vous aimeriez l'Angleterre... » Neuf ans plus tard, le 7 février 1794, Joubert écrit à Mme de Fontanes : « Moi qui hais la propriété! » Ce n'est pas une plaisanterie. Dans ces brouillons de l'*Introduction à l'Histoire impartiale de France*, il met en contraste les « gênes » auxquelles les Marseillais étaient astreints du fait de la propriété, et le bonheur des Celtes, chez qui l' « on n'avoit rien à soi que ses armes, son collier, son cheval, ses enfans et sa femme ». Il insiste : « Ce peuple avoit sur la propriété une idée bien saine, en n'en reconnoissant le droit que dans la collection générale des citoyens. Ceux-ci, par une disposition non moins sage, n'en jouissoient que d'une manière passagère. Chaque année ou tous les deux ans, l'Etat attribuoit à chacun ce qu'il devoit occuper de terrein soit pour y nourrir son bétail tant qu'ils ne furent que nomades, soit même pour le labourer quand ils cultivèrent la terre ». En termes non douteux, Joubert est, à cette époque, socialiste et communiste. S'il réprouve la propriété, c'est qu'elle a pour conséquences l'inégalité de puissance et l'inégalité de richesses : « le négligent peut tout perdre, l'habile tout accumuler ».

Voilà comment la politique devait se mêler à

l'histoire, dans l'essai de Joubert : une politique avancée. A lire ces brouillons, il est facile de comprendre que Joubert n'ait pas été collaborateur politique au journal de son ami qui tergiverse, qui hésite, qui ne sait pas très exactement jusqu'où il va : Joubert sait où il va ; et il va loin, dans les doctrines, sans barguigner. Il ne cache pas ses idées relatives à la religion, quand il félicite les Gaulois d'avoir eu, aux principes de leurs croyances, un dieu « semblable au dieu des théistes et des religions épurées » ; quand il accuse les prêtres gaulois de souiller par un « culte affreux » un dieu si pur et presque philosophique ; quand il bafoue l'ignominie du clergé druidique « tombé dans l'inoccupation et le mépris qui suit toujours le discrédit, surtout quand il est mérité » ; enfin quand il conclut par cette formule si roide : « Tout corps dont l'authorité et la puissance ont été une usurpation et tenoient au seul respect qu'il avoit eu l'art d'inspirer perd tout, jusqu'à son existence, sitôt qu'on a vu sa faiblesse ». Camille Desmoulins reprochait à Fontanes de n'être qu'un aristocrate déguisé qui n'avoue pas ses préférences ; Joubert ne cache pas ses sentiments à l'égard de l'aristocratie, car il écrit : « C'est par le désir et l'espérance de vivre aux dépens d'autrui que s'établit l'aristocratie ou le gouvernement de ceux qui ont du bien. » Et il ajoute : « Le moyen de la prévenir est de bien prendre garde de ne pas s'opposer à l'inconstance ordinaire de la fortune. mais de la favoriser en toutes choses et surtout dans cette division d'héritages entre tous les mâles d'une famille, qui réduit à rien les grandes richesses. » Il ne cache pas ses

vœux, lorsqu'il identifie résolument le despotisme
et la monarchie et les condamne comme ceci :
« C'est par l'amour de la conquête et du butin que
s'introduit le despotisme ou l'obéissance constitu-
tionnelle à un seul. Le despotisme des peuples
fixes n'est que le gouvernement militaire hors
de sa place et prolongé au delà de la durée qu'il
devoit avoir. » Et il est bien d'accord avec ses
contemporains les plus crédules aux promesses
de la révolution légiférante, quand il souhaite la
réfection totale de la France, la suppression des anciennes provinces et de tout le vieil ordre de choses
et dit : « C'est aux législateurs à tout préparer dès
ce moment pour hâter ce bienfait des siècles et
c'est à nous de l'espérer. » Et il est terriblement
bien de son temps, soumis à l'illusion la plus périlleuse de son temps, lorsqu'il décerne à la France
le rôle ruineux de créatrice et dispensatrice des
libertés dans l'univers et, pour la sauvegarder pendant le vain apostolat qu'il lui confie, adjure ainsi
nos ennemis perpétuels : « Ah ! peuples d'au delà du
Rhin, les temps anciens vont revenir... L'antique
liberté a mis le pied dans nos contrées et la félicité celtique, unie à l'urbanité grecque et romaine,
veut se répandre parmi nous. Gardez-vous de lui
faire obstacle et de fermer votre pays ou de venir
troubler le nôtre... Aidez-nous à faire rentrer tous
les hommes dans l'exercice de leurs droits, que
nous avons recouvré les premiers, que vous per-
dites les derniers. Souvenez-vous d'Armin et rom-
pez partout l'esclavage. Fils valeureux des vieux
Germains, ne détournez pas les Gaulois quand ils
vont à la liberté. Ne détournez pas un seul peuple

qui voudra reprendre la sienne... » Est-ce que ces phrases n'ont pas tout le son révolutionnaire, l'accent de la révolution théoricienne, étourdiment faiseuse d'idéal, confiante, et puis dupée, pacifique d'humeur et belliqueuse par force ?... Joubert est dans les folies ; et il y est en plein. Milran l'accuse de « chercher des rapprochements » et, pour ainsi dire, de glisser sous les dehors de l'histoire ses actes de foi en catimini : mais Joubert ne dissimule rien ; voire, il lance son erreur sans feinte et sans précaution.

L'histoire ainsi conçue, toute imprégnée de doctrines, porte assez drôlement le titre d' « impartiale ». Mais, quoi ! l'on n'a dit que niaiseries sur les devoirs d'impartialité dans l'histoire. Il est défendu de fausser la vérité du récit, non d'inférer, non de traiter l'histoire comme vivante : et, en 1790, elle vivait, passionnément.

Sur les dires de Joubert, quant aux peuples des origines, et aux Celtes et à tout ce préambule de l'histoire, il y aurait des objections à présenter : Joubert se fiait aux érudits, aujourd'hui périmés comme le seront d'autres. Ce qui est de Joubert, c'est l'ensemble d'idées que cette histoire lui suggère. Il a fait du chemin, dans l'audace. Il aura beaucoup de chemin, prochainement, à faire, en sens inverse. A la bonne heure ! Les saints les plus touchants ont d'abord été de grands pécheurs. Et les conservateurs les plus attachants ont été révolutionnaires : ils savent le prix de ce qu'ils ont à cœur de conserver désormais.

CHAPITRE IV

LE MARIAGE DE FONTANES

Le mariage de Fontanes a été toute une aventure, très compliquée, à laquelle Joubert a pris
amicalement une part très active, et dans laquelle
nous voyons ces deux jeunes hommes très bien
marqués de leur caractère : un peu moins rêveurs
qu'on ne suppose un poète et un philosophe, tous
deux informés des exigences de la vie, des avantages que procure un bel et bon établissement,
pressés d'en finir avec le désordre et la pauvreté;
Joubert, infiniment serviable, très indulgent pour
son ami, très habile à le tirer d'affaire, et encou-
ragé dans sa diplomatie conjugale par une vive
admiration que lui inspire le talent de Fontanes,
persuadé de servir, en même temps que l'amitié,
la poésie ; Fontanes, toujours dissipé, à la fois
ambitieux et paresseux, qui corrige de nonchalance aimable sa passion de réussir, coureur
effronté d'ailleurs et que Joubert n'enlève point à
la bohème sans difficulté.

Voici, d'après la notice de Paul de Raynal, la
version fade, mais officielle, de ce mariage. En
1788, Joubert était à Villeneuve. L'idée vint à son

« amitié ingénieuse » de « ménager à M. de Fontanes les avantages d'une alliance honorable ». Le hasard lui fit rencontrer « deux dames de Lyon, M^mo de C*** et sa fille, voyageant à petites journées avec M. le baron de J***, vieux parent qui les accompagnait à Paris ». Elles avaient été forcées — comment et pourquoi ? — de s'arrêter quelques jours à Villeneuve. Joubert fut « charmé de la « bonté de la mère et des grâces de la fille ». Cette juste répartition de qualités mûres et adolescentes n'était pas tout l'agrément de ces dames ; Joubert, « instruit de leur état dans le monde », — et, autant dire, de leur fortune, — jugea qu'il y avait là, pour M. de Fontanes, un excellent parti : aussitôt il se met à l'œuvre. « L'absence de toutes relations entre son ami et la famille au sein de laquelle il prétend l'introduire, la disproportion des fortunes, l'esprit très positif du baron de J***, dont le sort de la jeune personne dépend : rien ne l'arrête. » Une correspondance « adroitement préparée » ouvre à Fontanes l'entrée de la maison ; Joubert a fait valoir la naissance distinguée, le talent, les vertus de son ami : « si, dans le cours des négociations, la courtoisie du prétendant vient à languir, il l'excite et la réveille ; si l'on se plaint de sa froideur, il l'excuse jusqu'à la faire aimer ; et quand il ne reste plus à combattre que les calculs du vieux parent, qui de Lyon où il avait ramené ses compagnes faisait tête à toutes les tentatives, les lettres du négociateur deviennent si pressantes que la résistance chancelle et perd chaque jour du terrain. » Ce résumé de Paul de Raynal est véridique, mais incomplet.

En 1788, Joubert avait trente-quatre ans et, Fontanes, trente et un. Joubert était plus sage que Fontanes. Précédemment, il n'était que moins folâtre, non moins amoureux, plus amoureux, donnant à sa tendresse plus de sincérité profonde, et souffrant bien davantage, tandis que Fontanes s'amusait. En 1788, Fontanes continuait de s'amuser ; Joubert, lui, tâchait d'apaiser ses alarmes et cherchait déjà cette philosophie souveraine, le repos. Il redoutait Paris, cette agitation qui, des rues et des compagnies remuantes, vous monte au cœur et vous le trouble. A Paris, depuis dix ans, non sans désordre, Joubert et Fontanes avaient de diverses manières tenté d'organiser leur existence ; petite récolte : pour Fontanes, une certaine renommée de poète, quelques œuvres publiées avec succès ; Joubert se contentait d'une réputation qui n'allait pas très loin, d'une attente qu'il ne se hâtait pas de satisfaire. Et tous deux manquaient d'argent, d'une façon presque pénible. Du reste, ils n'apercevaient pas la fin de leur ennui.

Au printemps, Fontanes était à Paris, lorsque Joubert fit, à Villeneuve, la rencontre des dames de C*** et du baron de J***. Arnaud Joubert, dans la « notice historique » qu'il a consacrée à son frère en 1824, donne quelques détails sur cette rencontre, aubaine d'un « hasard des plus extraordinaires ». Ces dames « voyageaient à petites journées dans la voiture d'un riche parent qui les conduisoit de Lyon où elles demeuroient à Paris qu'elles vouloient visiter ». Mme de C*** fut un peu souffrante et l'on dut s'arrêter à Villeneuve « un ou deux jours » ; disons, quelques jours, car nous verrons que ces deux dames ont eu le temps de faire à Villeneuve quelques relations. Elles se promenaient et regardaient « l'un des plus jolis jardins de la ville, dont la vue paroissoit leur faire grand plaisir ». M. Joubert passait par là ; elles l'abordèrent, lui demandèrent à qui était ce joli jardin : « la conversation, avec M. Joubert, même sur les sujets les plus indifférens, amenoit toujours l'attrait et un sentiment de bienveillance dont il étoit impossible de se défendre ». Evidemment, Joubert était délicieux, en de telles petites circonstances, où il mettait la plus obligeante coquetterie ; et ces dames étaient, il faut croire, assez liantes. Joubert, ayant appris que Mlle de C***, « indépendamment de ses agrémens naturels, était un parti fort avantageux sous le rapport de la fortune », conçut l'idée « de la faire épouser à M. de Fontanes qui ne la connoissoit pas ». La soudaineté de cette idée est assez plaisante ; et l'on voit qu'avec tant de spontanéité, Joubert n'agit point à l'étourdie : le romanesque du projet ne va pas sans précaution positive.

Qui étaient au juste ces dames de C***, ce baron de J*** ? Leurs noms, certes, ne sont pas difficiles à trouver. La jeune fille qui devint Mme de Fontanes était une demoiselle Cathelin : la particule est, de la part d'Arnaud Joubert et de son gendre, courtoisie pure. Quant au baron, il s'appelait le baron de Juis. Mais nous désirons d'en savoir davantage ; or, sur les Cathelin, ni la famille Joubert ni Sainte-Beuve, à qui la chanoinesse mesurait l'information, n'ont rien dit.

Geneviève-Marie-Faustine-Chantal Cathelin (ou Catelin ; car on trouve, dans les actes, ces deux orthographes) était née au château de la Pape, commune de Rillieux, non loin de Lyon, le 11 octobre 1768. Elle avait donc vingt ans, lorsqu'elle rencontra M. Joubert sur les promenades, à Villeneuve. Elle fut baptisée le surlendemain de sa naissance, à l'église de Rillieux. Elle était fille de « Monsieur Jean-Baptiste Catelin, négociant à Lyon, y demeurant place du Plâtre, paroisse de Saint-Pierre et de Saint-Saturnin ; et de demoiselle Claudine Tresca, son épouse ». En somme, elle naquit hors de chez son père. Sans reproche, pourquoi ? L'acte de baptême dit que l'épouse de Jean-Baptiste Cathelin était « accouchée accidentellement » au château de la Pape : et voilà tout. En 1768, ce château appartenait à Simon-Claude Boulard, seigneur de Gatellier, Mars, Lemons, Cuire, Caluire, la Croix-Rousse, la Pape, Rillieux et Margniol. Ce seigneur, époux d'Anne Clérico de Janzé, avait sa résidence urbaine à Lyon, dans la rue Saint-Dominique, où demeurait aussi un parent des dames Cathelin, l'abbé de Vitry. Celui-ci dirigeait alors, à Lyon, le dépôt de mendicité de la Quarantaine ; et, comme Simon-Claude Boulard était à Lyon recteur de l'aumône générale, on peut supposer que ces deux hommes bienfaisants avaient ensemble une liaison qui s'étendit à leurs familles et que, vers l'automne 1768, Claudine Tresca, femme Cathelin, se trouvait en villégiature tonifiante et reposante au château de la Pape, lorsque les douleurs la prirent à l'improviste. Ou bien peut-être, un peu imprudente, se promenait-elle. De Lyon, ce n'est qu'à une lieue. On suit le beau cours d'Herbouville et la grande route de Genève jusqu'au hameau de Crépieux; on arrive bientôt à une avenue plantée de tilleuls, qui vous mène jusqu'au château. Là, sur un plateau qui s'élève comme un promontoire et domine la vallée du Rhône, il y a une magnifique terrasse, d'où l'on découvre les plaines du Dauphiné, le fleuve et ses îles, les plus beaux quartiers de Lyon, les coteaux de la Croix-Rousse et Sainte-Foy[2]. Les Lyonnais, alors de même qu'aujourd'hui, aimaient assez cette promenade. Et nous avons le droit de conjecturer que Claudine Cathelin se promenait, lorsque survint son « accident ».

Mais Jean-Baptiste Cathelin ?... Peut-être se promenait-il aussi, à La Pape, le 11 octobre 1768; du moins fut-il à l'église de Rillieux, le surlendemain, pour signer l'acte de baptême, avec l'abbé de Vitry, et avec le baron de Juis, parrain de l'enfant. Il a signé : c'est quelque chose. Par ailleurs, il ne sera guère question de lui. A la naissance de sa fille, il avait trente et un ans et il était marié depuis six ans. Claudine sa femme lui avait donné, dès l'année de leur mariage, un fils, Jean-Baptiste comme lui; bientôt, un autre fils, mais qui vécut seulement quelques jours; ensuite, un autre fils, mais qui ne dépassa point deux ans : la petite Chantal arrivait la quatrième, et elle vivra[3]. Sur l'acte de baptême, Jean-Baptiste Cathelin le père est dit « négociant »; de même, sur l'acte de baptême de son premier enfant[4]. Quel était son négoce? L'épicerie, je suppose. En tout cas, son frère aîné, André Cathelin, fut « marchand épicier » jusqu'au jour qu'il devint greffier au bureau des finances, place où il eut pour successeur Jean-Baptiste en 1774 : les deux frères avaient possiblement suivi le même chemin. Plus tard, en 1779, Jean-Baptiste le fils, âgé de dix-sept ans, souhaita d'entrer joliment dans la carrière des armes et obtint de quatre de ses compatriotes lyonnais, chevaliers de Saint-Louis, un certificat, dûment parafé du prévôt des marchands de la ville de Lyon, garantissant qu'il était « d'origine noble » et que ses père et mère avaient « toujours vécu noblement ». Il y avait, dans ces mots de noblesse, quelque élasticité ; dans leur attribution, de la bonhomie. Bathéon de Vertrieu, Jaques de la Roue, Constant de Bien-Assis et Noyel de Parange, gentilshommes résidant à Lyon, eurent de la complaisance, pour anoblir le fils du négociant Cathelin, le négociant lui-même[5]. Du reste, le négociant portait désormais le titre de greffier en chef au bureau des finances de la ville et généralité de Lyon[6]. Sans doute devait-i cette situation nouvelle à l'obligeance du baron de Juis, lequel était procureur du roi audit bureau des finances.

Je crois que cet honnête Cathelin ne comptait pas beaucoup dans son ménage. Il laissait son ami le baron de Juis le remplacer à quelques égards. Par exemple, en 1788, quand Mme et Mlle Cathelin vont faire un voyage à Paris, c'est le baron qui les emmène, qui s'arrête avec elles à Villeneuve et qui les dirige dans leur visite de la capitale. Cathelin n'est pas de la partie. Cependant, il vit encore : à la fin de l'année suivante, il occupait

toujours sa place de greffier [7]. Mais, le 20 octobre
1792, jour que fut signé le contrat de sa fille
Chantal, il ne vivait plus. A quelle date est-il
mort? Je ne le sais pas : son acte de décès ne
figure pas sur les registres des paroisses lyonnaises. Ne mourut-il pas à Lyon? comment dis-
parut-il? Je l'ignore. Il ne comptait pas. J'ai sous
les yeux des lettres de sa femme et de sa fille,
lettres écrites après 1788, et dans lesquelles on ne
peut rien apercevoir de sa survie ou de son trépas,
comme si son trépas même eût été, aux yeux de
tout le monde, insignifiant. Joubert, quand il
s'avise de marier Chantal et Fontanes, ne néglige
aucune démarche utile : lettres à l'abbé de Vitry,
lettres au baron de Juis. Il n'écrit pas à Cathelin,
ne parle pas de lui, ne fait de lui aucune mention,
n'a pas l'air de soupçonner son existence. Le personnage important, le seul, celui de la volonté de
qui dépend la destinée de Chantal, c'est le parrain, c'est le baron de Juis. Et je ne prétends certes
pas qu'on doive tenir pour vrais les potinages
dont est friand le terrible Restif de la Bretonne.
Mais enfin ce malicieux a des renseignements
souvent exacts ; et, s'il calomnie quelquefois, il
médit à l'occasion. D'habitude, il n'invente pas le
tout de ses méchancetés. Eh! bien, il raconte que
Fontanes — mais il exècre Fontanes — a épousé
une « fille riche, dont la source n'était pas absolument légale » [8]. Qu'en savons-nous? Rien. Oui,
Restif exècre Fontanes : c'est pour cela qu'il s'informe ; et nous verrons que les détails justes ne
lui manquent pas toujours. Dira-t-on que Joubert ne se fût pas occupé d'un tel mariage, à

cause d'une imperfection cachée dans les origines de Chantal ? Joubert, qui jamais ne commit le péché de pharisaïsme, avait en ce temps-là des idées philosophiques. Au surplus, il n'a pas mal jugé cette enfant, qui devint une très digne femme.

Le baron de Juis — Jean-Marie de Lafont, baron de Juis, — était en 1788 un homme de cinquante-neuf ans, riche, très riche même, entiché de son titre, qui d'ailleurs ne remontait pas à la nuit des temps, et entiché de sa fortune ; peu commode, grognon, du moins sévère et fort assuré de ses principes. Procureur du roi au bureau des finances, il connaissait et la valeur incontestable de l'argent et les idées sur lesquelles se fonde la conscience d'une bourgeoisie en train de tourner à la noblesse. Là-dessus, il n'hésitait pas et, plutôt que de mollir, il faisait trembler son entourage. Assez rogue, revêche et entêté, au demeurant un bonhomme grave et dont la gravité aimait la distraction de voyager avec une filleule de vingt ans et la mère de sa filleule, Claudine épanouie dans sa beauté de quarante-six ans. Il est le type excellent du vieux parent à héritage. Parent, à vrai dire, l'est-il ? On l'appelle un « parent » ; je n'ai pas découvert le point où se joignent les généalogies. Parent très éloigné, peut-être ; mais, à coup sûr, parrain. Et parrain à héritage : on le ménage, on le redoute, on veille à ne pas lui déplaire. Il profite de l'obéissance et de la gracieuseté que lui vaut l'attente de ses générosités. Du reste, il gâte assez bien Chantal, et Claudine ; et il ronchonne, tout à son aise.

Donc, au début de l'été, les voyageurs ont quitté Villeneuve et sont à Paris. Joubert a son idée : il entend que Fontanes soit présenté à Mlle Cathelin. Mais il ne désire pas, lui, d'aller à Paris. Il chargera son frère Elie d'arranger les choses pour le mieux : son jeune frère Elie, garçon de vingt-six ans, qui achève ses études de médecine afin d'être bientôt, comme le fut leur père, chirurgien des armées ; Elie est présentement élève de M. Didier, maître en chirurgie, et logé chez lui, rue Saint-Denis, près de celle du Ponceau. ⁹ Qu'Elie aille voir les deux dames et le baron, qu'il annonce la visite de Fontanes ; et surtout qu'il engage Fontanes à faire cette visite. Mais Joubert n'a dit ses projets ni à son frère ni à son ami : qu'on lui obéisse.

Elie, le 26 août, écrit à son frère aîné. Il a vu le baron de Juis et les dames Cathelin. Et, une assez drôle de chose, c'est la gaillardise avec laquelle il annonce qu'il a fait sa visite : « A la fin, j'ai vu vos aimables chanteuses, ainsi que l'aimable amateur... » Amateur, le baron de Juis ? Il aimait, nous le saurons, « les arts et les artistes ». Même, il avait une collection d'œuvres d'art. Et Joubert, quand il écrira pour le *Modérateur* un Salon de 1789, ne manquera pas de signaler — ne fût-ce que pour amadouer le parrain de Chantal — une Léda en marbre, qui peut-être n'eût pas autrement requis son attention : « Cette statue appartient à M. le baron de Juis. C'est un ouvrage vraiment digne d'un connoisseur aussi éclairé. » Le *Mercure*, lui, indifférent au mariage de Fontanes, vante la Léda et ne souffle mot du baron de Juis. Mais, chanteuses, les dames Cathelin ? Probablement. Elie n'aurait pas inventé de les appeler des chanteuses. Puis Joubert, dans une lettre au baron, célèbre la belle voix de Chantal, son aptitude pour les grands airs. Cependant, il m'a été impossible de rien découvrir à ce sujet : je ne sais pas si Claudine a chanté au théâtre ou si Claudine et Chantal chantaient seulement chez elles et dans la bonne société lyonnaise. Pour les rencontrer, elles et le baron, Elie assure qu'il est allé six fois chez M. Julien. M. Julien, c'est l'auteur de la Léda, un vieil élève de Coustou et l'auteur aussi d'un Gladiateur mourant qui est au Louvre. Diderot le mentionne, dans son Salon de 1781 : « Figure d'Erigone, en marbre ; sans expression, mal dessinée, le corps est ce qu'il y a de moins mal. Tête de vestale : les touches qui y sont, dures et sèches ; point de noblesse. » M. Julien, depuis lors, a-t-il fait des progrès ? Joubert l'appelle « un véritable fils de Minerve », car il a mis de la « sagesse » dans « le plus voluptueux des sujets ». Puis : « Socrate et Platon auroient aimé cette Léda. Elle n'est froide que comme l'Innocence. Ses formes rondes et nourries annoncent d'ailleurs qu'elle peut connoître Vénus. Le cygne, modeste, retenu, timide et plein d'expression dans le hérissement de ses plumes, dans la langueur de ses entreprises, dans les molles ondulations de son cou d'albâtre. » M. Julien ne se plaindra pas ; et le baron de Juis, non plus, si en acquérant une œuvre si exquise il a montré le goût de Socrate et de Platon, philosophes à qui on ne l'avait pas comparé encore... La visite d'Elie se passa le mieux du monde : « M. le baron a paru avoir grand plaisir à me voir ; il m'a présenté à ces dames qui on paru en avoir autant que lui... » Tous trois, enchantés de Villeneuve : « M. Dejuis prétent que toute la politesse parisienne est passée à Villeneuve... » Je le crois bien, s'il en juge par le charmant Joubert... « et qu'il en reste très peu à Paris » : voilà le baron qui bougonne. Les dames Cathelin regrettent de n'avoir pas encore écrit à plusieurs dames qu'elles ont vues à Villeneuve, à Mme Devauve, à Mlle de Chomorceau. Babillage : mais il n'y a rien de perdu, elles écriront, c'est le temps qui leur a manqué. Les distractions, à Paris, sont si nombreuses ! Précisément, ce jour-là, 25 août, elles vont à l'Académie. M. de La Harpe les y conduit : et c'est probablement Joubert qui leur a préparé ce plaisir. Le 25 août 1788, belle séance, où il y avait Marmontel, Séguier, Suard, Chamfort, Maury, Sedaine, d'Aguesseau, Florian ; et le prix destiné par un fondateur anonyme à l'ouvrage le plus utile est décerné à l'*Importance des idées religieuses*, dont l'auteur est M. Necker[10], le même M. Necker qui, par un hasard ce jour-là, devient ministre au lieu et place de Loménie de Brienne. Elie Joubert raconte gaiement cette aventure ministérielle : « Je te dirai pour nouvelles que le principal ministre est culbuté de hier au soir ; pour le récompenser de ses bons offices, on lui donne le chapeau de cardinal ; on nomme pour son coadjuteur à son évêché et à son abbaye son neveu ; son frère est conservé. M. Necker le remplace... Les effets de la Bourse ont augmenté d'un tiers aujourd'huy, tous le monde se félicite mutuellement ; on doit brûler M. de Sens ce soir à la place Dauphine ; il y aura illumination dans tout le quartier... » Ces redoutables nouvelles amusent Elie Joubert, plutôt qu'elles ne le tourmentent ; elles amusent tout Paris, qu'elles devraient tourmenter : la révolution se prépare, en cachette, sans qu'on y songe, tandis que Joubert prépare un mariage, et la révolution aura éclaté, pour qu'en souffre terriblement le jeune ménage... M. de Juis propose à Elie Joubert de l'emmener à l'Académie. Elie Joubert n'a pas le temps. Et puis la littérature n'est pas son affaire : il ne le dit pas ; il le prouve. Mais Mme Cathelin, à l'idée de voir la séance, est « dans tout son état ». Elie Joubert la trouve agréable : « Elle ne paroit avoir que vingt-six ans et la sœur de sa fille ; si tu en es amoureux, je crois que la fille ne l'est pas moins de toi : elle n'a cessé de me demander de tes nouvelles, elle m'a chargé de te dire bien des choses, si je t'écrivois... » Il n'a rien compris aux projets de son frère. Et il ajoute : « M. Defontannes m'a promis de les voir demain ». Elie Joubert est un bon garçon qui ne ressemble pas du tout à son frère. Il a un entrain que n'a pas son frère. Il semble un peu irréfléchi, pendant que son frère est toute méditation, préméditation même. Mais il sera un excellent chirurgien des armées. Ce qui lui manque de finesse et de littérature, il n'en aura pas besoin.

« M. Defontannes m'a promis de les voir demain... » Donc, le 27 août. Le mois d'août se termina, et le mois de septembre, sans que Fontanes se fût dérangé. Fontanes avait alors autre chose en tête que d'aller voir les « aimables chanteuses » : il était amoureux d'une célèbre comédienne. Mlle des Garcins avait débuté au Théâtre français le 24 mai précédent, avec le succès le plus vif. Non qu'elle fût exactement belle ou très jolie : on regrettait qu'elle n'eût pas les traits fort réguliers, ni la physionomie parfaitement distinguée ; mais que de naturel, de sensibilité ! Atalide dans *Bajazet,* elle montra de la tendresse, de la mélancolie ; elle eut, ce qu'on croyait perdu depuis que Gaussin n'était plus de ce monde, « des larmes dans la voix » ; elle eut de la jalousie, qui est une passion où elle excellait, car, pour un financier qui ne l'épousait pas, elle tentera prochainement de se tuer. Elle avait une voix qui bouleversait les connaisseurs et, avec toute la noblesse qu'on doit, sur le théâtre, ajouter aux éclats de la sincérité, elle vivait ses rôles ; ensuite, sa vie eut les tribulations d'un drame plus encore que d'une tragédie [11]. C'était, comme on dit, une nature ; et Fontanes aimait cela. Fontanes s'éprit de des Garcins et ne dissimula guère sa passion. Il publia dans le *Journal de Paris* [12], des vers enthousiastes :

> Oui, l'amour veut que je te chante.
> Le premier j'ai senti le charme de tes pleurs,
> De ta jeunesse en deuil et de ta voix touchante...

Et puis des éloges...

> Du théâtre françois l'éclat va donc renaître,
> Et la Nature encor n'a point perdu ses droits...

La Nature !... Comme des Garcins !

> Mais ne suis pas en tout cet aimable modèle.
> On dit qu'elle étoit peu cruelle
> Et que, pour aimer bien, elle aimoit trop souvent.
> Je suis loin de blâmer une douce foiblesse ;
> Avare de bontés, borne aussi les rigueurs ;
> Pour mieux peindre l'amour, il faut qu'il t'intéresse,
> Et, si tu goûtes ses douceurs,
> Qu'un seul amour, du moins, inspire à ta jeunesse _
> Ce que ta voix enchanteresse
> Fera sentir à tous les cœurs._

Le malin !... Un seul amour : et, de préférence, pour lui. Voilà donner à une débutante les mauvais conseils, et les bons, avec beaucoup de discernement. Et c'est alors que Joubert s'avise de marier Fontanes ! Elie Joubert eut beau dire et insister, Fontanes négligea la visite qu'on lui recommandait. Il fallut que Joubert, pour exciter au moins sa curiosité, lui révélât ses intentions. Alors Fontanes voulut bien se déranger. Le 6 octobre, il écrivait à Joubert. Il lui parlait premièrement littérature, Homère, Virgile, Fénelon, Bernardin de Saint-Pierre, qu'il admire comme un très grand poète : « Ce que je vous en dis me rappelle que l'auteur [de *Paul et Virginie*] m'a invité depuis quatre mois à le voir et que je ne l'ai pas encore fait... » C'est qu'il est amoureux... Enfin : « J'ai été heureusement plus exact près de M. de Juys, je l'ai vu. Il m'a paru excellent homme et ses dames fort aimables. Je n'ai pu encore leur faire voir M. de Florian qui est à la campagne. Vous m'avés bien fait rire. Au moment où je recevais votre dernière lettre, elles sont venues me visiter dans mon appartement de garçon. Je les ai reçues en bonnet de nuit. Jugés de mon embarras. Êtes-vous fou ? Comment diable voulés-vous qu'on me donne des filles de cent mille écus ? Vous sentés, je crois, que dans ma position, si un pareil mariage était possible, je ne ferais pas le cruel. D'ailleurs, la demoiselle que j'ai vue trois ou quatre fois n'a rien qui me déplaise. Mais quelle extravagance ! Je vous reconnais bien. Vous croyés tout possible, et les projets les plus invraisemblables ne vous rebutent point. D'ailleurs quels sont vos moyens pour réussir ? Adieu, mon cher ami, croyés que pour ne plus vous aimer, il faudra que je ne sois plus. » Quel garçon ! Sa fiancée éventuelle, il la reçoit en bonnet de nuit : quel désordre, et qui dut désoler Joubert !... Mais, désordonné, Fontanes plaisait. Joubert le savait bien, Joubert qui aimait Fontanes. La réponse de l'éventuel fiancé n'est pas un refus. On n'y voit pas trace d'un coup de foudre : on y voit de sages et médiocres soucis économiques, et une gaieté qui emporte tout, qui emporte le souvenir de Mlle des Garcins, le reste aussi, et qui rend à peu près tolérable ce qui autrement serait cynique et fort laid.

Quelques semaines plus tard, Fontanes était à Villeneuve [13]. Joubert l'y avait appelé : pour causer utilement ? c'est possible. Et l'on causa. Joubert, à cette date, sait que Fontanes plaît à la petite Cathelin, que Mme Cathelin donne à pleines mains la main de sa fille, que la petite raffole de Fontanes, et qu'il n'y a plus qu'à obtenir l'agrément du parrain. Fontanes ? Décidément, il ne fait pas le cruel. Alors, Joubert écrit au baron de Juis, le 19 octobre : une belle lettre, des plus soignées, à la confection de laquelle Fontanes a peut-être collaboré, mais où le subtil Joubert a mis toutes ses délicatesses et toute son habileté. Vite, il entre en matière, avec un zèle charmant : « Monsieur, je veux vous parler de M. de Fontanes. Ses talens sont rares, son caractère élevé, sa naissance honorable ; il est fait pour prétendre à tout... » Voilà le tracé général de la plaidoirie ; Joubert, après cela, entre dans le détail des arguments. Naissance honorable ? Mais oui : une « très ancienne famille protestante que la religion avait ruinée » ; le père, « inspecteur du commerce et digne d'en être le ministre », s'il vous plaît ! La mère, une Fourquevaux, dit Joubert : une de Sède, mais enfin les familles de Sède et Fourquevaux étaient alliées... « Sa fortune... » Voilà le point faible... « est modique. Ce n'est pas qu'il soit sans patrimoine ; seulement il a le cœur trop grand pour ne pas s'y trouver resserré... » Bref, il n'a pas le sou et son grand cœur supporte mal cet inconvénient : je crois qu'ici le baron de Juis fronce les sourcils et déclare ces gens de lettres étonnants... Trente et un ans ; des sentiments « droits et forts », des principes : « Son seul défaut est une certaine mobilité d'opinions très agréable en lui et dont ses amis seroient bien fâchés de le voir corrigé. Cependant il la perdra dès que son sort sera fixé... » N'est-ce pas joli ? Joubert est délicieux dans ces demi-plaisanteries, où il sourit gentiment et où il fait passer sous le couvert d'une indulgence amusée les vérités que sa clairvoyante loyauté ne lui permet pas de céler. En outre, le baron connaît Fontanes ; l'important, c'est de lui interpréter favorablement ce qu'il a vu, ce qui l'a peut-être choqué... Le talent de Fontanes ? Mais adressez-vous à M. Ducis, à M. de La Harpe : ils vous le certifieront. Joubert va plus loin ; c'est le « génie » de Fontanes qu'il garantit. « Il sera certainement un des plus grands poëtes que les siècles modernes aient produits... » Oh! oh! grommelle M. de Juis ; et Joubert : « On peut à coup sûr le regarder depuis longtemps comme un individu précieux et destiné à faire un jour le plus grand honneur à sa nation. » Vous en doutez? Lisez le *Verger*! Et encore ne faut-il pas juger Fontanes sur ce très agréable poème, — « comme il ne faudroit pas juger la voix de Mlle Chantal par une ariette, quoiqu'elle exécute les ariettes à merveilles. Elle est faite pour les grands airs et lui pour les sujets sublimes. Il fait précisément les vers comme elle chante. C'est là l'époux qui lui conviendroit... » Cet argument paraît à Joubert invincible ; à Joubert : mais au baron?... Joubert insiste. Il faut à Mlle Chantal, pour mari, un homme célèbre ; eh! bien, les hommes célèbres de l'époque, Joubert les connaît : le seul qui convienne à Mlle Chantal, c'est Fontanes. « Il est jeune ; il est aux portes de l'Académie... » Et le baron n'a point oublié la séance de la Saint-Louis dernière, où l'on a eu soin de le mener... « Il a déjà de la gloire, et son mérite est de cette espèce verte et robuste qui ne fait que croître avec le temps... » Oui, mais il n'a pas le sou!... Précisément : « En le mariant, en lui donnant de la fortune et une fille charmante, propre à entretenir en lui un perpétuel enchantement, vous rendriez un grand service aux beaux arts et à la patrie : vous hâteriez l'achèvement d'un très grand homme... » Le baron s'en moque pas mal! Mais Joubert s'adresse alors aux sentiments qui touchent le cœur du baron, les sentiments égoïstes. Voyons, vous aimez Mlle Chantal : Fontanes ne l'éloignerait pas de vous. Il passerait la moitié de l'année à Lyon : quelques voyages à Paris, de temps en temps. « Sa société augmenteroit tous vos plaisirs... Ni votre simplicité ni votre générosité ne le gêneroient... » De sorte qu'il vivrait à vos dépens, avec sa femme et sa belle-mère, sans vous le reprocher... Soyez raisonnable : « C'est le dernier ami qui puisse vous être nécessaire et peut-être il seroit important pour vous d'en faire l'acquisition. Je vous le propose... » Enfin, c'est un cadeau que Joubert fait au baron. « J'ose vous assurer que c'est ici une affaire digne de toute votre attention ! » Une affaire, baron : ne délayez pas; une affaire d'or !... Concluons : « Maintenant, j'ai tout dit. Vous avez l'âme belle; Mme de Cathelin a l'esprit observateur et pénétrant; ce que vous déciderez l'un et l'autre sera certainement le meilleur parti. Quant à moi, je vous aurai dit la vérité. Il y a dix ans que M. de Fontanes est mon intime ami. Il m'a même une fois voulu faire son héritier. Je dois beaucoup à ses sentimens; mais je n'ai rien payé qu'à son mérite. Certes il vaut plus d'un million; mais Mlle Chantal le vaut lui-même. Je suis, etc. » Lorsque Joubert dit qu'il s'en rapporte au double jugement de la mère et du parrain, il sait ce qu'il fait. Il sait que la mère et le parrain ne sont pas d'accord et que, si le parrain n'est pas chaud, la mère est tout feu tout flamme : aussi vante-t-il la perspicacité de la mère.

Le baron de Juis répondit : qu'il ne marchait pas, que si la fortune de M. de Fontanes avait été plus abondante..., mais que, dans ces conditions... Sa lettre est perdue : le reste de la correspondance permet de la deviner. Donc, un refus, si net que les deux amis, sans renoncer à tout espoir, décidèrent de ne plus bouger.

C'est alors qu'entre dans l'affaire un excellent bonhomme, l'abbé de Vitry, l'oncle et, probablement, le grand-oncle de Chantal. Cet abbé de Vitry a soixante-six ans. Il a été jésuite en Avignon; comme jésuite, il a enseigné à Lyon, puis à Marseille, la grammaire, les humanités et la rhétorique. Même, il a dirigé le collège de Marseille, jusqu'au jour où la compagnie des jésuites a été supprimée. A ce moment, il est rentré à Lyon, où on l'a pourvu d'un prieuré. Il s'occupe d'œuvres charitables et sociales. Il devient membre de la Société d'agriculture de Lyon, où il a pour collègue le baron de Juis. Il écrit des mémoires relatifs à l'agriculture, à la confection et à la réparation des chemins, à la construction des fours. C'est un prêtre accompli, bienfaisant et actif, intelligent et qui a la coquetterie des honneurs académiques : membre de la Société agraire de Turin, de la Société patriotique de Milan, de l'Académie royale de Montpellier, des Sociétés d'agriculture de Bath et de Manchester [14]. L'abbé de Vitry avait, pour ses deux nièces, une tendresse complaisante. Le silence de

Fontanes et de Joubert, après la réponse négative du baron, le désola parce que ses deux nièces en étaient désolées. Le 21 novembre, il écrivit à Joubert, tâcha d'apaiser le courroux des deux amis et d'excuser le baron... Joubert ne répondit pas. De leur côté, les dames Cathelin ne manquaient pas d'écrire à Fontanes; Fontanes ne répondit pas : tactique, ou blessure d'amour-propre. Des semaines passèrent ainsi.

Avec le baron, les dames Cathelin, depuis longtemps, étaient de retour à Lyon. La petite Chantal était éperdument amoureuse de Fontanes : et, plus rien; le silence!... Le 12 décembre, Mme Cathelin résolut d'écrire encore... à Fontanes? il ne répondra pas; à Joubert? il ne répondra pas; — au bon Elie Joubert, suprême espoir. « Nous sommes, monsieur, dans l'inquiétude sur la santé de M. Defontanes. Nous lui avons écrit deux lettres. Depuis plusieurs jours, nous aurions dû recevoir la réponse à la dernière. Est-il absent? est-il malade? Dites-nous, monsieur, ce qu'il en est. Faites-nous le plaisir de passer chés lui, et de lui témoigner nos peines. Nous connaissons votre bon cœur : c'est une visite à qui vous aimez que nous vous proposons, et un service à rendre à des personnes qui vous estiment... » Mme Cathelin prie Elie Joubert d'adresser sa réponse à l'abbé de Vitry, rue Saint-Dominique, à Lyon : « la lettre me sera fidèlement rendue coique sans enveloppe... » Les dames Cathelin demeurent-elles chez le baron de Juis, lequel devait ignorer qu'on se tînt en relations avec le prétendant éconduit? Car ce n'est pas de Jean-Baptiste qu'on se méfie!...

L'abbé, plus humain que le baron, s'attendrit sur
le chagrin de Chantal et sur l'inquiétude de la
mère. Avec lui, on s'épanche; et il trouve de
bonnes paroles. C'est lui qui met l'adresse à la
lettre de Mme Cathelin. . « Le même M. de Vitry a
écrit le 21 septembre à monsieur votre frère à Villeneuve-le-Roi. Il n'en a point reçu de réponse.
Jugés si nous sommes en peine. » Elie Joubert
envoya tout de suite à son frère la lettre de la
pauvre dame. Et Joubert songea qu'il n'était pas
convenable de laisser sans réponse la lettre d'un
vieux prêtre. Il écrivit; et voici le brouillon de sa
lettre : « Monsieur, vous ne m'étiez point inconnu;
qui peut avoir le bonheur de passer avec Mme Cathelin quelques heures seulement et ne l'entend
pas parler de vous?... » On doit penser que Claudine, séparée peut-être de son mari et promenée
par le parrain de sa fille, n'était point fâchée de
citer à tout bout de champ son oncle l'abbé...
« Vous ne nous étiez donc point inconnu, monsieur, ni à M. de Fontanes ni à moi, et vous ne
nous êtes pas étranger non plus. Les lettres et les
arts établissent d'un bout du monde à l'autre une
sorte de parenté entre tous ceux qui les cultivent
d'une manière digne d'elles, et à ce titre, per-
mettez-moi de vous le dire, nous sommes pour
vous deux frères encore jeunes et que vous n'avez
jamais vus. Si, comme je l'espère, nous avons le
plaisir de vous aprocher, vous vous appercevrez
aisément qu'il n'est pas vrai que tout visage est
couvert d'un masque, quoi qu'en dise une très
ingénieuse chanson. Nous ne voudrions pas même
porter un voile devant nous. Tous nos désirs

seroient que nous vous fussions parfaitement
connus. Sans doute vous serviriez alors vivement
M. de Fontanes auprès de M. de Juis, qui est plein
de mérite ; et c'est, pour M. de Fontanes, un grand
désavantage. S'il vous étoit personnellement connu,
vous partageriez plus facilement avec vos amies
les sentimens qu'il a eu le bonheur de leur inspirer
et dont il est véritablement digne... » Ici, Joubert
essaye quelques phrases et les rature : « Vous sen-
tiriez mieux à quel point la proposition que j'avois
faite à M. de Juis étoit convenable et sensée... »
Biffé. « J'espère que l'avenir aplanira beaucoup de
dif... J'aurai... Je ne l'établissois... Je vous prie... »
Biffé, tout cela. Puis : « Je me félicite du moins de
ce que votre propre mérite vous met à portée d'a-
précier son talent... » Joubert corrige : « son génie
et son esprit sans avoir besoin ni de sa renommée
ni de sa présence. Relisez ses premiers ouvrages
dans les almanachs des muses de 1778, 80, etc.
Vous jugerez le caractère de son talent et ce qu'il
est capable de devenir. Comment M. de Juys, qui
lui-même a les gouts et les idées d'un homme
supérieur, peut-il marchander un pareil homme et,
pour quelques sacs de cent pistoles de rentes de
plus ou de moins, l'agréer ou le refuser ? Il est
assuré de laisser à Mlle Chantal une assés grande
fortune. Il ne peut donc plus lui désirer dans son
établissement que deux sortes de bien que M. de
Fontanes lui donnera par son seul mérite ; je veux
dire un rang honorable dans la société et un
beau nom pour ses enfans. Je suis dans les embarras d'un départ et ils ne me laissent pas la
liberté de vous entretenir sur cette matière comme

je le désirerois. L'amour est fort comme la mort, dit l'Ecriture ; et le temps amène toutes choses, dit la raison. J'ai l'espérance très certaine que l'un et l'autre nous permettront un jour de vous assurer de vive voix et de vous convaincre des sentimens d'estime et de considération avec lesquels j'ai l'honneur d'être, Monsieur, votre... » Lettre bien digne, infiniment courtoise, très réservée : Joubert se cantonne dans ses positions, mais de là fait des signes d'amabilité. Il n'éprouve, d'ailleurs, aucune gêne à traiter une affaire de cœur avec M. l'abbé de Vitry ; et, s'il assure que l'amour est plus fort que la mort, il place cette opinion sous l'autorité de l'Ecriture.

Fontanes écrivit à Chantal. Une lettre, une seule ; et c'est peu, pour une petite Chantal amoureuse. Alors, le 5 janvier 1789, la petite Chantal amoureuse écrit à Joubert : « Puisque c'est à vous, monsieur, que je dois le bonheur ou le malheur d'avoir connu M. de Fontanes, c'est à vous que je m'adresse pour dissiper les allarmes que son silence me cause. Depuis le 16 décembre, il ne m'a pas écrit un mot, parlés-moi je vous prie avec franchise, je l'exige de votre amitié, je n'ai que deux questions à vous faire. Est-il malade, ou suis-je oubliée ? Je tremble d'être éclaircie, cependant je le veux. Ne me laissez rien ignorer sur son compte, il est le seul maître de ma destinée, il peut la rendre heureuse ou malheureuse. Croyez-vous qu'il m'aime toujours ? Sondez un peu ses sentimens à mon égard et soyez auprès de lui l'interprète des miens. Je me confie entièrement à vous ; je ne puis pas, je crois, mieux placer ma confience... » Elle est gentille, si bien éprise, si malheureuse !... Elle s'excuse très poliment de ne s'être « occupée » encore que de Fontanes : « J'aurois dû commencer par vous ; mais je compte que l'amitié excusera l'amour... » Et comment va M. Joubert? Ses yeux? car il avait mal aux yeux. Supporte-t-il les rigueurs de l'hiver? Elle aurait voulu lui envoyer des fromages du Mont-Dore ; mais il fait si froid que les voituriers ont refusé la commission... Joubert dut répondre à une telle lettre, si frémissante et chaleureuse : mais la réponse est perdue; et c'est dommage.

Nous passons quelques semaines. A la fin de janvier, Mme Cathelin est au lit, avec un violent mal de gorge et d'oreille. Chantal « lui prodigue les soins d'une tendresse bien méritée ». Mais l'abbé de Vitry, sur pied, très allant, se charge des négociations difficiles. Il a reçu des lettres de Fontanes ou de Joubert, lettres un peu pincées, amères... « Laissons les phrases, écrit-il à Joubert le 31 janvier : tenons-nous-en aux choses et parlons affaires... » Voilà un homme pratique : il débrouillera ce que trop de littérature complique inutilement. D'abord, Fontanes s'y prend mal ; et c'est sa faute : « Votre ami, monsieur, me paroit plus occupé de vers que de fortune... » Il ne dit point « d'amour » : il a l'esprit positif et comprend que Joubert songe à établir congrûment son ami... « Je le juge d'un caractère qui se défie de ses forces et dont la timidité arrête l'élan... » Ce n'est pas du tout Fontanes, ce timide qu'il imagine; mais peu importe. « Il veut son bonheur, mais il n'a pas le courage d'y travailler et de

vaincre les obstacles qui s'y opposent. Je pense
qu'il vous aura communiqué la lettre que j'ai eu
l'honneur de lui écrire et dans laquelle je lui indi-
quois les préliminaires à remplir. Dans ce moment,
je crois devoir employer le secours de votre amitié
pour lui. Vous pourrez lui parler, le veiller, le faire
agir, lui indiquer la route, suspendre ses rimes et
le forcer à chercher la raison... » Le parrain se
taît ; on ne peut rien tirer de lui : on soupçonne
qu'il a en vue, pour sa filleule, un mariage lyonnais. Certes, on usera de délais. Cependant, « il ne
faut pas rester les bras croisés et attendre qu'Ura-
nie descende du ciel pour avancer nos affaires ».
Le parrain ne cédera pas, tant que Fontanes sera
tout simplement un poète sans fortune. Alors,
primo, que M. de Fontanes se procure une place
chez quelque prince et, secundo, il a une sœur :
qu'il s'informe des avantages que sa sœur lui voudrait consentir. M. de Fontanes répond qu'une
place chez quelque prince, c'est difficile, et qu'il
n'ose point s'adresser à madame sa sœur. C'est
très joli ; mais, s'il n'a pas un état et une espérance, disons, une assurance de fortune, l'abbé le
dit, on ne fera point délier au baron les cordons de
sa bourse. « Vous êtes, monsieur, son ami : vous
voilà pour quelque tems auprès de lui. Voyez-
le, faites-lui vaincre sa timidité, indiquez-lui les
démarches à faire, veillez à ce qu'il les fasse. Du
moment où vous aurez fait un pas, nous en ferons
quatre. Nous ne sommes pas en peine de diriger
nos batteries, mais fournissez-nous les pièces d'ar-
tillerie... » Après cela, tout ira bien. Le bon abbé a
tout prévu, même l'installation du jeune ménage,

à Lyon, chez lui, chez eux : « Nous avons un sallon dont nous pouvons nous passer. Nous le convertissons en chambre. Un cabinet à alcove attenant au salon sera pour le poëte dans le jour, et dans la nuit pour le mari, en cas d'incommodité d'un des deux conjoints. Tout s'unit, rien ne se sépare. Votre ami aura besoin, pour son service et pour prévenir la rouille de la province, de faire quelques courses à Paris ? Il y loue, dans un des quartiers moins chers, un appartement où il peut donner au parrain un logement pour lui, ses gens et ses bêtes. Nous présumons que ces propositions flatteroient par l'avantage et la réunion de bien des commodités... » Voilà, du moins, un plan d'activité. L'abbé n'est point un songe-creux ; on l'ennuie, à ne rien faire : « Voilà, dit-il, près de trois mois qu'on s'est quitté. On s'est écrit des gentillesses et des douceurs, on a fait de l'esprit et du sentiment et on n'a rien fait pour une union désirée. Je crains qu'une tête accoutumée aux combinaisons de syllabes n'entende rien aux arrangemens de bonheur. J'ai plus de confiance en vos conseils qu'en ses extases de belle passion. Quand vous aurez fait quelque chose, mandez-le. Mandez même vos espérances. Vous voyez, monsieur, par la franchise de mes expressions que je désire la félicité de deux êtres qui paroissent faits l'un pour l'autre. Mais je le répète et je finis par le vieil adage populaire : *Aide-toi, je t'aiderai.* On m'interrompt, le courrier va partir, je coupe court sans façon. »

Nous le voyons peu à peu : Fontanes et la petite Chantal, sans être du tout fiancés, avaient pourtant, à Paris, organisé une manière de fiançailles et esquissé une amourette bien décente, mais vive déjà, sous les yeux indulgents de Claudine et loin des regards du baron : Chantal très innocente, assez futée et vite éprise ; Fontanes, qui apprécierait ce mariage et qui, à tout hasard, ne dédaigne point ce jeu cruel et doux. Il plaît, Fontanes : il a un charme à lui, quelque chose de primesautier qui ressemble à du génie, une sensibilité prompte qui le mène de la mélancolie la plus poétique à la plus jeune et aimable gaieté. Il n'est pas timide le moins du monde : et, là-dessus, l'abbé de Vitry se trompe singulièrement. Il a l'aisance d'un garçon bien élevé qui ne se croit ni laid ni ennuyeux ; même, il a ce toupet d'un garçon qui sait parler aux femmes, qui les méprise un peu, assez pour n'être pas gêné auprès d'elles, et qui les adore. Auprès de Chantal, il s'est mis en frais : il a oublié qu'il était amoureux de Mlle des Garcins ; puis Mlle des Garcins lui faisait oublier Chantal plus vite encore. Maintenant, au début de l'année 1789, sa passion pour la jeune Atalide de *Bajazet* ne compte plus. Il a une autre pensée ; il a une délicieuse maîtresse, en la personne d'Adélaïde Dufrenoy, pleine de talent, jolie, jalouse : une merveille. Adélaïde rêveuse et fougueuse et, tant elle aime la poésie et le poète, toujours coiffée de travers, la poésie la détournant de son miroir et le poète la décoiffant ! Adélaïde est folle de lui ; et, s'il n'est pas fou d'elle, du moins l'aime-t-il assez pour son plaisir : c'est tout ce qu'il faut à Fontanes.

Et aussi Joubert n'a point une tâche facile, entre l'abbé qui lui trace des programmes d'activité diligente et Fontanes qui se dissipe allègrement. Impossible de secouer l'incurie de Fontanes : le diable a renoncé à Chantal, au mariage ; il n'écrit seulement plus à la pauvre petite, qui de chagrin perd la tête, se plaint de n'être plus aimée, déteste son parrain, tombe malade, refuse de jamais recevoir son maître à chanter, menace de renvoyer à l'infidèle ses rares lettres et l'anneau qu'elle a eu l'imprudence de passer à son doigt, fait mille scènes très sincères et un peu théâtrales, supplie son parrain de lui donner un mari vieux, bête et bossu, pour la punir, dit-elle, d'avoir aimé M. de Fontanes, — et de l'aimer encore, car elle l'aime de plus en plus, à la faveur de l'absence, du regret, de la persécution… Voilà ce qu'écrit à Joubert Mme Cathelin, le 14 février. Quant à elle, Claudine, elle se reproche d'avoir laissé naître cet amour ; elle s'en accuse auprès de Chantal. Et ces « désordres de deux têtes de femmes », on les imagine ; on plaint ces deux femmes, et l'abbé. Mais, à présent, le calme revient : « Vous nous auriés épargné, monsieur, bien des chagrins, si vous nous aviés instruites plus tôt de l'accident arrivé à M. de Fontanes… » Etrange !… et si naturel !… On croyait Fontanes perfide ; et il n'est que blessé : quel bonheur ! Ainsi conclut, non l'amitié, l'amour. S'il est blessé, l'on admet qu'il n'écrive pas ; et il est pardonné : l'on ne demandait qu'à lui pardonner. Au surplus, cet accident n'est pas grave. Cet accident, je ne sais si ce n'est pas une invention charitable de Joubert, pour excuser son ami nonchalant et apaiser une amante déraisonnable. Je ne trouve nulle part aucune trace d'un accident qui soit arrivé à Fontanes : n'aurions-nous pas au moins un poème d'Adélaïde ?… En-

tout cas, Mme Cathelin recommande qu'on suive
le plan de l'abbé. Ce n'est pas qu'elle et Chantal
souhaitent de nouveaux motifs d'estimer. M. de
Fontanes : mais il s'agit de convaincre le baron !...
Le baron, lui, n'écrit pas. Il a fait, voici quelque
cinq ans, une chute — « pareille à celle de M. de
Fontanes » — et qui lui a laissé la main tremblante.
Il dicte à un secrétaire la correspondance banale ;
pour les « secrets », il dicte à Claudine : mais,
quant à la question du mariage, il ne dicte à personne. Et de là des retards : d'autant plus qu'il se
taît. Veuille M. Joubert hâter, par ses sages conseils, la guérison de M. de Fontanes : une vieille
amitié se fait écouter ; « il n'en est pas, dit Claudine, de l'amitié comme de l'amour, l'ancienneté
de ce dernier n'est pas son meilleur titre ! » Claudine est charmante ! digne encore d'être aimée,
avertie pourtant des déclins de l'amour, empressée
à servir un jeune amour.

Claudine et Chantal, qui ne demandaient qu'à
pardonner au négligent, pardonnent avec enthousiasme. L'abbé, d'âme plus froide, ne trouve pas
Fontanes tout à fait hors de péché : « Il a eu un
peu tort de ne pas prier quelqu'un de nous donner
de ses nouvelles... » Il eût ainsi épargné à l'abbé
plusieurs tracas, dont l'abbé se plaint avec bonhomie : « Son silence a persuadé à la petite qu'elle
étoit oubliée. Nous avons eu les scènes d'Ariane,
Didon, Bérénice, etc. Le clavecin, la musique ont
été négligés, la santé a été altérée. Les questions
se sont multipliées, les fenêtres ont été ouvertes
pour saisir l'instant de l'arrivée du courrier, le
journal a été attendu pour sçavoir s'il étoit

mort, etc. On m'a persécuté pour faire le matin cette lettre. J'ai été interrompu vingt fois. Je la finis, pour profiter du courrier, en vous priant d'offrir les saluts du trio à M. D. F., de l'engager à écrire, ou d'écrire vous-même si sa main ne peut répondre à son cœur. » Pauvre abbé ! C'est le 17 février qu'il écrit en ces termes à Joubert. Et, il ne se plaint pas, mais depuis que ses deux nièces sont revenues de Paris, cela fait plus d'un trimestre, il a les oreilles rebattues de Fontanes. « La petite, surtout ! » La petite feuillette passionnément *Mercure* et journaux, y cherche des vers de Fontanes, quelque pièce au moins « où il soit question de l'objet chéri ». Ne trouve-t-elle rien ? *Mercure* et journaux sont jetés avec mépris. Et elle est rêveuse, rêveuse ! Pour la tirer de sa rêverie, l'abbé n'a qu'un moyen : « Je parle du Poitou, je critique l'Essai sur l'Astronomie, je vante les vers à Mlle Desgarcins... » Ho ! ho ! l'abbé !... L'abbé ne sait pas. « Et je rétablis aussitôt la conversation, le feu de la dispute et les saillies du sentiment... » La petite aime Fontanes... Alors, Joubert, qui n'en doute pas, a conseillé que la petite se jetât aux genoux du parrain, le conjurât, prononçât de grands mots, tels que « Je le veux, je le veux et je n'en voudrai jamais d'autre ! » comme dans les comédies, lesquelles ressemblent un peu à la réalité. La petite est prête à se jeter aux genoux du parrain et à prononcer tous les grands mots du monde, grands mots tout pareils à son amour. Mais l'abbé la retiendrait volontiers. Il est touché de ce qu'il voit ; cependant il est d'avis qu'on prenne toutes précautions pour ne pas faire un

« ménage malaisé ». Il se méfie. Il a combiné toute sa stratégie ; seulement, il ne veut pas attaquer la redoute du parrain sans munitions. Que Fontanes ait un état flatteur pour la vanité ; qu'il ait aussi des « espérances ». A peine le jeune ménage n'aura-t-il pas besoin d'argent, le parrain n'hésitera plus à lui en donner.

Joubert est capable de dévouement parfait pour Fontanes. Mais, quant à lui procurer un prince et des espérances, il n'y peut rien. Quant à secouer l'apathie de Fontanes, qu'Adélaïde enchante, je ne sais s'il n'y renonce pas. Il est visiblement excédé, sous les dehors de son exquise politesse, lorsqu'il répond à l'abbé : « Si j'étois en ce moment auprès de vous, monsieur, je prendrois votre main et je vous jurerois en la serrant que dans le monde entier il n'y a point d'homme plus digne que M. de F. du bonheur d'être un jour l'époux de Mlle de C. Il a des torts ; ces torts sont des enfantillages. Il a des défauts aussi : mais ce sont des défauts aimables qu'on est bien aise d'avoir à pardonner et dont il seroit facilement corrigé par une vie heureuse ; c'est pour pouvoir l'estimer tout ce qu'il vaut que je le désire pour gendre à Mme de C. La vertu unie à tant de grâces et à tant de douceur achèveroit de donner toute sa perfection à un des hommes les plus estimables et le plus visiblement destiné par la nature à être un ornement du monde et une source de félicité pour ceux qui seront sa famille. Il ne vaudroit rien isolé, il ne vaudroit rien répandu ; il est fait pour être marié et pour vivre dans sa maison. Or, il est persuadé, et n'a pas un seul moment cessé de sentir, je vous l'atteste, que la fortune ne lui présentera pas deux fois une telle fille, une telle mère, et que hors d'un pareil hymen il n'y auroit pas pour lui de parfait bonheur dans le monde. Je suis véritablement indigné contre lui. Comment a-t-il la gaucherie d'exposer ces dames à douter de la vérité de ce sentiment qu'il m'a mille fois exprimé à moi-même ?... » La lettre s'arrête ici : ce n'est qu'un brouillon, que j'ai sous les yeux.

A quelques jours de là, Fontanes, que la sincère indignation de Joubert éveilla, fit l'effort d'écrire à Chantal. Et nous n'avons pas sa lettre ; mais nous avons la réponse de Chantal. Quelle joie, de cette gentille amoureuse ! Une lettre quasi absurde, un vain babillage et, sans art, une espèce de ravissante allégresse. « Mille et mille grâces, mon adorable ami, pour votre adorable lettre. Oui, tout en vous est adorable. Ah ! combien je vous sais gré d'avoir oublié vos souffrances pour calmer les miennes. Je ne vivois plus ; j'étois éteinte, maussade, ennuyée et ennuyeuse. A présent que mon ami m'a écrit, tout est changé. J'ai goûté tant de plaisir à lire ces lignes qui, quoiqu'un peu de travers... » La blessure ?... « vont droit au cœur, que je suis devenue folle, mais si folle que je ne sais plus du tout ce que je dis... » Elle dit que ça lui est égal d'être folle : qu'a-t-elle besoin de raison ? Pourvu qu'elle sache écrire le nom de « son cher et bien-aimé Fontanes » et lui répéter deux cents fois qu'elle l'aime, elle est contente. Elle prétend qu'elle devient dévote et promet à sainte Chantal une neuvaine : « Je la crois favorable aux amans. J'ai lu, dans sa vie, qu'elle a souvent éprouvé le cruel chagrin d'être séparée de l'objet qui lui étoit le plus cher. Saint François de Sales n'étoit pas toujours auprès d'elle!... » Chantal embrouille plusieurs choses, mais si tendrement que l'abbé de Vitry ne l'eût pas grondée. Elle raconte qu'à Lyon, il y a un poète ; or, depuis qu'elle est éprise de Fontanes, elle n'imagine rien de plus intéressant qu'un poète. Celui-ci s'appelle le chevalier Aude. « Le connaissez-vous ? Quel homme est-ce ?... » Je ne sais pas si Fontanes connaissait le chevalier Aude, qui était un fameux original, d'ailleurs assez joliment doué, drôle d'homme de quelque talent qui se gaspillait dans la bohème, voire dans la crapule, et qui ne se rangea, si l'on ose ainsi parler, que du jour où, ayant vu au cabaret un gaillard battre et injurier sa femme, il conclut avec ce gaillard le prompt marché de donner une somme et de prendre la femme : désormais, dans son faux ménage, il vécut tranquille. Or, à Lyon, le chevalier Aude vient d'achever une comédie en prose, *Les trois Sophies*, destinée au Théâtre français... « On dit que c'est une pièce délicieuse, car c'est ici le mot favori de nos petites maîtresses ; j'ai vu l'autre jour une jolie femme qui en radotoit... » Et Chantal désire beaucoup de rencontrer le chevalier Aude ; pourquoi ? « Je voudrois le comparer avec toi, afin d'avoir le plaisir de te trouver plus aimable et plus d'esprit qu'à lui... » Car elle le tutoie... « Adieu, aimable ami ; je cède la place à notre charmante maman. Elle te parlera affaires, pour moi je n'y entends rien, je ne sais que t'aimer... » Voilà écrire amoureusement. Claudine, à son tour, prend la plume. Elle appelle

Fontanes « mon fils » déjà. Elle l'engage à n'être pas négligent et à construire, sans plus tarder, l'édifice de son bonheur : il serait « au premier étage » si, depuis trois mois, on ne perdait un temps précieux. Puis, gaie de la gaieté de Chantal. elle se lance à quelque folie, elle aussi : elle se demande qui est le plus contente, elle ou Chantal. Et c'est Chantal; mais elle aussi, s'anime de son mieux. Elle envoie d'aimables souvenirs à M. de Joubert; elle demande des nouvelles de M. de Florian, qu'elles ont vu à Paris. Elle est curieuse de littérature et, plus encore, de littérateurs : « quels sont les prétendants aux deux places vacantes à l'Académie ? » Joubert et Fontanes ont mis de la littérature dans cette âme légère.

La séance de la Saint-Louis à l'Académie française, l'année dernière, a vivement touché Claudine, et Chantal, un peu moins vivement le baron de Juis : pourtant, si Fontanes était de l'Académie!... Joubert a écrit, sans maladresse, qu'il en était « aux portes »; et voici qu'en attendant son entrée, il a le prix de poésie. Seulement, à la séance où la couronne lui est donnée, il n'y a point Chantal : et il y a l'heureuse Adélaïde. Chantal est à Lyon, cette année. Elle regrette la Saint-Louis précédente. Elle est heureuse du succès du bien-aimé; heureuse avec un peu de mélancolie, probablement. Et elle ne sait pas toute la justesse de sa mélancolie.

Depuis le mois de février 1789 jusqu'au mois de juillet 1790, pendant une année et demie, rien, pas une lettre. Lettres perdues ? Sans doute. Et, peut-être, quelque alentissement du zèle que dépensaient Joubert en faveur de Fontanes, Chantal en faveur d'elle-même. Le projet de mariage n'est pas abandonné; mais il languit. Le 6 juillet 1790, Mme Cathelin écrit à Joubert, qui est à Paris : « Les dames Chantal font mille et mille amitiés à M. Joubert. Elles sont bien fâchées de n'avoir pu répondre à sa dernière lettre. Elles le feront incessamment... » Ce n'est, du reste, qu'un billet, vite écrit, pour présenter à Joubert un Lyonnais, « homme d'esprit, homme à talens et homme sûr », qui souhaite de le connaître. Un mot seulement rappelle les amours : « les dames Chantal »; Claudine se met la seconde, s'écarte et laisse la fiancée devant elle. Au mois d'août, longue lettre de Claudine. Mais il s'agit d'abord du fils de Claudine, Jean-Baptiste, un garçon qui fait des bêtises et de qui Joubert veut bien s'occuper. Ce frère de Chantal a débuté dans la vie comme un assez mauvais sujet. En 1781, à dix-neuf ans, il pensa concourir pour entrer à l'école de Metz. Grâce à l'appui que lui valut un ami de son père, M. Larcher de la Touraille, il en reçut l'autorisation; mais, avant le concours, M. Cathelin le père dut exprimer à son ami ses « regrets douloureux » : Jean-Baptiste s'était « rendu indigne » d'une médiation si honorable. On le mit, comme soldat, au service de l'Espagne; dans le régiment de Flandres Wallones, infanterie, il monta sans trop de peine au grade de sous-lieutenant[15]. Il y était depuis quelque six ans, lorsque de nouvelles sottises lui attirèrent de nouveaux ennuis, en 1790 : une « malheureuse affaire » de ce garnement tourmenta Claudine; Joubert fut l'obligeance même et cependant, à la Noël, Jean-Baptiste quittait le service de Sa Majesté catholique. Plus tard, il fit en France une petite carrière, eut sa retraite comme chef de bataillon et dut au marquis de Fontanes, son beau-frère, la croix de Saint-Louis et la place de commissaire de police à Clermont-Ferrand. Claudine remercie donc Joubert des « peines infinies » qu'il s'est données pour « notre Espagnol » et, sans hâte, vient à parler du mariage. Depuis deux ans, l'on n'a point avancé d'un pas. L'on se heurte à une borne : c'est le baron. Le baron ne bouge pas de ses résolutions. Il a dit ce qu'il exigeait : après cela, il garde son immobile entêtement. Fontanes, lui, ne songe pas une minute à demander Chantal sans dot, Chantal qui au bout du compte renoncerait aux largesses de son parrain. Joubert ne l'y engagerait pas ; Joubert qui s'est promis de faire la fortune de son ami; Joubert qui est sage autant que chimérique. Mais Chantal, si éprise?... Je ne sais pas où elle en est. Je ne veux pas la croire beaucoup moins éprise qu'aux premiers jours. Et pourtant cet amour est devenu un peu ancien : l'ancienneté n'est pas, disait Claudine, le meilleur titre de l'amour. Elle n'a point cessé d'être amoureuse; mais elle a pris de la résignation : je me demande si les bonnes raisons de l'abbé ne l'ont point émue, si elle n'accuse pas la négligence de Fontanes, tout en aimant Fontanes. Claudine, elle, n'est plus la même. Elle se range au parti de l'abbé. Elle ne discute pas la volonté du parrain : cette volonté, c'est un dogme; et elle ne comprend pas que Fontanes ait l'air d'hésiter sur ce dogme. Fontanes, décidément, ne veut rien demander à Mme Rouget de Lisle, sa sœur, ni espèces, ni espérances. Mais il se souvient d'un cousin qu'il a et qui peut-être consentirait à lui donner des espérances : si le baron se contentait des espérances du cousin?... Non! répond Claudine. Peut-être a-t-elle causé avec l'abbé; elle n'a seulement pas voulu déranger le baron pour si peu. Non; c'est non !... Quoi! ce cousin n'est-il pas jeune? ce cousin ne peut-il pas se marier? et, tout comme un autre, comme Cathelin lui-même, avoir des enfants? Or, dans ce cas, — observe Claudine, revenue de toute frivolité vers la juste connaissance des us et coutumes, — « dans ce cas une donation est nulle, de quelque manière qu'elle soit faite » : voilà répondre à des malins !... « Permettés que je vous prie de faire enfin expliquer Mme de Lisle; nous n'attendons qu'un mot décidé de sa part, pour agir efficacement. Depuis long-tems, je le sollicite, ce mot; je ne sçai pourquoi on n'a pu l'obtenir. » Claudine est mécontente; ce n'est plus cette Claudine qui, l'année dernière, rivalisait de ferveur et d'étourderie avec Chantal. Néanmoins, elle met sa bonne grâce amicale à s'informer de la santé de M. Joubert : mauvaise santé, qu'il s'agit de réparer par « un régime doux et un grand ménagement »; M. Joubert a subi de cruels chagrins, il a perdu son père au dernier printemps, il est fort triste. Or, si M. Joubert, accompagnant M. de Fontanes, venait à Lyon, Claudine le soignerait : on n'est pas meilleure que Claudine, quand le baron, l'abbé, la raison ne l'ont pas endoctrinée. Encore un mot : « Avés-vous eu la bonté de voir l'auteur du

Modérateur? Pourquoi n'avons-nous reçu son journal que cinq mois, étant abonnés pour six ? » Hélas ! Claudine, le *Modérateur* n'a pas eu de chance ; il était trop modéré, à mesure que les lecteurs, de mois en mois, devenaient plus enragés, car on va vite depuis un an : et il a cessé de paraître le 17 avril. Et cet échec du journaliste n'a point enrichi le poète qui prétend à la main de Chantal. Encore un mot : « Je vous prie de dire à M. D. F. que Chantal ne me laisse pas le tems de lui souhaiter le bonjour. » Mais oui ! pour écrire à Fontanes. Chantal écrit encore à son ami. Seulement sa lettre est perdue : je ne sais pas si elle le tutoie encore.

Joubert est triste ; bientôt il quittera Paris. Et Joubert n'est pas content de Fontanes, que la politique, universellement répandue dans l'atmosphère parisienne, excite et rend insupportable quelquefois. Ainsi, au mois de juillet, un soir que Joubert donnait à dîner, il a été quasi affreux, de telle sorte que Joubert a dû le châtier d'une lettre, qui est un petit chef-d'œuvre : « Je veux élever un autel à la bonhomie. C'est elle qui, prenant tout en bonne part, ne permet pas que l'on s'irrite et se chagrine sans nécessité les uns les autres pendant la route de la vie. C'est elle qui fait que l'on aime les gens même qui ne sont point du tout aimables. On doit l'appeller par excellence la bonne déesse. Si j'ose vous le dire, vous ne lui aviez pas sacrifié hier ; et elle se retira de vous. C'est ce qui vous fit tomber dans trois énormes excès : 1° en troublant la paix de la table ; 2° en n'épargnant pas une femme ; 3° en contristant vos hôtes avant le dessert. J'en avois fait préparer un magnifique en votre honneur et gloire. C'est là que je devois briller. Tant de peines furent perdues : ce dessert ne fut pas pour vous. Vous ne l'avez pas même vu. Je n'en suis pas moins votre serviteur ; mais je ne vous fairai plus dîner qu'avec des déterminés. Envoyez-moi l'abbé Du Bos et le Procope. Et convenez de bonne foi que vous n'avez été hier ni excessivement honnête ni excessivement prudent ni excessivement modéré. Heureux ceux qui vivront aujourd'hui avec vous ! » Joubert admirait en Fontanes un poète ; et je ne dis pas qu'il n'y ait presque rien dans le *Jour des morts* et dans les fragments de *La Grèce sauvée* : une jolie façon d'écrire, une harmonie élégante du vers, une dextérité agréable. Mais, le poète, c'est Joubert ; et c'est parfaitement lui, dans ce billet de plaisant courroux, qui ressemble à une odelette d'Horace. Tant de mesure dans les mots, un tour si simple, une telle analogie de la phrase et de la pensée !... Le badinage enveloppe toute une philosophie : ne se chagriner point les uns les autres, pendant la route de la vie... Indulgence et pitié ; bonté qui vient d'une sagesse un peu douloureuse : une sagesse qui est de la sensibilité attentive. Est-ce que Joubert n'a pas inventé un sourire ?

Tout de même, Fontanes l'a irrité. Ce n'est pas grave : l'amitié subit sans péril ces menues tribulations. Mais enfin, Fontanes, en 1790, est mauvais. Il a des ennuis avec ses opinions. Un modérateur a des ennemis à droite et à gauche et, d'un côté comme de l'autre, des tentations. Il ne s'établit pas commodément : sa place est au centre ;

mais les extrémités s'agitent, et le centre bouge. Et, qu'est Fontanes, en politique ? Pour le savoir, il a fondé un journal ; mais son journal s'est évanoui. Dans cette incertitude, il vit assez mal et, si je ne me trompe, fort mal. Jusqu'à présent, nous énumérions ses maîtresses, Mlle Des Garcins, Mme Dufrenoy, élégantes personnes, dignes de son intérêt. La liste, maintenant, s'embrouille ; et je crois qu'elle se salit. Adélaïde, — c'est fini : du moins l'amour est fini, le vif amour, de la part de Fontanes, qui la trompe vilainement. Adélaïde a publié, dans l'*Amanach des muses*, un poème de sa tristesse, *Le pouvoir d'un amant...*

> Mais, s'il pouvoit changer un jour,
> Il me feroit, je crois, aimer jusqu'à l'amour
> Qu'il sentiroit pour ma rivale...

Et le *Modérateur* de Fontanes approuve un tel sentiment, l'estime raisonnable, judicieux : « L'amour, qui d'ordinaire est un peu égoïste, est très désintéressé dans les vers de Mme Dufrenoy, et il n'en est que plus aimable. Lorsqu'on pardonne avec autant d'esprit et de grâce aux infidèles, on ne doit pas en trouver... » Entre parenthèses : « Cet article est de M. de Flins », parbleu ! Mais, sous le nom de Flins, Fontanes trop malicieux donne à la maîtresse dont il se détache les conseils de son ironie...

Dans les premiers mois de l'année 1791, Joubert part pour Montignac, où il restera deux ans. Je n'ai aucune lettre de lui à Fontanes ou de Fontanes à lui, pour cette période. Leur amitié continue et, de la part de Joubert, très complaisante. Mais, pour Fontanes, ce n'est pas une bonne chose, d'avoir perdu la compagnie honnête de Joubert. Il tombe, j'en ai peur, assez bas.

Le Fontanes de cette époque, nous le connaîtrons par Restif : prenons garde !... Restif a, contre Fontanes, une haine qui date de plusieurs années, et que le temps n'adoucit pas, mais charge de vieille rancune. Il le méprise et le poursuit d'un farouche ressentiment. N'attendons de lui aucune impartialité : il accuse Fontanes de l'avoir trahi ; et il se venge. D'autre part, ce Restif très bizarre, un peu absurde et pourvu de quelque génie très fumeux, a le goût, la passion de la vérité. Le goût, c'est bien ; la passion, c'est trop : la passion fausse tout, et notamment la vérité. Il pratique ce genre : le réalisme. Il prétend à être le témoin de son époque ; et pour accomplir la besogne de témoignage qu'il assume, il n'épargne ni homme, ni femme, ni sa femme, ni même lui. Il est le « spectateur nocturne » et, dans ses *Nuits de Paris*, il note ce qu'il a vu. Un soir d'été, rue Mazarine, il aperçoit Fontanes, qui tient à son bras une jeune fille. « Infortunée ! pensai-je. » Car Fontanes est un scélérat. Donc, il les suit. L'infortunée et le scélérat le mènent ainsi jusqu'au Champ-de-Mars ; le scélérat, lui, « hasarde quelques libertés » que l'infortunée repousse faiblement. L'infortunée, Restif la connaît ; car il connaît toutes les fillettes de Paris. A quelques jours de là, il va rue Mazarine, voir les parents, les avertir. Il trouve chez eux Fontanes, qui feint de l'ignorer, qui continue sa causerie tendre avec l'infortunée, tandis que les parents reçoivent M. de la Bretonne et confessent que M. de Fontanes, un gentilhomme, a promis le mariage à leur fille : « Défiez-vous ! Cet homme est bien rusé ! Je ne vous en dis pas, davantage !... » s'écrie Restif ; et il se retire. A quelques mois de là, Restif revient. Des larmes ! Fontanes, qui sort à l'instant, a eu le chagrin d'annoncer qu'un voyage l'éloignerait pour un peu de temps. L'infortunée pleure ; et les parents sont inquiets. Lui, Restif, devine tout : le spectateur nocturne voit clair dans la nuit des âmes les plus noires. « Infortunée (dit-il en lui-même), tu as tout accordé ; sans cela, le Monstre ne partirait pas !... Si tu aimes, tu es perdue !... » Il en dit bien davantage, à part lui ; car il n'est point un songeur concis. Ce voyage ? où ?... A Lyon !... Or, Fontanes est natif du Poitou : que va-t-il faire à Lyon ?... Restif sort, désespéré ; car il a bon cœur. Au jardin des Tuileries, près de la statue d'Arria, femme héroïque de Pætus, deux hommes sont assis et jacassent avec volubilité. Restif les reconnaît : Fontanes et Carbon de Flins des Oliviers. Il est onze heures du soir. A la faveur de la nuit et caché par le socle de la dame romaine, Restif écoute : « Tu t'en es donc dégoûté ? » demande Flins. Et l'autre : « Que diable ! veux-tu qu'un homme comme moi fasse d'une fille comme elle ? C'est bon pour un amusement... Je pars pour Lyon, où l'on me fait espérer un parti considérable, qui rétablira mes affaires. Voilà dix ans que mon revenu est abandonné à des créanciers : cela ne finit pas ! les nouveaux se font substituer aux premiers. Cependant, je ne brille pas ; je n'ai jamais que cet habit couleur d'olive. Mon parti est pris... » Flins, un peu éberlué, rappelle à Fontanes que l'infortunée est jolie. Fontanes y consent. Que reproche-t-il à l'infortunée ? « Elle est trop tendre. Rien n'affadit une femme comme la tendresse ! — Tu veux donc que toutes soient des coquines ? — Non mais... — Tu ne sais ce que tu veux. — Hô ! je veux de la fortune. On m'en doit trouver à Lyon ; j'y cours et j'épouse ! » Au mois d'octobre 1792, Restif reçut de son ami le fol Grimod de la Reynière une lettre qui lui annonçait que Fontanes était à Lyon, prêt à conclure un très riche mariage [16]. Il frissonne ; et, sans surseoir, il court chez les parents de l'infortunée. Il trouve seulement la mère : on vient de recevoir une lettre de Fontanes, très gentille ; il annonce son retour prochain, pour la Sainte-Catherine, — qui est une sainte dont il faudra que l'infortunée coiffe le bonnet, non sans l'avoir taché. — Le perfide ! L'infortunée en mourra. Soudain, psychologue, Restif songe qu'une amante est « moins sensible à la mort qu'à l'infidélité ». En conséquence, pour épargner à l'infortunée la douleur de se savoir trahie, on lui racontera que Fontanes est mort. Ainsi fait-on : puis, les lettres de Fontanes, on les confisque. Cependant, une lettre parvient à l'infortunée : « ...Je me suis marié ; il le fallait, pour mes affaires délabrées. Je n'en suis que plus en état de vous aimer et de vous rendre heureuse. Ne vous inquiétez de rien... Ma femme est fort laide, et je ne l'aime pas. Songez que je n'ai pu faire autrement. Un mot d'entretien, et je vous jure que vous serez contente. » L'infortunée mourut de désespoir. Voilà ce que Restif raconte dans les *Nuits de Paris* [17]. Le personnage de Fontanes est, au cours de ce récit, tellement pris sur le vif et, sous le nom de Scaturin, si reconnaissable que, plus tard, quand Fontanes eut fait sa fortune, Restif dut placer dans son volume un carton où il est dit que Scaturin fut tué en duel par un frère de l'infortunée : on savait M. de Fontanes bien vivant, et cela dépistait le soupçon. Mais, comme si cette histoire ne suffisait pas à déshonorer Fontanes, Restif, dans les *Posthumes* qu'il écrivit à la fin du siècle et publia en 1802, recommence. Cette fois, il accuse Fontanes d'une nouvelle vilenie [16]. Fontanes aurait, avant de partir pour Lyon, contracté, avec une « fille charmante dont il était désireux », un mariage temporaire, « sous l'engagement d'un divorce consenti trois mois après » : divorcé, Fontanes épouserait la riche héritière et, sur la dot d'icelle, prélèverait une pension pour la fille charmante dont il était désireux. Il épousa, dit Restif ; il divorça, il épousa l'héritière et ne paya nulle pension.

Voilà beaucoup de turpitudes que Restif prête à Fontanes ; et un peu trop de turpitudes, pour qu'on veuille, à tant d'infamie, accorder toute créance. Restif est de ces réalistes qui « en ajoutent », selon l'usage fréquent des réalistes. La manière dont il a dramatisé l'histoire de l'infortunée et du scélérat montre que le souci de la littérature agrémente la simple réalité. Les hasards qui, à point marqué, lui font rencontrer Fontanes, Fontanes et Flins, puis le cercueil de l'infortunée, etc. révèlent l'arrangement. Ne le croyons pas tout à fait : croyons-le en quelque mesure. Il n'invente pas tout. S'il exagère un peu la quantité de la turpitude, c'est vrai pourtant que Fontanes, de 1790 à 1792, a vécu dans la turpitude. L'infortunée, au

seizième volume des *Nuits*, s'appelle Julie Vautier :
Vautier, ou Tiervau ; Restif adore ces jeux de syllabes. Mais, avec Restif, il faut sans cesse chercher, sous les noms, d'autres noms. Dans *Monsieur Nicolas*, il parle d'une certaine Mme Ellehcor,
que lui aurait jadis présentée Agnès pour le
« dépiquer » d'une liaison qu'elle détestait.
Mme Ellehcor, c'est Mme Rochelle : et Restif note
que Mme Rochelle était la mère de l'infortunée [19]. Il
donne à entendre aussi qu'il pourrait bien être, lui
Restif, le père de l'infortunée. Mais cela, c'est une
manie : toutes les filles de Paris, à l'écouter,
seraient, les unes ses maîtresses et, les autres, ses
filles. Donc, Fontanes aurait été l'amant — Restif
le dit carrément, si carrément que je ne cite pas
ses mots — l'amant d'une petite Rochelle. Là-dessus, Restif ne dit que l'exacte vérité.

Fontanes avait un fils naturel, ce Saint-Marcellin, drôle d'être, qui fut littérateur et soldat, qui
fut un héros en pure perte et qui, avec des dons admirables, ne fit que gaspiller sa vie. Il mourut de la
blessure qu'il avait attrapée dans un duel. Fontanes
l'aimait tendrement ; s'il négligea de l'adopter, il
l'éleva, l'eut chez lui, le fit agréer de sa femme,
veilla sur lui, sur sa carrière. Saint-Marcellin passait officiellement pour être le neveu de Fontanes.
Mais tout le monde savait qu'il était le fils de Fontanes. Chateaubriand, dans ses *Mémoires d'outre-
tombe*, dit que Fontanes dort, au Père-Lachaise,
« près de son fils Saint-Marcellin, tué en duel » [20].
Du vivant même de Fontanes et de Saint-Marcellin,
en 1814, parut un pamphlet très vif, *Le Grand-
Maître Fontanes et son université* [21]. L'auteur ano-

nyme de ce libelle ne craint pas d'écrire : « Ne sa-
vions-nous pas que vous y aviez (dans les lycées)
un neveu fort mauvais sujet? Quelques-uns préten-
dent que c'est votre fils... » Eh ! bien, j'ai retrouvé
l'acte de baptême de Saint-Marcellin [22]. « L'an
mil sept cent quatre-vingt-onze, le quinze mai,
a été baptisé Louis-Charles-Joseph, né d'avant-
hier, fils de Louis Saint-Marcellin, colon de l'Isle-
de-France, et de Charlotte Rochelle, son épouse,
demeurant rue Honoré-Chevalier. Le parrain,
Joseph Joubert, juge de paix du chef-lieu du district de Montignac, département de la Dordogne,
représenté par Arnaud Joubert, homme de loi,
frère du parrain. La marraine, Jeanne-Elisabeth
Lavigne, veuve de Claude de Bussy, bourgeois. Le
père, absent. Et ont signé ; ainsi signé au registre :
Joubert, Lavigne ; et Breton, vicaire de ladite
paroisse. » Les prénoms de l'enfant : Louis, c'est
à cause du père authentique, Louis Fontanes ;
Charles, c'est à cause de sa mère Charlotte ; et
Joseph, à cause de Joubert son parrain. Le nom
de l'enfant, Saint-Marcellin, Fontanes l'empruntait
à ce frère qu'il avait perdu tout jeune et dont il se
souvenait avec chagrin, Marcellin Fontanes, poète
mort à vingt ans en 1772. Et le père légal, le père
« absent », M. Louis Saint-Marcellin, colon de
l'Isle-de-France, on l'avait inventé de toutes pièces,
pour les besoins de la cause, afin de donner à ce
petit gamin de hasard un état civil présentable.

On inventait le père ; mais non la mère. Et la
mère, dite épouse d'un colon de l'Isle-de-France,
— épouse d'un faux colon, — la mère s'appelle
Charlotte : Restif l'appelle quelquefois Julie et

quelquefois Rosalie. Elle s'appelle Rochelle : et c'est bien ce que disait Restif. Ainsi Restif était renseigné ; Restif ne mentait pas. Ne sommes-nous pas tentés de le croire un peu au delà de ce simple fait ? L'aventure de Fontanes et de la petite Rochelle a probablement beaucoup d'analogie avec ce que raconte l'auteur des *Nuits*. En tout cas, l'enfant est là, incontestable, et prouve que Fontanes supportait allégrement la lenteur extrême de ses fiançailles avec Chantal, qui à Lyon l'attend.

Je ne sais pas ce que Joubert pensa de la conduite de Fontanes et des inconvénients qu'elle avait eus. En quittant Paris pour aller être, à Montignac, magistrat du peuple, il devait savoir les « espérances » de la petite Rochelle : espérances qui ne remplaçaient pas du tout celles que réclamait le baron de Juis! Et il avait promis, avec indulgence, avec cette bonhomie qu'il recommande comme une vertu, d'être le parrain. Mais, revenir de Montignac, pour la cérémonie du baptême, non : car il n'est pas voyageur, de sa nature ; et il a pris ses fonctions de magistrat fort au sérieux. Il délègue donc ses pouvoirs à son jeune frère Arnaud. Peut-être est-il assez content de ne pas signer, juge de paix, la naissance, non de l'enfant, mais la naissance imaginaire du colon de l'Isle-de-France

Il a connu certainement l'imprudente Rochelle ; et je suis sûr qu'il l'a traitée avec beaucoup de déférence, car il ne faut pas se chagriner les uns les autres sans nécessité pendant la route de la vie. Est-ce la petite Rochelle, cette femme que Fontanes le méchant n'épargna point, à dîner, au mois de juillet 1790, avant le dessert? Peut-être. Et Fontanes eut, de Joubert, sa réprimande. Joubert, avec toutes les femmes, et fût-ce avec une petite Rochelle qui n'a pas eu de chance, avait une politesse exquise, de la coquetterie, une cérémonieuse tendresse. Mais, après la naissance de Saint-Marcellin, je crois qu'il éprouva quelque gêne à s'occuper encore du mariage de son ami. Entre l'anneau et le contrat, cette naissance lui parut inopinée, inopportune. Je ne vois pas que, dans la suite, il se soit mêlé de l'affaire lyonnaise.

Le mariage se fit cependant. Non tout de suite. Passons quelque dix-huit mois encore : nous n'avons, sur ce délai, aucun renseignement, ni lettres, ni témoignages. Soudain, mais tardivement, le contrat!

Le contrat de mariage, passé devant maître André et son collègue, notaire à Lyon, le 20 octobre 1792, nous apprend que Fontanes demeurait depuis plus d'une année à Lyon, quai des Célestins. Il était donc allé s'établir à Lyon, dès avant le mariage et sans doute peu de temps après la naissance de Saint-Marcellin? C'est drôle!... Mais que faire à Paris? Depuis l'échec du *Modérateur*, il a trop de loisir; et il en profite mal. Il a composé un très médiocre *Poème séculaire ou chant pour la Fédération du 14 juillet* [23]; il y a célébré « la liberté, premier droit des humains » et « la raison triomphante et l'erreur détrônée » : fariboles. Puis, vers la fin de l'année, il a cru que ses opinions politiques se précisaient assez bien; et il s'est fait inscrire à la Société des amis de la Constitution monarchique. Même, la Société ayant résolu de fonder un journal qui, sur trois feuilles in-octavo, caractère cicero, paraîtrait tous les samedis à compter du 11 décembre, il accepta d'en être le directeur. Il s'occupa du premier numéro, dans lequel il inséra des « réflexions préliminaires» sans importance et un article relatif au Quintus Capitolinus de Lally Tolendal [24]. Aussitôt après, il se ravisa et adressa au *Moniteur* une lettre où il se disculpait d'être pour rien dans cette feuille périodique [25]. Sa modération ne trouvait point à se fixer nulle part. Que faire à Paris ?... A Lyon, que fera-t-il ? Peu de chose. Il écrira, au printemps de 1792, son *Epître à Boisjolin*, « sur l'emploi du temps », l'un de ses meilleurs petits ouvrages. Il y raconte, en vers jolis et anodins, qu'il est content, que le paysage de la Saône et du Rhône lui plaît, qu'il aime ensemble les beaux-arts et la paresse. A Lyon, principalement, Fontanes se rangeait. Il attendait son mariage. Pour faciliter cette heureuse conclusion de sa jeunesse, peut-être attendait-il que trépassât M. de Juis, lequel tenait bon, lequel dura jusqu'au 23 mai 1793. Non seulement M. de Juis durait, mais il ne relâchait rien de ses exigences. Evidemment Fontanes a licence de ne plus s'attacher à la personne d'un prince : les princes, en 1792 !... Mais, quant aux espérances, qu'il se les procure. Pas d'espérances, pas de mariage : et l'on dut en passer par où le bonhomme avait dit qu'on en passerait. Fontanes s'adressa donc à sa sœur, Huberte Ferrier, veuve du sieur Thomas Rouget de Lisle et qui demeurait à Saint-Maixent. Mme Rouget de Lisle promit de donner à son frère

— mais « en faveur du mariage seulement qu'il se propose de faire » avec Mlle Cathelin — « tous et chacuns ses biens présents et à venir, après sa mort » ; de quoi, pour n'avoir point à se déranger, elle signa promesse devant notaires et passa procuration à l'abbé de Vitry de « promettre et donner » pour elle [26]. Fontanes, interrogé le jour du contrat, déclare que lesdits biens sont « de valeur de dix mille livres ». Et les jeunes époux ne les posséderont qu'à la mort de Mme Rouget de Lisle, qui se réserve expressément la jouissance. Dix mille livres : c'est quelque chose. Mais enfin, ce n'est pas grand'chose, quand de son côté Chantal apporte deux cent trente-deux mille livres. Chantal ne se fâché-t-elle pas, en voyant que, pour cette légère différence de deux cent trente-deux à deux cent quarante-deux mille livres de fortune, on lui a retardé son bonheur de quatre ans et demi ? Et Fontanes, ne songe-t-il pas que cette légère différence a eu pour résultat Saint-Marcellin ? Mais le baron de Juis est fort satisfait : car il n'a point cédé.

Le jeune ménage reçoit, de l'abbé de Vitry, douze mille livres ; de Claudine, vingt mille livres « à prendre sur les biens les plus liquides qu'elle laissera après son décès ». Et M. Jean-Marie Delafont-Dejuis, que le malheur des temps fait renoncer à toute baronie et particule, donne à sa filleule « la somme de 200.000 livres, qui a été présentement comptée à la demoiselle future épouse et retirée de suite par M. Jean-Pierre-Louis Fontanes, futur époux, qui le déclare, qui en donne sa reconnoissance et se charge de ladite somme envers sa future comme bien dotal ». Fontanes fait un beau mariage.

Les fiancés ont, dit le contrat, « promis de se prendre et épouser en vrai et légitime mariage, à cet effet de se présenter à l'église à première invitation ». C'est la formule habituelle. Mais à quelle date précisément le mariage fut-il célébré? Comment fut-il célébré? Mystères. Les registres des paroisses lyonnaises et les registres des paroisses des environs ne contiennent aucune trace de ce mariage, aucune![27] Les premiers registres de l'état-civil, pareillement. Chantal se mariait à un moment très difficile. La révolution bouleverse toutes choses : entre l'ancien usage, qu'on abolit, et l'usage nouveau, qui ne s'établit pas très vite, les gens les mieux intentionnés ne savent que faire. La loi du 20 septembre 1792 avait organisé le mariage civil. Mais elle ne déterminait pas le rôle des ministres du culte. Elle réservait aux autorités la tenue des registres. Néanmoins, les prêtres continuèrent à tenir de leur côté des registres, un peu de temps, en divers endroits[28]. Chantal, à l'époque de son mariage, demeurait dans la paroisse d'Ainay. Or, les registres de cette paroisse contiennent la mention d'un dernier mariage à la date du 30 octobre, dix jours après la signature du contrat Fontanes-Cathelin, lendemain de l'enregistrement de ce contrat. Chantal ne s'est pas mariée dans sa paroisse avant le 30 octobre. Le jour même où l'on inscrit le dernier mariage de la paroisse d'Ainay, le registre est arrêté et parafé par l'officier de l'état-civil; et, dès lors, le registre sert pour l'inscription des

mariages civils jusqu'à la fin de cette année 1792 :
le mariage de Chantal ne figure pas dans cette
période. Les registres particuliers de l'état-civil
commencent au 1er janvier 1793 : et le mariage de
Chantal n'y figure pas. C'est à se demander si
Chantal, au bout du compte, se maria jamais. Elle
a dû se marier, cependant. Mais où ? A Lyon, certainement. Toutes les pièces qui indiquent son
mariage le placent à Lyon. Et alors, comment se
fait-il que les registres ne contiennent pas la mention de ce mariage ? Eh ! bien, il y eut, après la
promulgation de la loi du 20 septembre 1792, une
période d'incertitude. La loi ne considérait plus le
mariage que comme un « contrat civil »[29]. Beaucoup de personnes — et, principalement, les vrais
catholiques, offensés par ce principe — conclurent
de là qu'il suffisait, somme toute, qu'elles se pré-
sentassent devant un « officier public » de leur
choix, un notaire, ou même un huissier[30]. Cela se
fit, assez souvent. On devait ensuite, pour obéir à
la lettre des règlements, déclarer son mariage
devant l'officier public de la municipalité ; mais on
négligeait volontiers cette formalité, car on gardait,
et en dépit des lois, la croyance religieuse que le
mariage fût un sacrement conféré par les prêtres.
Je suppose que Fontanes et Chantal se contentè-
rent, civilement, du contrat passé devant maître
André, notaire de la famille. Le contrat ne fait
mention que de la cérémonie qui doit être célé-
brée à l'église : il ne parle pas d'un projet de mariage civil. Quant au mariage religieux, peut-être
fut-il célébré à la paroisse d'Ainay après le 30 octobre, quand la paroisse n'avait plus son registre.

Peut-être aussi l'abbé de Vitry maria-t-il, sans plus de cérémonie, sa nièce Chantal, un jour, en disant sa messe. Il est à noter que, dans aucune des pièces officielles (inventaires, procurations, actes de décès) où le mariage de Chantal et de Fontanes est indiqué, la date exacte du mariage n'est donnée.

Mais enfin, tant bien que mal, et d'une façon qui ne semble pas tout à fait régulière, voici Chantal mariée au gré de son cœur. Elle n'a plus qu'à être heureuse. Elle aurait dit naguère : « Je m'en charge ! » et ce sera très malaisé.

CHAPITRE V

LES FIANÇAILLES DE JOUBERT

Le mariage de Joubert est une œuvre que Joubert a lentement élaborée, selon sa coutume et selon sa méthode : sa coutume et sa méthode pareilles à son goût.

La jeune fille qu'il a épousée au milieu de l'année 1793, il l'avait rencontrée en 1786 peut-être et, au plus tard, en 1788. Il lui a donc fallu cinq ans au moins pour achever son roman sage. C'est plus de temps que n'ont demandé les longues fiançailles de Fontanes. Et encore Fontanes fut retardé par des incidents qui ne dépendaient pas de lui, par la mauvaise volonté du parrain qui lui dotait sa fiancée : Fontanes, maître de son sort, vous eût mené les choses plus vivement. Joubert, aucun empêchement n'est la cause de ses délais. Seulement, il ne se hâte point : c'est qu'il n'est point dans son usage de bâcler. Personne n'a jamais accordé plus d'importance à la durée, qui prépare et les âmes et aussi les événements. Il n'aimait pas la soudaineté ; il souhaitait que le hasard ne lui fût presque rien : et, ses écrits, ses pensées, les initiatives de son existence, il avait soin de leurs racines, de leur floraison.

La famille Moreau, quand Joubert la connut, à la veille de la Révolution, se composait de six personnes : Mme Moreau la mère, quatre fils et une fille.

Mme Moreau, Edmée-Marguerite-Lemoce, s'était mariée en 1737, le 23 juillet. Elle épousait Jacques Moreau, né à Saint-Martin le 14 juillet 1697, conseiller du roy et (en 1746) premier échevin de Villeneuve-le-roy : ce Jacques Moreau, le beau-père de Joubert et que Joubert n'a point connu, était mort à Villeneuve le 17 juin 1774. Mme Moreau avait eu son premier enfant l'année 1738 et, dans les dix-huit années qui vont de 1738 à 1756, elle avait eu seize enfants : plusieurs qui étaient morts dès leur naissance ou peu de mois après ; deux ou trois, qui vécurent deux ou trois ans ; une petite Claude-Marguerite-Françoise, qui vécut dix ans ; et une petite Marie-Louise-Thérèse, qui vécut près de huit ans, ces deux-ci mortes à quinze jours de distance au mois de décembre 1751, probablement d'une contagion ; une fille, Françoise, née en 1743 et qui épousa en 1767 Jean-Baptiste de Forceville, le propriétaire de Val Profonde, mais qui mourut en 1773, donc à trente ans, laissant un fils Jean-Baptiste-Louis, né en 1770. Les cinq autres enfants eurent leur destinée : et Joubert les a connus [1].

L'aîné de tous, Jacques (de même prénom que son père) était né le 25 janvier 1738 et fut procureur au Parlement de Paris : il mourut, nous le verrons, à Villeneuve, en 1791. Louis-Cyprien, huitième enfant, deuxième survivant, et quadragénaire quand nous le rencontrons, étant né le

24 juillet 1746, portait le surnom de Desjoliveaux, emprunté à une terre que possédaient les Moreau, non loin de Villeneuve. Desjoliveaux, « citoyen de Villeneuve-le-roy », était à Villeneuve receveur des droits d'enregistrement et présidait le conseil de fabrique[2]. Il était veuf, ayant perdu en 1776 sa jeune femme de vingt-huit ans, Marie-Louise-Nicolle Chambry; et il avait une fille, Louise-Alexandrine, née le 9 décembre 1775. Anne-Drouin-Emmanuel Moreau, dixième enfant, troisième survivant, né le 12 avril 1749, était prêtre. Nous le trouvons en 1791 curé du Coudrai-Macoire, département de Maine-et-Loire[3]. Mais il faisait de fréquents séjours à Villeneuve. On l'appelait Moreau-Desardillés. Pierre-Gatien (ou Gassien), onzième enfant, quatrième survivant, né le 2 août 1750, on l'appelait Moreau-Descombes. Il était conseiller du roi, notaire à Paris. Joubert a été en relations avec lui.

Enfin, seizième enfant, dernière née et la dernière survivante, Adélaïde-Victoire-Thérèse, était née le 12 mars 1756 : elle avait donc à peu près deux ans de moins que Joubert; et elle avait une trentaine d'années lorsque Joubert la vit pour la première fois. On l'appelait habituellement Victoire, qui est un nom qui ne semble pas à elle destiné. Je n'ai point un portrait d'elle. Je doute qu'elle ait été bien exactement belle ou très jolie.

Cependant, elle est, à Villeneuve, l'une des jeunes filles que Menu de Chomorceau, dans son poème héroïque, charge d'accueillir avec une courtoisie obligeante les chevaliers gracieux et illustres, compagnons du grand Renaud : « La vive et folâtre Victoire, qui porte sur ses lèvres la franchise et la bienfaisance dans son cœur, vole et détache avec enjouement ce casque superbe, don chéri du comte d'Angers... » Arnaud Joubert, dans ses souvenirs inédits (et rédigés beaucoup plus tard), la désigne comme « l'une des plus aimables et des plus spirituelles personnes » de Villeneuve. Joubert, un an après son mariage, écrira qu'il lui a connu « des agréments ». Il parle des agréments de Victoire au passé. Je me figure qu'à l'époque où il l'a rencontrée, vers la trentaine, elle était l'une de ces jeunes filles de province, très charmantes, qui n'ont pas de coquetterie, et qui déjà se fanent un peu, et qui, au moment de se faner, fraîches encore, ont une grâce touchante. Sur son visage, imparfait peut-être, on aperçoit du moins son âme : une âme très fine, très pure et très bonne ; et une sensibilité exquise, une vraie aptitude à la tendresse, et beaucoup de réserve ; à l'âge d'être mère et ne l'étant pas, une vivacité de sentiments qui se cache, qui se prodigue en dévouement et en douceur compatissante, en amitié.

Elle a presque toujours auprès d'elle sa nièce Louise-Alexandrine, fille de son frère et orpheline de mère. Elle la traite comme sa fille et veille à la bien élever ; elle la mariera.

Elle est particulièrement dévouée à sa mère, la vieille Mme Moreau, née Lemoce, que seize maternités et l'âge ont affaiblie. Mme Moreau vécut jusqu'au mois de janvier 1797. Et alors nous apprenons par une lettre de Joubert à Mme de Pange ce qu'a été la défunte. Victoire la pleure avec beaucoup de chagrin ; Victoire qui, « malgré la fermeté de son caractère, est toujours restée dans la timidité de l'enfance à l'égard de la durée de ses parens » et dont l'esprit « n'avoit jamais osé scavoir qu'ils étoient mortels ». Ses frères sont de « bonnes gens assez peu sensibles » ; de sorte qu'en les regardant Victoire a dit à son mari : « Il faut bien que je me désole ; sans moi, qui pleureroit ma pauvre mère ? » Et Joubert lui a répondu : « Les pauvres ! » Car, dit-il, « cette excellente femme avoit, sous une écorce de rudesse très remarquable, le cœur le plus compatissant et les mains les plus libérales avec l'air le plus négatif ». Excellente femme ; mais enfin, d'air négatif et de rude écorce. La sensibilité de Victoire devait, assez souvent, souffrir. Et des frères, un peu rudes aussi. Parmi ses frères, Victoire avait un préféré, l'aîné, Jacques, le procureur au Parlement de Paris ; celui qu'elle voyait, hélas ! le moins souvent. Et, malgré les plaisirs qu'amènent de temps en temps, la compagnie des Menu de Chomorceau, des Martineau, la vie n'est pas très gaie, dans la maison familiale de la rue du Pont.

Enfin, les Moreau sont une ancienne famille de magistrature provinciale, attachée de toujours à Villeneuve, y menant un bon train de bourgeoisie, ayant de la fortune, des bois, des prés, des labours, des fermes et, à Paris, dans la rue Saint-Honoré, une maison qu'un acte de 1794 estime à deux cent mille livres. Les Moreau allaient souvent à Paris et quelquefois y faisaient d'assez longs séjours.

En 1790, au début du printemps, Joubert alla passer quelques semaines à Villeneuve[1]. Et je crois que c'est alors qu'il a pris un intérêt véritable à Mlle Victoire Moreau. Mais il dut rentrer à Paris. Il voyait, à Paris, Pierre-Gatien Moreau, dit Descombes, le notaire, qui était, en 1790, un homme de quarante ans. Un jour, le 5 août, il apprend que Moreau Descombes est parti précipitamment pour Villeneuve : le frère aîné, Jacques Moreau, le procureur au Parlement de Paris, est, à Villeneuve, très malade. Le soir, à dix heures, Joubert écrit à Mlle Victoire. Il a fait un brouillon : brouillon et copie ont été conservés. « Mademoiselle, oserai-je occuper votre attention de la lecture d'une de mes lettres, quand vous êtes livrée à tant de soins, à tant d'alarmes? Je viens d'apprendre vaguement le départ précipité de M. Descombes et les nouvelles qui l'ont causé : je me hâte, pour mon propre repos... » Joubert avait d'abord écrit : « Je me hâte de diminuer la peine dont elles me remplissent en vous témoignant... » Maintenant : « de vous témoigner l'extrême inquiétude dont elles me remplissent, et toute la part que je prends à la situation où M. votre frère est réduit en ce moment. Ce grand citoyen est trop digne de la vie et de la santé pour qu'il pût m'être possible de m'interresser faiblement à son état. Aux yeux de ceux qui pensent comme moi, sa maladie si elle étoit longue seroit un malheur véritable, sa perte une calamité. Je ne puis croire qu'avec les précautions qu'il n'a cessé de prendre et le régime qu'il a suivi son danger soit aussi grand qu'il peut le paroître ; mais ce n'est pas lui seulement qui m'inquiète : c'est vous aussi, mademoiselle, c'est vous et Mme Cholet. Je crains pour l'une et pour l'autre l'agitation où vous vivez, les souffrances que vous voyez : je crains sur tout votre tristesse. Vos deux santés n'ont pas besoin de ces épreuves, ni vos cœurs de ce sentiment. J'écris au président pour le prier de ne cesser de me donner de vos nouvelles et de celles de M. Moreau. Je ne serai en repos que lorsque j'en aurai reçu d'heureuses et qui seront écrites de votre main. Que ne suis-je en ce moment à Villeneuve-le-roy? que ne puis-je partager vos peines auprès de vous? Vous ne les trouveriez peut-être pas plus douces, mais je les trouverois moins amères. L'éloignement est terrible, lorsque l'on scait que ceux qu'on aime sont souffrants! Je prie Mme Cholet d'être persuadée qu'elle a une moitié dans tous ces sentimens; et vous, mademoiselle, je vous supplie de croire qu'il ne me sera plus possible d'être tranquille que lorsque j'aurai scu que vous l'êtes. Deux choses en attendant me rassurent un peu. J'ai encore de l'espérance et vous avez beaucoup de raison. C'est ici, mademoiselle, qu'il faut en faire usage, car cet accident est bien grand et vous ne pouvez qu'être bien affligée. Agréez les assurances du plus respectueux attachement et, si notre pauvre malade peut être sensible aux vœux que nous faisons pour lui, dites-lui qu'il a tous les miens. Joubert. » Charmante lettre! Joubert l'a écrite avec un soin qui est à la fois du goût littéraire et de la politesse fine. Mais, en outre, ici, que de sincère compassion, quel émoi! Sous la forme la plus attentive à ne pas déplaire, à ne pas étonner même, et avec la délicate volonté de n'être pas indiscret, que de tendresse, dans le désir de partager, auprès de

Mlle Victoire, les peines qu'elle éprouve ! Il les partage, loin d'elle ; car il écrit « *notre* malade » et « les vœux que *nous* faisons pour lui ». Que de tendresse encore, dans cet aveu qui lui échappe, d'une inquiétude qu'il a pour la jeune fille plus que pour le malade ! Il la sait de nature frêle et sensible : et il se tourmente. Que de subtile précaution, dans l'idée qu'il a de réunir, à l'égard du sentiment qu'il ne dissimule pas, la jeune fille et sa très chère amie Mme Cholet ! S'il montre un peu plus de tendresse qu'il ne devrait oser le faire, Mme Cholet, qui en reçoit la moitié, est un alibi qu'il donne à lui-même et à Mlle Victoire.

Malheureusement, je n'ai pas réussi à savoir qui était Mme Cholet. Une amie de Mlle Moreau, parfaite amie, inséparable, oui ; mais elle ne paraît point ailleurs que dans ces lettres de Joubert à Mlle Moreau. Une femme intelligente, raisonnable et dans le caractère de qui Joubert avait confiance pour encourager une jeune fille malheureuse.

Jacques Moreau, tout procureur qu'il fût au Parlement de Paris, l'on s'étonne de la situation que Joubert lui attribue en l'appelant « grand citoyen » ; je ne sais pas ce qu'il a fait de considérable. Peut-être Joubert met-il de la bonne volonté à le célébrer ainsi, par égard pour Mlle Moreau. Du moins ne dut-il pas inventer toute la grandeur de Jacques Moreau. Celui-ci, en 1790, avait cinquante-deux ans. Il était de beaucoup l'aîné. Il avait certainement du prestige.

Sa maladie, grave dès le premier jour, dura longtemps. Joubert était à Montignac depuis quelques semaines, très occupé de sa nouvelle charge, quand il apprit que Jacques Moreau était mort à Villeneuve le 12 avril 1791. Il l'apprit un peu tardivement et sut que Mlle Moreau était à Paris. Il lui écrivit, le 4 mai : « Mademoiselle, je n'ai le bonheur de vous connoître que depuis un petit nombre d'années et dans ce court espace de temps vous avez éprouvé toutes les peines dignes de ce nom qui ont pu affliger votre vie... » Je ne sais pas à quelles peines Joubert fait ici allusion. Je ne vois pas de deuils, dans la famille Moreau, à cette époque. M. Moreau le père était mort depuis des années ; d'autres frères et sœurs de Mlle Victoire, pareillement... « Je les ai toutes partagées et je partagerai, quoi qu'il puisse arriver, toutes celles que vous pouvez encore craindre, car il ne m'est plus possible ni de les ignorer ni d'y être peu sensible. Vous méritez qu'on achète à ce prix le plaisir d'avoir eu avec vous quelque liaison et je suis quitte à cet égard. Vos dernières douleurs m'accablent... » Joubert insiste sur l'éloge du défunt, en qui Mlle Moreau a perdu un excellent frère, la société un honnête homme et, — il y revient, — la patrie un grand citoyen... « Je devois, à tous ces titres, être vivement attaché à celui qu'honorent vos larmes et je remplissois ce devoir. Séparé de vous par les distances, je m'en rapproche par les regrets dont je suis pénétré et qui nous sont communs. Agréez, dans ce premier moment de votre affliction, dont je n'ose presque vous parler, les assurances de l'estime d'un homme qui ne pourra jamais vous oublier et qui sent plus vivement tout ce que vous valez depuis qu'il y a sur la terre un cœur de moins pour vous aimer. JOUBERT. *P.-S.* — Si quelque considération pouvoit augmenter la douleur que la vôtre me cause, ce seroit de penser que M^mo Cholet la partage. Tous vos chagrins et vos malheurs à l'une et à l'autre seront les miens dans tous les temps... » Qui est donc Mme Cholet ? Joubert l'invite à partager le chagrin que Mlle Victoire éprouve pour la mort de Jacques Moreau. Cependant, elle n'est pas de la famille : dans toute la série de ces lettres, elle est seulement désignée comme une amie.

Notons, avec le souci qu'a Joubert de marquer son attachement à Mlle Victoire, le ton cérémonieux qu'il observe. Sa condoléance est véritable et empressée ; mais il demeure à sa place et ne profite pas du trouble des circonstances pour se rapprocher. A la fin seulement, il avoue un peu, — toujours avec réserve, cependant, — lorsqu'il se donne pour quelqu'un qui ne pourra jamais oublier Mlle Victoire. Et, plus il se garde, plus on le sent touché, apitoyé.

Puis, ayant écrit à Mlle Victoire, il écrit à Mme Cholet : « Madame, Dites, je vous en supplie, à Mlle Moreau que vous lui restez, qu'elle a dans le monde une amie, et que si elle est inconsolable elle met en oubli les dons du ciel. Dites-lui que les derniers vœux de son frère mourant étoient formés pour son bonheur, qu'il avoit une âme rigide et qui l'auroit désaprouvée s'il avoit prévu qu'elle donneroit à sa perte des regrets sans fin et des larmes trop abbondantes. Et vous, madame, ayez soin de vous dire à vous-même, quand vous voyez tant de regrets, que votre vie et votre santé sont nécessaires pour éviter des maux pareils.

Songez à tous ceux qui vous aiment et, dans le petit nombre de ceux dont les sentimens vous sont bien connus, daignez me compter et songez à moi quelquefois... » Dans son brouillon, mais non sur la copie, Joubert ajoutait : « J'ai de grandes occupations et de grands devoirs. Il me reste si peu de temps qu'il ne m'est pas même possible de me souvenir de vous à mon aise. Dans quelques jours je jouirai d'une plus grande liberté, car tout finit et j'aurai soin de vous renouveller l'expression des tendres et respectueux sentimens... » Ses occupations — il est juge de paix — ne lui permettent pas de « se souvenir à son aise » de Mme Cholet, de Mlle Moreau... C'est tout lui ! Mais il n'a point osé, en définitive, l'écrire à Mme Cholet. Penser à quelqu'un, de même que rêver à une idée, ce n'était pas pour lui une velléité furtive, mais une application de l'esprit. Et, si le loisir lui manquait, il éludait la méditation à laquelle il ne pouvait se consacrer ; il l'ajournait : il se promettait d'y revenir. En outre, c'était son avis que le premier moment d'une douleur ne convient pas à la méditation de cette douleur. Il le dit, plus tard, à Mme de Beaumont, lorsque meurt Mme de Montesquiou ; il la prie de ne pas se livrer à sa douleur « à contre-temps ». C'est une des raisons, et non la seule, pour lesquelles ses premières lettres consolatives ne font qu'effleurer le sujet.

Et puis, voici que mourut Mme Cholet. A quelle date ? et où est-elle morte ?... En 1791, quelque temps après le 12 avril, date de la mort de Jacques Moreau ; et quelque temps avant le 3 août, date à laquelle Joubert témoigne de son chagrin :

et encore dit-il qu'il a reçu tard la nouvelle et qu'il n'a pas écrit sur le champ. Ce dut être à Paris; car c'est là que Joubert écrit, le 3 août, à Mlle Moreau et nous savons qu'elle y était venue après la mort de son frère Jacques. C'est à Paris que Joubert lui écrit le 4 mai : elle n'aurait pas laissé sans elle à Villeneuve son amie mourante. Mme Cholet a dû mourir à Paris vers la fin de juin ou le commencement de juillet.

Le 3 août, de Montignac, Joubert écrit à Mlle Moreau. Et ce que j'indiquais de ce loisir dont il a besoin pour se consacrer à un deuil, on le voit ici parfaitement : « Mademoiselle, Les événemens qui ont donné partout beaucoup d'occupations aux hommes publics ne leur ont pas permis de se livrer entièrement et avec assiduité à leurs affections privées. J'ai éprouvé plus qu'un autre cette contrariété et, dans les premiers momens de votre perte, je n'ai pas pu m'affliger aussi parfaitement que je l'aurois voulu du dernier et triste départ de votre irréparable amie. C'est un ornement ôté au monde, et il y aura pour moi désormais sur cette terre un sujet d'admiration de moins. J'ai plus de temps qu'il ne m'en faut pour la regretter à mon aise, car je m'en souviendrai toujours... » Il se rappelle que, la dernière fois qu'il a vu Mme Cholet seule, elle lui parla longtemps de Mlle Moreau. Comme si elle prévoyait qu'elle n'aurait plus l'occasion de le faire, elle semblait vouloir « remplir » Joubert du sentiment qu'elle avait du mérite de son amie : « Quand je ne vous eusse pas connue, je vous aurois toujours aimée en la quittant... » Joubert a eu ses croyances religieuses troublées par la philosophie; et il s'exprime à peu près comme un Platon, comme un spiritualiste païen, quand il écrit : « Si cette âme pure existe encore et voit ce qui se passe au monde, elle est contente et s'applaudit des sentimens que j'ai pour vous... » Il s'avance un peu plus qu'il n'avait encore fait, dans la confession de ces sentiments; il s'excuse des mille occupations qui ont retardé sa lettre : « La nuit a souvent réparé les distractions du jour et vos malheurs ont souvent occupé mes songes. » Il montre encore son amitié en disant à Mlle Moreau qu'elle l'a privé d'une grande consolation en ne lui écrivant jamais. Le président — un mystérieux président à qui Joubert demandait naguère des nouvelles de Jacques Moreau — lui fait espérer qu'elle lui écrira. Il la « conjure » de lui donner des nouvelles « exactes » de sa santé : « Tant que je respirerai, votre bonheur et votre existence ne cesseront de m'interresser. Accordez-moi assés de confiance pour compter sur ces sentimens et pour être persuadée que vous n'avez maintenant ni ami ni amie qui vous estime plus que moi. » Il ne parle que d'estime; il pense davantage.

Et puis, le président meurt à son tour. Et Joubert, à une date que je ne peux fixer exactement, mais encore (si je ne me trompe) en 1791, écrit à Mlle Moreau : « Mademoiselle, Il n'y a pas assés de douleurs pour vous plaindre. C'est à la raison et au temps que je livre votre affliction; eux seuls peuvent vous consoler. Quant à moi, je me bornerai à vous supplier, vous qui dans vos prospérités me parûtes toujours si aimable et que tant de malheurs me rendent si chère, je me bornerai, dis-je, à vous supplier de ne pas vous désespérer. Vous n'avez pas encore atteint le milieu de votre carrière et la vie en son étenduë peut vous offrir une infinité de bonheurs que vous n'avez jamais connus. Ne rejetez pas l'avenir et laissez couler le présent. Vous avez fait de grandes pertes et des pertes irréparables. De grands biens peuvent vous attendre et peut-être aussi précieux... » Il y a là, de la part du consolateur, quelque hardiesse et comme une façon de compter les profits et les pertes qui semble assez rude. L'éditeur de la Correspondance de Joubert paraît en avoir été un peu choqué. Il a récrit tout ce passage; et il l'a très soigneusement affadi. Joubert n'est pas fade ; et, quand il s'agit de préserver contre le désespoir une jeune fille qui, dans le présent, n'a rien qui la retienne, il lui présente l'avenir : c'est extrêmement net et positif, exact comme l'était l'esprit de Joubert. Il continue et transcrit en un langage religieux la même vérité qu'il a d'abord offerte crûment : « Ne faites pas à la Providence l'outrage de croire qu'elle est épuisée à votre égard et qu'elle n'a dans ses trésors rien qui pût vous dédommager. Abbandonnez-vous à sa volonté, prenez soin de votre santé et supportez avec courage tant de coups qui sont accablants... » Joubert, dans sa précédente lettre, avait prié Mlle Moreau de lui écrire. Elle lui a écrit. Une lettre désolée, où elle disait qu'ayant perdu tous ses amis elle n'avait plus personne pour annoncer ses malheurs à Joubert : eh ! bien, qu'elle écrive donc elle-même, et plus souvent, plus longuement, avec une franche simplicité du cœur et de l'esprit. Il s'est juré de lui être bienfaisant, de l'apaiser : il a besoin, pour lui adresser de justes paroles, de savoir où elle en est de ses douleurs; il lui demande confiance. Et qu'elle ne soit pas offensée, surprise même, du rôle qu'il réclame auprès d'elle : « Je suis, hélas et j'en gémis ! votre ami le plus ancien, lorsque tant d'autres ne sont plus... C'est du fonds de mon cœur que ce titre vient de sortir pour se présenter sous ma plume. C'est par lui que je vous demande de me parler souvent de vous, de m'en entretenir sans cesse, car vous m'occuperez toujours tant que dureront vos malheurs... Votre silence maintenant me causeroit des inquiétudes que je vous conjure de prévenir... Songez que j'aime en vous et vous et votre amie et votre pays qui m'a tant plu et des souvenirs que mon âme gardera précieusement. J'ai réuni sur vous tous les sentimens que m'inspiroit la société dont vous viviez environnée. Vous m'êtes chère à bien des titres. Je n'ose rien dire aujourd'hui de ceux que vous avez... » et Joubert corrige : « que nous avons perdus. Je m'associe à vos regrets, mais je dois vous taire les miens. Un motif de prévoyance et de prudence me force pourtant à rouvrir la plus récente de vos plaies pour vous parler du président. J'avois écrit à cet infortuné jeune homme une lettre qu'il n'a pu lire et qui en renfermoit une pour vous. J'ignore si on vous l'a fait parvenir. » Cette fois, Joubert s'intitule ami : et, comme ce mot lui est venu du cœur, il ne le rétracte pas. Désormais, nous le verrons toujours déférant, beaucoup moins cérémonieux. Et comme il est sincère, véridique, charmant, lorsqu'il avoue que l'amitié qu'il a pour

Mlle Moreau est une réunion de sentiments où compte le plaisir que lui a fait Villeneuve!

Voilà tout ce que j'ai, pour l'année 1791, de la correspondance qu'ont échangée Joubert et Mlle Moreau.

Mais ici se place une lettre de Joubert, adressée à Moreau Descombes, le frère de Mlle Moreau et qui était notaire à Paris[5]. Joubert lui écrit, le 18 janvier 1792 : « Votre lettre, monsieur, m'a pénétré d'une tendre reconnoissance. On n'est pas obligeant avec plus de grâce, ce qui prouve qu'on ne l'est pas avec plus de plaisir et de naturel. Depuis six mois, Mlle votre sœur m'a fait souvent l'éloge de la noblesse et de la bonté de votre cœur ; mais le langage que vous me parlez et où tout cela est si bien peint, voùs loue mieux qu'elle, quoique assurément elle vous loue bien. Je vois que mon sort est de ne pouvoir en aucune manière être détaché de votre famille. J'y connus un homme à grand caractère, une fille d'un vrai mérite ; héritez d'une partie de l'estime que j'avois hautement vouée au premier et consentez à partager avec la seconde l'intérêt éternel que je ne cesserai de prendre à ses malheurs, à son bonheur, à sa santé et à toute sa destinée. Je sens vivement avec elle le prix de ce qu'elle a perdu. Je découvre aussi avec joye tout le prix de ce qui lui reste... » Joubert ne dissimule pas le sentiment qu'il a pour la sœur du notaire. Mais, avec le notaire, — fût-ce le frère d'une personne qu'on aime, — il s'agit d'affaires principalement ; et Joubert y arrive : « Je n'accepterai ni ne me permettrai de refuser entièrement les facilités que vous voulez bien m'offrir avec une honnêteté si séduisante. Quand vous acceptâtes de mes mains le billet que je cautionnai, je comptai il est vrai qu'il seroit payé avec exactitude, mais je supposai aussi qu'il pourroit bien ne pas l'être et j'ai pris mes précautions. C'est je vous assure sans aucune gêne que je l'acquitterai, mais il ne me sera point du tout pénible non plus de demeurer volontairement votre obligé quelques jours de trop. J'emploierai cet intervalle à presser le vrai débiteur auquel j'ai besoin de cacher soigneusement votre complaisance : il n'a sûrement été inexact que parce qu'il a compté sur la mienne et sur l'attachement bien réel qu'il me connoît pour lui. Je me servirai utilement du *protest* pour l'effrayer un peu. Il est de son intérêt autant que du mien qu'il s'acquitte et je suis sûr qu'il ne sera pas trop tranquille quand il aura pu scavoir que cet engagement est encore en notre pouvoir. Je trouve à l'y laisser l'avantage de n'avoir à dissimuler qu'à demi et c'est toujours autant de gagné pour l'honneur de ma sincérité. Dès que j'aurai reçu sa réponse qui ne peut tarder, car j'ai déjà écrit, vous me permettrez bien, monsieur, de réparer sans délai sa négligence si elle est constante. Le peu d'empressement que je mets (en attendant) volontairement et avec plaisir, à rompre cette espèce de lien qui s'est établi entre nous, vous est un sûr garant des sentimens avec lesquels je réponds à un procédé qui m'étonne peut-être, mais qui me flatte encore plus. Agréez-en les assurances les plus sincères. — Joubert. » Bref, Joubert avait, pour un ami, cautionné un billet. L'ami manquait d'argent, ne savait à qui emprunter. Joubert eut, pour lui, recours à Me Moreau, notaire. A l'échéance, l'ami négligea de payer. M⁰ Moreau en avisa Joubert. Il le fit avec bonne grâce, affirma que d'ailleurs cela n'avait aucune importance, qu'il n'était pas question de protêt, que Joubert le désolerait en se gênant le moins du monde. Qui est l'ami; l'ami désordonné ; cet ami qui connaît (et qui en abuse) le réel attachement que Joubert a pour lui? C'est Fontanes ! C'est Fontanes qui, avec la naissance de son petit Saint-Marcellin, a une année 1791 très chargée de dépense; et Fontanes qui, sur le point de faire un assez riche mariage, ne craint pas de contracter quelques engagements. Mais le mariage est ajourné. Fontanes continue à n'avoir pas le sou. Fontanes ne paye point. Joubert, s'il le faut, payera : premièrement, il organise de gronder Fontanes et de l'effrayer un peu. Fontanes payera-t-il ? Pour les bijoux indispensables, pour les présents de fiançailles et pour les divers achats que suppose une entrée en ménage, il a besoin d'argent. Je crois qu'au dernier moment. Joubert eut pitié de son cher Fontanes et lui envoya la lettre du notaire et sa réponse au notaire: la réponse, Fontanes devant, après lecture, la mettre à la poste. Ce qui me le fait croire, c'est que la lettre de Joubert à M⁰ Moreau porte un cachet de cire aux initiales L. F. : Louis Fontanes !... Quoi qu'il en soit, notons la grâce avec laquelle Joubert écrit une lettre d'affaires, sa courtoisie à vouloir se libérer et aussi à ne prétendre pas se libérer trop vite. Et sans doute, ici, l'homme d'affaires est le frère de M¹¹ᵉ Moreau. Mais on voit bien sa façon jolie de traiter l'argent, sans raideur et aussi sans la hautaine désinvolture d'un Chateaubriand.

Cependant, la correspondance avec Mlle Moreau continuait. Il manque des lettres, non le témoignage des lettres.

Il arriva que Mlle Moreau lut les *Nuits* de Young, qui étaient à la mode. Ordinairement, elle ne lisait pas beaucoup ; et elle semblait préservée de toutes les contagions de la littérature. Le désespoir lyrique du poète anglais s'accordait avec la douleur où elle se consumait alors, et l'enchanta. Moins elle était informée des périls de la littérature, et plus elle y était exposée : son innocence même la livrait aux séductions dangereuses de la poésie. Elle y céda, très naïvement ; et elle laissa entrer dans son esprit cette influence de Young ; et elle laissa passer dans ses lettres quelques phrases des *Nuits*. Joubert n'aima point cela. Il gronda la pauvrette. Je n'ai pas sa lettre ; j'en ai seulement le petit bout d'un brouillon : « Si vous vous obstinez à vous nourrir des belles lamentations de cet Anglois, ses larmes couleront par vos yeux, il parlera par votre voix, il écrira par votre plume. J'ai souvent remarqué dans votre style des mots qui n'auroient jamais dû s'y trouver si vous n'aviez jamais rien lu ni rien entendu de pareil. Je les atribuois à d'autres livres anglois que je scavois que vous aviez lus. Débarbouillez-en votre écritoire, je vous en conjure, et ne vous servez jamais que de l'encre que vous fairez. Il étoit naturel dans les premiers mois de tous vos deuils de ne rien trouver d'assés noir pour les exprimer et d'employer tout ce qui pouvoit avoir été fourni à votre esprit de plus plaintif et de plus lamentable. Mais il vous convient maintenant... » Le reste manque ; Joubert a découpé avec des ciseaux ce morceau de brouillon. Et, au verso du feuillet, il y a un autre passage du brouillon, barré par lui comme ne devant pas servir. Joubert dit à Mlle Moreau que, de ses lettres, il préfère celles qui « ressemblent le plus ». Car, « ce sont des portraits entre lesquels je choisis le plus vrai ; les autres fussent-ils plus beaux : ce qui n'est pas. Enfin je vous aime telle que vous êtes et je ne vous voudrois pas plus meilleure que pire. Je veux que vous soyez bien *vous* et pas autre chose... » Je ne sais pas ce que Joubert, dans la lettre qu'il envoya, garda de ce dernier passage. Mais les reproches relatifs aux *Nuits* de Young, Mlle Moreau les reçut. Dans une longue, très longue lettre du mercredi 22 février 1792, elle réplique. Elle défend Young contre l'injustice de Joubert ; et, par sa lettre, nous savons mieux ce que Joubert lui a écrit. Elle est fine et comprend que c'est à cause de la « prévention » qu'il a pour elle que Joubert méconnaît Young. Joubert, qui ne voudrait avoir, dans les lettres de Mlle Moreau, qu'elle-même, déteste Young comme un intrus. Et elle : « Croyez que, si c'est un *importun* qui vient *troubler* nos tête à tête, ce n'est point un *étranger*... » Les mots qu'elle souligne, ce sont les mots de Joubert. Et elle supplie : « Ne vous en prenez pas à *mon Young* ; il vaut infiniment mieux que moi... » Puis : « Je vous en supplie de nouveau, je vous le demande comme un bienfait, n'y mettez pas d'importance, n'en *souffrez* pas surtout, car vous augmenterez mes maux de beaucoup, et peut-être en pure perte pour ma guérison. Laissez-moi plutôt un peu *souffrir faux,* et ne regardez pas ce *méchant côté de moi.* Je vous l'aurois bien caché. Mais *notre compte n'auroit pas été juste...* »

Joubert a montré beaucoup de tendresse. Il y en a infiniment, dans cette jalousie subtile qu'il avoue qui le fait souffrir si l'âme de Mlle Moreau porte la marque de l'intrus, de cet Anglais dont elle a pris la sensibilité et les tours. Alors, elle lui écrit avec un abandon parfait, bavard, sans nulle concision, comme elle parlerait. Elle ne cache pas qu'elle aime à lui écrire, à « causer avec lui le plus long-temps possible ». D'ailleurs, il lui a dit en propres termes « qu'il aimoit assés ses lettres pour en faire sa société pendant deux ou trois jours » : et l'on reconnaît Joubert à cette estimation précise des deux ou trois jours, qui exclut toute emphase et atteste la vérité. Joubert aussi la gronde ; et elle lui répondrait « vous avez raison » ; mais « tout seroit fini et j'aime trop à être avec vous pour être aussi laconique ». Ne fût-ce que pour prolonger la causerie, elle proteste : « Je ne puis vous dissimuler que ce que vous appelez une *erreur de mon esprit, erreur d'une espèce dangereuse,* existe bien réellement. Oui certes, je me fais une *espèce de devoir de ma tristesse,* un devoir sacré ; et l'idée que je le remplis est la seule qui apporte à mon âme un peu de calme et de consolation... Et à tout cela je dirai à mon tour et à bien plus juste titre : *battez-moi, grondez-moi, désapprouvez-moi* ; mais il m'est impossible de ne pas penser, de ne pas imaginer, de ne pas croire tout cela... Ne cherchez pas d'où cela vient : cela vient de moi. Personne ne peut déraisonner ainsi ; cela vient d'une amitié, d'une douleur, de regrets comme on n'en éprouva jamais et qui ne peuvent manquer d'avoir changé ou au moins altéré en quelque point le naturel de cette *peauvre fille*, quelque *sensée, raisonnable* et peu *exagérée* qu'elle fût dans son état de vie ordinaire... » C'est que le naturel humain n'est pas invariable ; et comment serait-elle restée la même, elle si malheureuse trois fois et qui n'eût pas supporté son malheur, dit-elle, « sans une protection spéciale dont vous avez peut-être été l'instrument visible » ? Mais : « Ne vous en prenez qu'à moi de ce qui vous déplaît en moi... » Que Joubert, surtout, ne s'en prenne point à ces « peauvres amis » qu'elle pleure ! Elle consent qu'ils auraient voulu qu'elle se consolât : « ils étoient trop bons pour ne pas le désirer ! » Par exemple, elle disait à son frère Jacques : « Songez donc, mon ami, s'il faut que je reste sans vous sur cette terre, comme je m'y trouverois isolée... » Et lui : « Ho ! tu auras Mme Cholet, le président ; et rien, ma chère amie, ne s'oublie comme la mort ! » Voilà ce qu'elle ne veut pas : et elle se tourmente obstinément. Elle vient de passer, très péniblement, les premiers jours de l'année : « Les avez-vous mis à profit en contribuant et en prenant part à la joie des autres ? car c'est ainsi que vous jouissez, vous !... » Elle, plus triste que jamais. Elle se souvient de la précédente année : auprès de son frère, qui se mourait, que ne souffrait-elle pas !... « Le peauvre président étoit ici, ma peauvre petite aussi. Ils se voyoient, ils parloient de moi, de mes peines, ils les partageoient, ils m'écrivoient pour m'encourager, me consoler... » Elle est plus malheureuse, maintenant... « Vous voudriez que je vous apprisse aussi que je me suis *rassérénée*. Hélas, je voudrois que cela fût, je vous l'apprendrois ; mais je ne vois rien qui produise cet effet, si ce n'est votre souvenir et vos admirables lettres. Elles me calment sans me détourner de mon objet, et c'est tout ce que j'aime... » Et elle remercie Joubert. Puis elle lui dit que Rose va mieux[6]. Elle lui dit qu'elle est plus assidue à une « peauvre Catherine » qui est plus malade : « et je préfère toujours les plus malades ». Elle bavarde un peu ; et elle se souvient d'un reproche qu'elle voulait adresser à Joubert : « Vous m'avez dit une fois, fort sérieusement (disiez-vous), *que ceux qui se faisoient des peines d'avance méritoient d'être pris au mot*. Est-ce bien à moi, peauvre misérable, que vous avez dit cela, vous qui m'avez dit cent fois que mes peines étoient affreuses ?... Savez-vous que c'étoit un peu dur de me dire cela, et c'étoit à l'occasion d'un nouveau malheur qui me menaçoit... » C'était un peu dur de lui dire cela, oui ; et Joubert savait qu'il lui aurait plu davantage en lui flattant son désespoir. Mais, en lui plaisant, il lui aurait fait mal. Et Joubert, dans ses lettres consolatives, s'occupe de l'être qu'il s'est promis de consoler, non de lui-même. Il ne craint pas d'imposer un régime sévère. Mlle Moreau, qui se plaint pour la douceur amère de se plaindre, ne méconnaît pas qu'elle est judicieusement traitée. Joubert lui écrit deux fois la semaine. Elle fait quelque cérémonie et, avec gratitude, accepte tant de bonté. « Ne vous gênez pas au moins pour me bien gronder. C'est bien la moindre chose, pour toutes les impatiences que je dois vous donner. C'est moi qui dois vous ennuyer, grand Dieu...

Que je suis malheureuse ! prenez pitié. Bonjour...
et adieu mille fois. »

J'ai analysé avec assez de complaisance cette
lettre longue. Elle a l'intérêt de refléter Joubert,
son influence, l'activité de sa consolation. Pour
Joubert, elle était bien touchante, car il y voyait
cruellement alarmée l'âme qu'il aimait. Et elle lui
révélait avec précision le mal dont il soignait son
amie. Mlle Moreau avait un grand chagrin ; et, en
outre, elle s'était éprise de son chagrin : elle s'en
faisait un devoir, une habitude et comme une manie
privilégiée. C'est de quoi Joubert entend la guérir,
et non de son chagrin, mais de la maladie de son
chagrin.

Il lui écrit : « Aucune des lettres que vous m'avez
écrites ne m'a autant affligé que la dernière. C'est
là que je vois combien votre plaie est profonde et
en quelque sorte irrémédiable. Votre esprit s'est
mis du parti de votre désolation... » Joubert en
vient à croire qu'il a eu tort d'écrire comme il l'a
fait : « J'ai pris une mauvaise route. Je vous ai
trop occupée de votre malheur en voulant vous le
rendre léger. Il auroit mieux vallu non pas vous le
faire oublier, mais vous en distraire. Il faut en
revenir à ce que j'avois pensé d'abord et vous
abbandonner au temps. Des impressions si profondes ne peuvent recevoir que de lui seul quelque effaçure et, tant qu'elles subsisteront dans leur
entier, tout ira se perdre dans leurs cavités, si je
puis ainsi m'exprimer. Toute votre âme est malade... » Mais, puisqu'il a commencé d'argumen-
ter avec cette âme, il ne va point la délaisser. Il
répète que la douleur de Mlle Moreau, si elle durait

sans relâche, eût affligé ceux qu'elle pleure. Ingénieuse idée, de faire que la consolation soit commandée à la malheureuse par ceux qui sont causes de son désespoir ! « C'est une amitié de tyran, un amour-propre abominable que le désir d'ensevelir avec soi ce qu'on aime dans son tombeau, à moins qu'on ne fût assuré de le laisser sur la terre sans appui, sans amis, sans fortune et sans santé. Ce n'étoit pas ainsi que pensoient ceux que vous avez perdus... » Ou bien, ils n'auraient mérité que peu de regrets et de larmes !... Donc, pour obéir à ses morts, Mlle Moreau doit être heureuse. Pour obéir à ses morts ! Il ne s'agit pas de les négliger, mais au contraire de leur être fidèle. Joubert ne les veut pas priver du souvenir, de l'amitié, des tendresses d'affliction que Mlle Moreau leur prodigue : tout cela, il l' « augmenteroit » plutôt. Pareillement, il ne veut pas ôter à Mlle Moreau des sentiments qui sont beaux et qui sont des vertus : il souhaite d'en corriger l'excès qui les détériore. Il ne va point à l'encontre de la douleur ; mais il exige une douleur digne de son objet : « Ce qui honore ceux qui ne sont plus, c'est une douleur *haute*, qui permet aux occupations et même aux délassements de la vie de passer, en quelque sorte, sous elle ; une douleur *calme*, qui ne nous met en guerre ni avec les autres, ni avec le sort, ni avec nous-mêmes et qui pénètre une âme en paix dans les momens de son loisir, sans interrompre son commerce ni avec les vivans ni avec les morts ; c'est une douleur *modérée*, à qui sa modération même permettra d'être aussi durable que la vie de celui qui l'éprouve, parcequ'elle ne fatiguera ni son âme ni son corps » durant [7] ainsi plus que toutes les autres, elle entretiendra plus longtemps, et dans notre mémoire et dans le monde, la mémoire de ceux qui ne sont plus et qui ne peuvent plus avoir sur la terre d'autre vie que la mention qu'on en fait et qui les fait aimer toujours et de nous et de ceux qui en entendent parler par nous... » C'est extrêmement beau, il me semble, et de qualité platonicienne. Joubert est ainsi amené à une de ses plus charmantes rêveries, et qui rappelle, — non par le sentiment, mais par la donnée ou le thème, — une élégie de Properce :

Accipe quae serves funeris acta mei...

Properce, qui se méfie de sa légère amante, lui indique ce qu'elle doit faire, quand il mourra : et, premièrement, qu'elle ait beaucoup de chagrin. Joubert, ce n'est pas cela ; c'en est l'opposé... « Qu'il me soit permis un moment de dire comment je voudrois être regretté ; je vous expliquerai ainsi comment je trouve beau de l'être. Je voudrois que mon souvenir ne se présentât jamais à mes amis sans amener une larme d'attendrissement sous leur paupière et le sourire sur leurs lèvres. Je voudrois qu'ils pussent se souvenir de moi au milieu de leurs plus vives joyes sans qu'elles en fussent troublées et qu'à table même au milieu de leurs festins et en se réjouissant avec des étrangers ils fissent quelque mention de moi en comptant parmi leurs plaisirs le plaisir de m'avoir aimé et d'avoir été aimés de moi. Je voudrois avoir eu assés de bonheur et assés de bonnes qualités pour qu'il leur plût de citer souvent aux nouveaux amis qu'ils auroient quelque trait de ma bonne humeur ou de mon bon sens ou de mon bon cœur ou de ma bonne volonté. Je voudrois que ces citations rendissent tous les cœurs plus gais, mieux disposés et plus contens. Je voudrois que jusqu'à leur fin, ils se souvinssent ainsi de moi. Je voudrois qu'ils fussent heureux, qu'ils eussent une longue vie pour s'en souvenir souvent et plus longtemps. Je voudrois avoir un tombeau où ils pussent venir en troupe dans un beau temps, dans un beau jour pour parler ensemble de moi, avec quelque tristesse s'ils vouloient, mais avec une tristesse douce et qui n'exclut pas toute joye. Je voudrois surtout et j'ordonnerois si je le pouvois que pendant cette tendre et aimable cérémonie et pendant l'aller et le retour il n'y eût ni dans les sentimens ni dans les contenances rien de lugubre et rien de repoussant en sorte qu'ils offrissent un spectacle qu'on fût bien aise d'avoir vu. Je voudrois en un mot exciter des regrets tels que ceux qui en seroient témoins ne craignissent pas de les éprouver et ne craignissent pas de les inspirer... » C'est ici Joubert le plus délicieux, et à la perfection : Joubert qui joue avec les idées et les mots tout pareils ; Joubert qui réussit avec exactitude une page d'anthologie ; et Joubert qui a le souci régulateur de toute son existence, le souci d'être agréable à son prochain, de l'être jusqu'après sa mort. En outre, il y a ici du paganisme. Cette élégie n'est pas celle de Properce, mais elle pourrait être de Platon. Que Joubert soit, dans cette méditation sur la mort, à quelque distance du vrai sentiment catholique, il le dit lui-

même ou bien le donne à entendre : « C'est l'image
des regrets affreux que l'on doit laisser après soi
qui rend en partie la mort si amère... La religion
et nos passions ont fait de notre dernière heure un
sujet de désespoir et d'effroi, un moment haï d'où
la prévoyance et le souvenir se détournent également. Nos institutions et nos coutumes en ont fait
à leur tour un événement dont on se hâte d'oublier
le plus vite qu'on peut l'épouvantable appareil qui
ressemble à celui d'un supplice. Au lieu de nous
accoutumer dès l'enfance par la pensée et par les
sens à ne regarder cette séparation que comme un
moment de départ pour un voyage sans retour
que nous ferons un jour nous-mêmes, sans doute
pour nous réunir dans des régions invisibles —
(dont la croyance n'est point fausse à mon avis et
dont je ne veux assurément ni vous ôter ni vous
refuser l'espérance ; seulement je veux, selon l'intention du ciel manifestée par l'incertitude ou l'obscurité où il nous laisse à cet égard, que ni vous ni
moi ni personne, si nous sommes sages, ne la trai-
tions comme une vérité certaine, de peur que nous
n'agissions en conséquence et que la certitude de
l'immortalité ne nous dégoûtât entièrement de
vivre) — au lieu, dis-je, de nous accoutumer à
envisager ainsi le trépas sous l'aspect qui le rend le
moins redoutable et pour ceux qui l'éprouvent et
pour ceux qui le voyent, on n'a rien oublié pour en
faire un sujet d'horreur. On nous l'a fait regarder
comme un châtiment, comme un coup porté par
un exécuteur tout puissant, comme un supplice en
un mot, je l'ai dit et je le répète ; et nos amis, nos
proches quittent notre lit de repos quand nous

avons cessé de vivre, comme ils quitteroient l'échafaud où l'on nous auroit mis à mort... » Joubert, écrivant à Mlle Moreau, et à cette date de 1792, n'écarte pas, on le voit, les espérances chrétiennes. Mais il ne veut les considérer que comme des espérances. Il se fie, en somme, aux lumières naturelles ; et, les espérances chrétiennes, il les soumet à sa philosophie de sage antique. S'il invoque le témoignage du ciel, ce n'est que pour y trouver un argument de sereine incertitude.

Vint, de semaine en semaine et de lettre en lettre, le mois d'avril de cette année 1792 et l'anniversaire de la mort de Jacques Moreau, le grand citoyen. Joubert, le 24 avril[8], écrit à Mlle Moreau : « Que ce mois soit donné tout entier à vos douleurs, mais que leur cours enfin s'arrête et que vos larmes se tarissent. Quiquonque souffre a tort, quand il souffre par la mollesse avec laquelle il s'abbandonne à son malheur, quand il se laisse sans résistance entraîner au triste penchant qui le porte à se désoler, quand il cède aux tristes pensées et aux pleurs qu'elles font couler sans jamais y mettre de terme, quand il ne pense qu'à son sort et ne voudroit pas le changer, quand il contrarie la nature enfin qui a voulu que toutes les douleurs fussent courtes et la raison qui n'approuve dans l'affliction (quand sa cause n'est plus récente) que l'estime et le senti- ment qui seuls doivent être immortels, J'eus dans ma vie un grand chagrin et... » Joubert n'a mal- heureusement pas continué cette phrase : je n'ai que le brouillon de sa lettre. Le grand chagrin auquel il fait allusion, il l'a mentionné ailleurs, et précisément un 24 avril, dont il n'a point noté l'année : mais je ne sais pas quel fut ce chagrin. Joubert dit encore à Mlle Moreau : « Il est temps et c'est un devoir de quitter ces amples manteaux, ces voiles et ces longues coeffes, sous lesquels vous disparoissiez, et de marquer votre affliction par des vêtements ordinaires. Cette image sert à m'expliquer et je l'employe, assés satisfait de trouver dans la pratique d'un usage l'emblême de la conduite qui devroit être la vôtre... »[9]

Après cela, il nous faut passer tout le mois de mai et arriver au 5 juin pour trouver une nouvelle lettre de Joubert. Il y a certainement beaucoup de lettres perdues, si pendant toute une période Joubert écrivit deux fois la semaine à Mlle Moreau. Mais le 5 juin est une date importante, dans la longue histoire de leurs fiançailles. Cette date a été inscrite sur la lettre, non par lui, mais par elle, de qui je reconnais l'écriture : « mardi 5 juin 1792 ».

Joubert, dans ses précédentes lettres, a été souvent impérieux, souvent grave, et un peu rude quelquefois. Avec beaucoup de finesse et d'agrément, et selon les lettres qu'il recevait, selon l'humeur où il était, il a varié le ton de ses propos consolatifs. Il commence sa lettre, le 5 juin, avec enjouement, et avec une ironie amicale. « J'ai lu les complimens que vous faites à la vie. Je les ai trouvés très neufs, très agréables, très solides et tout à fait sans réplique. Je crois ceppendant que, si la vie pouvoit parler, elle auroit la hardiesse de vous répondre bien ou mal et ne manqueroit pas de vous dire, par exemple... » Et voici ce que la vie, sous la dictée de Joubert, répond à Mlle Moreau : « Tu m'appelles insupportable, c'est que tu ne scais pas me porter. Je ressemble à ces fardeaux qu'on ne sent pas et que même on soutient avec quelque plaisir parce qu'ils exercent les forces, lorsque l'on scait les bien placer soit sur le dos, soit sur la tête ou sur la nuque en observant les loix d'un facile et juste équilibre, mais qu'on ne peut pas remuer, qui font suer et qui écrasent si on a la lâcheté de ne vouloir employer à les transporter que les mains ou le bout du doigt. Demande aux pauvres gens qui passent les jours à ta porte et qu'on appelle Savoyards, et regarde-les travailler. Ils t'apprendront comme on est fort et comme on rend ces poids légers. Je suis (dis-tu) une chose amère et qui ne peut exciter que ton aversion. C'est que tu ne scais pas user de moi. Je ressemble à l'orange et abreuve de sucs doux et rafraîchissans ceux qui cherchent en moi ma vraie substance et ma chair. Tu ne mâches que mes écorces et, si une main amie veut en dépouiller mes moëlles et m'offrir à toi toute pure, tu la rebutes et me dédaignes... » Joubert est gai : c'est à cause d'une idée qu'il a en tête... Il est gai et veut égayer la mélancolique. Il imagine un gourmand qui se plaint d'un repas trop fade ou trop salé, d'un pain trop dur ou trop tendre, d'un rôti trop ou trop peu cuit, des fruits du dessert qui sont tachés. Et le gourmand s'écrie : « Heureux ceux qui ne mangent plus ! » Et la vie (car c'est toujours elle qui réprimande Mlle Moreau) dit à la désolée : « Cet homme eût parlé comme toi. Seulement, pour parler exactement comme toi, il auroit fallu qu'il eût ajouté : « J'avois un cuisinier habile, « une très bonne pâtissière et un confiseur attentif.

« Ils ne sont plus... » Et Joubert est si gai, si gaie
sa volonté d'égayer, qu'il va un peu loin : car, le
cuisinier, c'est Jacques Moreau ; et, la pâtissière,
Mᵐᵉ Cholet ; et, le confiseur, le président !... « Ils
« ne sont plus, je ne veux plus manger et j'espère
« avec joye que toutes mes dents tomberont... O
« comme je hais la mangeaille ! » Au temps où elle
avait l'estomac sain et l'appétit réglé, qu'est-ce
que Mˡˡᵉ Moreau eût répondu à ce gourmand ?
« Gourmand, lorsque nous nous trouvons à table,
c'est pour partager en commun ses plaisirs et ses
accidens et pour nous y nourrir ensemble... Si le
pain est trop tendre, mange la croûte. S'il est trop
dur, mange la mie. Voilà le rôti dépecé : s'il est
trop cuit, prends le dedans ; s'il l'est trop peu,
choisis la peau et traite ainsi les autres mets. Pelle
le fruit, s'il est taché. S'il est acqueux, mets-y du
sucre ; s'il est trop sec, mets-le en compotte. Mais
ne trouble pas le festin par ta mine trop dégoûtée
et ta dédaigneuse abstinence : tu peux encore y
contribuer à nos plaisirs ainsi qu'aux tiens... Si
tu avois été sociable, moins délicat et plus humain,
tu aurois soupé chez tes amis, de temps en temps
même à l'auberge et tu aurois rompu l'habitude.
Ton cuisinier, ta pâtissière et ton confiseur n'en
auroient pas eu moins de prix et d'utilité pour toi,
au contraire. Ils auroient dû eux-mêmes te chasser
de temps en temps et t'accoutumer à vivre dans le
monde, qui est vaste et grand, et non pas seulement dans ta maison. Mon ami, songe à une chose.
Des milliers d'hommes, à l'heure où je te parle,
n'ont pour tout mets qu'un pain grossier mal
moulu, mal paitri, mal cuit, et ils n'en ont que des

morceaux qu'ils mangent au milieu des champs,
au vent, au soleil, à la pluye, à la grêle et à la
gelée. Ils s'en contentent ceppendant, vivent avec
reconnoissance... Ah ! gourmand, gourmand ! et
toi et moi, et tous, nous ne sommes que des
ingrats. Tout ce que Dieu nous donne est bon.
C'est nos goûts qui sont dépravés, nos organes
qui sont faussés... Viens, fuis les toits ; fuis les toits
et parcours les champs ; parcours les champs, connois les fruits, connois les eaux, l'air et la terre.
Examine comment tout vit, tout est produit et tout
existe ; et, profitant de l'utilité de l'exemple et de
celle du mouvement, ton âme et ton corps réparés
te fairont bientôt avouer que tu formas un vœu
impie en souhaitant de perdre tes dents, ton goût
et la nécessité de t'asseoir à côté des autres pour
fournir aux mêmes besoins. » Voilà ce que Mlle Moreau eût dit à ce gourmand. Et la vie, prenant sa
plus grosse voix, traduit à Mlle Moreau cette allégorie et lui adresse les commandements les plus
sages : « Je suis bonne ou méchante selon qu'on
fait de moi ou qu'on me traite. Méchante ou bonne,
tu m'auras ; lourde ou légère, tu me porteras ;
douce ou amère, tu m'avaleras ; tu n'oseras pas
me jetter et je ne veux point te quitter : ainsi,
arrangeons-nous. Fais-moi bonne mine ou je fairai
ton supplice jusqu'à la fin des fins. Tu te plains
de moi ? Hélas, j'étends sur des épines les trois
quarts et demi des êtres humains, et à force de se
tourner et de se retourner ils scavent y être à leur
aise. Et toi ! tu n'es plus que sur des orties et tu ne
cesses de crier ?... Ah ! la patience qui supporte et
que tu vantes n'est rien ; c'est la patience qui

adoucit, la patience qui fait jouir, la patience qui brin à brin et grain à grain démêle les biens et les maux et en sépare les parcelles pour user des uns et des autres et les mettre à profit par ce triage, c'est cette patience qui est tout. Fille que j'ornai de mes biens, non de mes biens les plus brillans, mais de mes biens les plus solides, fille qui n'as connu de moi qu'une partie, apprends-moi du moins toute entière. Traite-moi comme un livre dont un seul tome a été mis devant tes yeux, consens à lire tous les autres et ne juge de tout qu'à la dernière page... » Ainsi parle la vie, par les soins de Joubert, à Mlle Moreau. Et Joubert s'en réjouit : cet « emblème grossier » le soulage de mille pensées et mécontentements dont Mlle Moreau l'a « rempli ». Seulement, elle lira cela « en aveugle » et l'entendra « comme une sourde » : car il n'a pas peur de la gronder ! Il la gronde plus volontiers, avec une rudesse plus libre et amusée, parce qu'après cela il arrive à son idée principale, et qui est celle-ci, et qu'il se joue à rendre bourrue, et qui est tendre : Mlle Moreau l'épousera, lui Joubert, qu'elle le veuille ou non... Mais, ici, le bas de la page est déchiré : a-t-on fait exprès de le déchirer ici précisément ? Il nous manque quelques lignes, la transition de la gronderie à la tendresse. Elle l'épousera ; et cela ne dépend pas d'elle : « Consentez-y par complaisance, par bonté, par nécessité. Consentez-y, puisqu'il le faut. Il le faut pour sauver mes jours ou du moins leur tranquillité. Il le faut pour sauver les vôtres, dont vous ne vous souciez pas, mais entre lesquels les miens se trouvent enchevêtrés de telle sorte que rien ne peut couper les uns sans porter quelque atteinte aux autres. Il le faut, il le faut !... Vous êtes un dépôt que vos malheurs m'ont confié (je reprends cette ancienne idée) un dépôt que je dois garder et conserver à tous les prix ; un dépôt que je dois mettre à ma portée pour veiller sans cesse sur lui. Je vous veux, oui, je vous veux auprès de moi et je me veux auprès de vous... Il dépend de vous de me faire perdre mon temps, ma santé, mon âme et mon corps en soins, en efforts, en prières, ou de m'épargner tout cela et d'en laisser l'usage à ce qui en a besoin, en consentant les yeux fermés à ce qui ne peut manquer d'arriver si vous vivez et si je vis. Consentez-y donc sur le champ. Je fairai ensuite ce que vous voudrez. Consentez-y malgré vous et avec répugnance. Je me moque maintenant de tout cela. La volonté aura son tour. Consentez-y de confiance. Je la justifierai assés. Quant à votre santé, soignez-la... » Et ici, la malencontreuse déchirure, au verso comme au recto, nous prive de plusieurs lignes. Mais, la fin de sa lettre, Joubert l'a écrite en haut de la première page : « [si je n'avois] que vingt-cinq ans, je vous donnerois dix années pour répondre. Je viens d'en avoir trente-huit : je ne vous donne pas un jour, une heure ni une minute. Et je m'opiniâtrerai. Epargnez-moi beaucoup de peines et, terminant par un seul mot, dites-moi : *Eh bien, j'y consens, en attendant que je le veuille.* » Joubert, après cela, est agité. Il écrit, en post-scriptum : « J'ai été tenté d'écrire à mon frère, à Catherine, à la dame, à tout l'univers pour vous recommander à eux. J'ai été tenté de partir. Mais je ne puis pas m'éloigner et le sens froid ne gâte rien. »

Comme Joubert est particulier! Je ne crois pas qu'il existe une autre lettre de ce ton, pour demander une jeune fille en mariage. Il est particulier : c'est aussi son absolue sincérité qui lui donne ce caractère si original. Il n'exagère pas son sentiment; plutôt, il en diminuerait l'expression. Son émoi très vif, à peine le surprend-on aux dernières lignes. Mais il est troublé : voilà ce qui lui déplaît; et il dit bien la juste vérité, quand il invoque, parmi les raisons que doit avoir Mlle Moreau de l'épouser, son repos à lui. Certes il aime cette jeune fille; et d'un amour qui a eu ses commencements quasi secrets et presque inaperçus il y a plusieurs années. D'abord il l'a trouvée aimable : il lui a trouvé de la grâce et beaucoup de raison. Il s'est épris d'une sensibilité fine, très vite alarmée, triste facilement. Et, de loin, de Montignac, pendant l'absence, il s'est épris davantage. Il lui est venu de la compassion : c'est, pour peu qu'on aime, un surcroît de tendresse. Il a plaint cette jeune fille qui, d'abord, l'intéressait; et il est devenu amoureux d'elle, plus amoureux à mesure qu'il avait pitié d'elle et s'apercevait qu'il lui voulait du bien. Puis, il aimait l'ordre et bientôt n'aima point ce désordre où le mettait le souci d'une âme qui avait besoin de lui sans qu'il l'eût auprès de lui. Et il fallait donc épouser Mlle Moreau : il n'était plus que de l'y décider. Il lui offre les arguments qui sont, pour lui, déterminants. Et il ne lui parle pas d'amour : mais l'amour est dans toute sa lettre, comme il est dans le soin qu'il a d'écrire ainsi.

Mlle Moreau le comprit. Je n'ai point, hélas! sa réponse, ni la réplique de Joubert; une fois encore, nous devons, avant de les retrouver l'un et l'autre, passer plusieurs mois : nous devons aller jusqu'au 3 septembre. C'est alors une lettre de Mlle Moreau. Et, à notre étonnement, cette lettre ne marque nulle différence dans l'intimité de ces deux êtres. Le ton est le même qu'avait Mlle Moreau avant que Joubert la priât de l'épouser. Il n'est question de fiançailles aucunement : l'on ne voit que de l'amitié, tendre et assidue, mais de l'amitié toute seule et qui insiste sur sa qualité simplement amicale.

Mlle Moreau remercie Joubert de lui avoir donné quelques détails sur la vie qu'il mène[10] : lettre perdue, et quel dommage !... Ces détails conjurent l'inconvénient des « funestes distances »... « Rappellez-vous ce que vous m'avez dit, *que ces détails qu'on se donnoit prouvoient mieux l'amitié et en faisoient mieux sentir la douceur que les expressions les plus vives.* C'est là une grande vérité (en amitié)... » Oui ; et, sur des bouts de papier de Joubert, je trouve ces lignes incomplètes : « Il y a dans ces petites lettres un grand avantage : elles rendent celui qui les écrit singulièrement présent à celui qui les lit... Vous aviez raison : il y a toujours beaucoup de choses dans ces petites lettres où l'on croit ne rien mettre... » Mlle Moreau est touchée et flattée du plaisir que prend Joubert à lui parler « de tout » : c'est dommage ! on n'aura gardé, de ces lettres, que les morceaux philosophiques ou consolatifs et, le reste, on l'aura détruit. Mlle Moreau ne cache pas qu'elle avait ce désir, de voir Joubert « trouver quelque douceur dans cette communication habituelle » de leurs sentiments et

de leurs pensées ; elle le remercie, pour cette
preuve « d'estime et d'attachement ». Et elle ajoute,
prise de sa hantise douloureuse : « Mon Dieu,
est-il possible que mon pauvre ami ne puisse pas
revivre, voir tout, tout savoir et juger tous les
cœurs !... » Elle se rend compte que l'amitié de
Joubert lui remplace une famille : elle redoute d'y
songer ; et elle passe. Elle félicite Joubert, qui travaille ; grande ressource, dans la vie, pourvu que
les événements ne soient pas trop fâcheux : « que le
ciel fasse donc que la vôtre en soit préservée, vous
dont l'âme est si bien disposée pour le bonheur ! »
Elle l'engage à persister dans la résolution d' « en
finir avec ses *in-folio* ». Et, gentiment : « Vous ne
pouvez guères mieux employer votre temps dans
ce pays. Si j'étois donc là, je vous aiderois, je
tournerois le feuillet ; cela vous soulageroit d'autant. Je ne voudrois pas vous troubler dans vos
études, mais j'aimerois à en être le témoin... » Eh !
bien, il faut épouser Joubert ! C'est ce que Joubert lui demande, et ce qu'elle refuse. Pourquoi ?...
Et Joubert en est désespéré. Elle le devine. Elle
dit qu'elle ne veut pas que son souvenir trouble
Joubert : « le vôtre m'est si doux et si consolant ! »
Elle n'a que ce souvenir, en somme. Elle ne fait
rien. Ses points d'aiguilles, elle ne les fait plus. Il
y a un bas qu'elle a commencé de tricoter auprès
du lit de Jacques Moreau, en soignant ce pauvre
ami. Tous les trois ou quatre mois, elle se ravise
de faire trois ou quatre tours à ce bas. Cela l'ennuie ; cela lui fatigue le dos et le bras. Elle y
renonce. Elle ne sait plus comment elle vit. Autrefois, elle aimait l'ouvrage : elle ne l'aime plus. Elle

ne lit pas un livre : elle ne lit que les lettres de
Joubert. Elle sait bien que Joubert lui reprochera
son excessive sensibilité. A qui la faute ? Elle
accuse le sort. Elle a du guignon, comme le prouve
sa récente mésaventure... Elle rentrait de Paris à
Villeneuve... Ce qu'elle ne raconte pas à Joubert,
c'est que, durant son séjour à Paris, elle n'a pas
été sans courir quelques dangers ni sans montrer de
la bravoure. Sa maison de la rue Saint-Honoré, où
elle demeurait seule avec une femme de chambre,
attenait aux écuries du roi. Vers le 10 août, l'un
des Suisses que les révolutionnaires pourchassaient
parvint à s'échapper, à escalader murs et toits et à
se faufiler chez Mlle Moreau. Le portier, mauvais
gars, le voulait livrer à la Sauvagerie qui le réclamait. Mlle Moreau s'interposa et, avec une jolie
hardiesse, sauva la vie du malheureux... [11] Mais,
au retour de Paris, voici la preuve de son guignon,
comme elle dit : elle a perdu ses malles. Cependant, Arnaud Joubert s'en occupait. Seulement,
Paris est gouverné par des tyrans. Il a fallu que
tout le contenu des malles fût visité, inventorié :
« Jugez un peu quel embarras. Pour comble, dans
une de ces malles..., étoit tout ce que j'avois d'un
peu précieux, tout ce que je désirois le plus d'a-
voir... vos lettres surtout... et il a fallu l'en ôter.
Sinon, les inquisiteurs les auroient parcourues...
Tout cela est entre les mains d'Arnaud. Elle a confiance en lui ; mais elle a du chagrin. (Je ne sais pas
si, de cette manière, les lettres de Joubert n'ont pas
été perdues, pour la plupart.) Et la hantise : « Si
j'avois eu mon pauvre ami, tout cela ne me seroit
pas arrivé : j'aurois été ici depuis longtemps. Il

étoit pour moi la source de tous les biens. Son existence toute seule faisoit mon bonheur. Sa perte ne doit-elle pas être la source de tous mes maux et faire à jamais mon malheur !... adieu, adieu. » Post-scriptum : « J'aurois bien voulu vous apprendre que j'avois promené, mais je ne l'ai pas pu encore. J'y étois presque déterminée hier, mais la pluie est venue. Il pleut tous les jours un peu. (Ce n'est pas ma faute.) Mais, à vous dire vrai, je n'en suis pas trop fâchée. Ce dont je suis fâchée, c'est des visites qui me viennent sans fin. Ils viennent presque tous me voir. Ils ont bien de la bonté. Mais cela ne m'amuse pas. Adieu encore. — Ne vous fâchez pas contre moi, et ne soyez pas inquiet surtout. Je ne suis pas malade et en vérité je ne suis pas trop déraisonnable. Ma mère va bien, est fort aise de m'avoir, je la soigne, je l'aime bien tendrement. Elle me semble aussi plus tendre pour moi. Et tout cela est bien quelque chose. Pauvre mère, mon Dieu ! mais *ensuite*, quel vuide j'apperçois !... Adieu, ne m'oubliez pas. » Et Joubert n'enrageait-il pas un peu ?

Entre la lettre où Joubert demandait la main de M^llo Moreau et cette lettre-ci, des lettres sont perdues : il faut que M^llo Moreau ait répondu. Quoi ?... Non, somme toute ; ou, plutôt, non en quelque sorte. Mais, en tout cas, non pas oui, tout de go. Pour le moins, elle demanda des délais. Comme elle était férue de sa douleur, il lui sembla qu'un bonheur l'en divertirait : et elle refusait le bonheur comme une impiété. Joubert s'obstinait à la délivrer de ses chimères, de son scrupule, de ce tourment de scrupules qu'elle s'imposait. Il ne put y réussir facilement : à l'automne et presque à l'hiver, il était encore à plaider sa cause.

Le 21 novembre, il écrit : « Vous dites : « O tout « ce qui me fut cher !... Mânes sacrés que je ne « veux pas *outrager*. Chères ombres que je ne veux « pas *blesser*... Dites, à qui dois-je sacrifier, etc. » Ainsi, vous craignez d'*outrager* et de *blesser* des *ombres* et des mânes !... Je reviendrai sur ce lan- gage qui me paroît peu convenable. Frappons d'abord ce sentiment. Aucune affection honnête et qui ne suppose dans l'âme qui l'éprouve aucune dépravation ne peut blesser des êtres bons. Si dans notre imperfection terrestre nous éprouvons des jalousies, elles cessent et se déposent avec la boue et le limon qui nous environne ici-bas... Nous voulons être aimés tous seuls, de peur de n'être pas aimés. Mais, si les intelligences célestes jettent leurs regards sur nos cœurs, elles sentent bien autrement. Flattées uniquement de la partie spiri- tuelle et pure de nos sentimens, elles nous per- mettent de disposer de tout le reste qui leur est inutile et scavent bien que celle-ci, semblable à la lumière et à la flamme qu'on garde en la commu- niquant, ne se perd pas pour se répandre. L'idée de partage qui, pour nous aveugles, est inséparable de l'idée de diminution, parce que l'un ne s'opère point sans l'autre sur les objets matériels que nos mains tâtonnent sans cesse, n'offre à ces êtres clair- voyants qu'une impression d'étendue qui leur plaît et les réjouit. Ah ! si nous devenons des anges (et, si nous subsistons dans la partie meilleure de nous-même, que pouvons-nous raisonnablement croire que nous devenons autre chose ? des *ombres*, des *mânes*, des *morts* ? qu'est-ce que c'est que tout cela !) si donc nous devenons des anges, sans doute nous désirons tous que ceux que nous avons aimés pussent devenir assés bons, assés aimans, assés semblables à ce que nous sommes alors, pour aimer, comme nous le faisons dans cette supposition, tous les êtres bons et sensibles d'un amour entier et parfait. Cela ne leur est pas possible. Hélas, leur cœur est trop borné ! Mais aussi la partie d'affection que nous exigeons d'eux en retour de cet amour de préférence que nous avons toujours pour eux par la seule et indestructible empreinte que garde notre être éternel des impressions que nous reçûmes au temps de la mortalité, cette part d'affection que nous exigeons d'eux est compatible, est même amie de toutes les autres affections qu'ils sont capables d'éprouver dans leur prison et auxquelles leur condition les soumet, dont même elle leur fait un devoir autant qu'un plaisir. Il y a dans tous nos sentimens en cette vie une partie huileuse et graisseuse, pour ainsi dire, qui est semblable à la fumée qui suit la flamme de nos flambeaux de suif et de cire. Il y a une autre partie élémentaire et délicate qui est plus semblable à cette flamme. La première est bornée et le petit nombre des présens peut seul en respirer l'odeur et la vapeur. La seconde est immense et tous peuvent jouir d'elle toute entière, qu'ils soient éloignés ou proches [12]. Elle ressemble à la lumière dont on est rempli et que l'on boit en quelque sorte sans l'amoindrir, sans l'absorber. C'est de celle-là seule que les êtres intelligens peuvent uniquement être touchés. L'autre ne peut pas les atteindre. C'est la portion

des mortels, car elle est grossière comme eux.
Quant à ces êtres dégagés de tout ce qui est défaut
et matière, les choses subtiles peuvent seules les
affecter ; un doux souvenir, un regret dépouillé de
toute passion est le seul honneur qu'ils désirent.
Le reste ne parviendroit pas jusqu'à leur séjour
élevé, à leur nature déliée, comme les vapeurs de
la terre n'excèdent point notre atmosphère et ne
peuvent pas pénétrer un air plus léger et plus pur. »

Joubert écrivit ces jolies choses platoniciennes
un matin. Puis il eut, peut-être, son audience et,
en tout cas, le tracas de sa justice de paix, et la
politique, et les histoires d'une rivalité qui animait
l'un contre l'autre Montignac et son voisin Terrasson. Le soir, il revient à sa lettre et à sa pensée.
Il est content de sa pensée : il l'avoue à lui-même
et à Mlle Moreau ; avec sa bonne foi, il le dit. Et il
écrit : « Mercredi soir. — Pénétrez-vous, je vous en
conjure, de la comparaison très juste, très belle et
très lumineuse (pour moi) que je viens de faire et
donnez-lui toute l'exactitude d'expression et tous
les développemens dont il ne m'a pas été possible
de l'accompagner. Certes il me semble qu'il y a
bien de la vérité dans tout ce que j'ai dit cy-dessus.
Il me semble que je la vois, que je la sens, que je la
touche, cette vérité (avec les seuls instrumens dont
il nous est possible de nous assurer des vérités de
cette espèce, la conviction et la clarté). Il me
semble qu'on ne peut pas croire, c'est-à-dire bien
concevoir (car ici c'est tout un) l'existence d'une
autre vie et l'imaginer autrement, sans laisser sa
pensée incertaine et bien au-dessous de cette idée.
Il me semble que j'entrevois ce qui *est* au ciel,

que mon âme en a une *demi-vue*, que l'*instinct* de
vérité que nous avons en toutes choses est mer-
veilleusement satisfait en celles-ci de se les représenter de la sorte, qu'elles ne peuvent point être
autrement et que nous devons, pour être dans
l'ordre (hors duquel il n'y a ni raison, ni vertu, ni
bonheur), conformer à ceci nos affections et nos
pensées. Il m'est venu, pendant que j'écrivois ces
vagues conceptions, une foule d'autres lueurs qui,
dans la course de mon esprit, n'ont fait que passer
devant sa vue et dont l'apparition légère me donnoit une volupté, me pénétroit d'une lumière dont
rien n'égale les douceurs... » Et Joubert a l'assurance de ne pas se tromper. Il n'admet pas que
l'erreur puisse donner un « contentement si complet et si calme à l'âme humaine : elles n'ont pas
ensemble assés d'analogie pour cela ». Ici, un
arrêt, une barre qui marque l'interruption. Joubert
ne se presse pas d'écrire ; et, puisqu'il est content de son idée, content d'une vérité qu'il tient,
d'une certitude, il y rêve, avec complaisance.

Puis il retourne à sa lettre. Sa lettre à Mlle Moreau, c'est la série de ses pensées de ce jour-là :
pensées qui ont leur premier départ dans le souci
qu'a Joubert de consoler Mlle Moreau, de lui rectifier
le jugement, de lui remplacer par de la sagesse
un trouble douloureux ; pensées qui, nées de cette
bienveillance, fleurissent à merveille, pour la joie
de Joubert qui voit tout ensemble s'épanouir la
vérité belle et la consolation, joie de l'esprit et joie
du cœur, satisfaction de l'âme à la fois méditative
et charitable. Joubert passe une journée parfaite,
dans le plaisir de la sérénité inventive. Du ciel,

où son âme a eu des demi-vues, il revient à Mlle Moreau très facilement, parce qu'il n'a point cessé de songer à elle ; et il a, ce jour-là, l'esprit en état de souplesse aisée. Il écrit : « Il n'y a point là d'exaltation, que celle qu'il faut pour s'élever au-dessus et se placer au delà de la vie présente. Il vous en faut bien davantage pour vos *ombres* et pour vos *mânes*. Mots qui enveloppent d'une espèce de corps vaporeux les esprits de vos chers amis, vous les représentent encore imbus et revêtus des passions et des grossièretés humaines et ne les laisse[nt] se peindre à votre imagination que sombres et tristes et morts ; idées injurieuses et fausses, si l'opinion de l'immortalité (qui est la vôtre et que je partage à ma manière) est vraie, est consolante et belle... » Il répète que, si nous ne sommes pas anéantis, après la mort, nous devenons « des anges qui ont été mortels », c'est-à-dire des anges qui, de leur condition passée, retiennent des souvenirs, mais n'en sont pas moins « tout bons, tout célestes et tout aimans ». Et Mlle Moreau fait, de ses amis, « des êtres jaloux, de villains êtres ». Ici quelques ratures. Joubert commence : « Pour vous en punir, je... » Mais il n'achève pas. Sa lettre est finie. Finie en son principal ; mais finie plûtôt comme l'est une rêverie, qui laisse après elle tout un émoi de pensée. Et Joubert a le goût de ces résonances d'idées, qui continuent librement dans l'esprit qui s'apaise. Cela se traduit, dans ces lettres, par des postscriptum ; il y en a trois, cette fois, comme trois notes ajoutées à l'exposé de sa rêverie. Premièrement, Joubert revient à l'un des articles de son

« dogme » et invite Mlle Moreau à considérer que l'on a tort et que l'on pèche contre l'ordre si l'on aime les purs esprits, les morts, de la même façon que les vivants : c'est là, dit-il, « une inconvenance, un désaccord, une perte ou un mauvais emploi de sentimens, une confusion de devoirs ». Et il voudrait donner à cette vérité plus d'étendue ; il ne le peut pas. Il prie Mlle Moreau de suppléer à ce qui manque, dans ses développements ; il est persuadé qu'elle serait de son avis absolument, s'il avait le loisir d'expliquer sa pensée à merveille. Deuxièmement, — ceci est plus direct, — et c'est une question qu'il pose à Mlle Moreau, de telle sorte qu'elle ait à y répondre, une bonne fois : « Quand il faut agir et qu'agir est nécessaire ou même seulement utile, vraiment utile, est-il permis, entre vivants, de s'abstenir lorsque ce que l'on a à faire fairoit de la *peine* à nos amis, ou seulement lorsque cela leur fairoit une *peine raisonnable ?* » Eh ! bien, il se déclare, quant à lui, pour la peine raisonnable seulement. Il n'a aucun égard aux défauts de ceux qu'il aime le plus et n'hésite point à les contrarier, plutôt que de négliger une action qui soit « bonne, louable, et légitime ». Or, Mlle Moreau considérera comme une telle action, légitime, louable et bonne, d'épouser Joubert. Il ne faut contenter que les « belles qualités » de ses amis ; et il faut même « aller au-devant » de leurs belles qualités. Mais, contenter leurs défauts, c'est offenser la justice ; contrarier leurs défauts, c'est mériter, plus tard, leurs remerciements : la raison leur viendra et ils vous aimeront davantage de les avoir traités au gré de la raison. Enfin, Joubert tient à justement définir son dogme relatif aux anges que nous deviendrons. Il ne croit pas que nous devenions tous des anges et, au risque de choquer Mᵐᵉ Moreau, il ne croit pas que toutes les âmes soient immortelles : il s'attend que Dieu brise et refasse les âmes des méchants.

Tout cela est charmant et beau. Cette philosophie que Joubert esquisse n'est pas la foi chrétienne. Nous l'avons vu à maintes reprises, Joubert depuis quelques années est loin de ses croyances. Mais il s'en rapproche peu à peu : ses lettres à Mᵐᵉ Moreau ne ressemblent point à ses négations récentes, si catégoriques et rudes. Cette philosophie qu'il invente ici dérive de la foi chrétienne, élaborée par Joubert à sa convenance. Il y a là du christianisme, mais sans obéissance. Joubert dit « mon dogme » et « à ma manière ». Il montre de la désinvolture et il montre de l'imagination. Pour le moment, il éconduit le principe de l'autorité : il ne se soumet pas à l'Eglise. Ce qui lui reste de sa foi ancienne, c'est, plutôt que le sentiment chrétien, l'idéologie chrétienne, et qu'il traite avec liberté. Il y a de l'analogie entre ses libres rêveries d'origine chrétienne et la philosophie des spiritualistes grecs qui devançaient le christianisme. Joubert nous apparaît en ce temps comme un platonicien, d'âme chrétienne.

On remarque aussi, dans ces lettres, le souci qu'avait Joubert d'organiser la vie quotidienne, de l'organiser pour le mieux, d'une façon positive et pratique. En vertu de principes : tel, le principe de la justice. Expérimentalement : il fait des essais et observe les résultats. Pour le mieux et pour le repos

La liberté de sa pensée, il ne la dissimule pas, fût-ce pour ménager les sentiments religieux de Mlle Moreau. Il a soin de ne pas l'offenser et lui présente même les arguments religieux qui doivent la toucher. Mais il ne modifie pas et ne cache pas ce qu'il croit, ce qu'il affirme, ce qu'il regarde comme probable ou possible ; et il ne veut pas qu'on transforme en certitudes les probabilités. Mlle Moreau est pieuse : ce n'est pas là qu'il proteste, mais contre de mauvaises interprétations mystiques. Mlle Moreau est pieuse, mais sans pharisaïsme et, voire, sans petite susceptibilité.

Après cela, je n'ai plus de lettres de Joubert ; seulement des fragments de brouillons, que je ne puis dater. En voici un : « Ouï, je remplis de mon mieux dans toutes les circonstances l'obligation d'être heureux ; je le suis toujours autant que je le puis et, quand je le suis peu, je dis à Dieu : *Tu le vois, je ne puis l'être davantage ; pardonne à mon infirmité et au cours des événemens !* Je ne suis insensible à aucun, et serois bien fâché de l'être. Mais, dans la multitude infinie de manières dont chacun de ces événemens heureux ou tristes peuvent nous affecter, il n'en est pas un seul, quelle qu'en soit ou la nature ou les rapports, qui ne soit capable de produire en nous un sentiment sublime et beau. C'est ce sentiment que je cherche. Je passe rapidement par tous les autres, mais ne veux m'arrêter qu'à celui-là. Lorsque mon âme a pu y parvenir, elle s'y tient et pour toujours. Aussi y a-t-il peu d'hommes dont les affections principales soient aussi durables que les miennes : mes douleurs, ainsi que mes joyes, sont éternelles ; j'en éprouve

chaque jour qui durent depuis mon berceau. Mais
ces douleurs pures valent de la joye et je scai par
mon propre exemple que l'affliction même n'est pas
ennemie du bonheur, c'est-à-dire de l'état où l'âme
goûte en elle-même une constante satisfaction. Il
importe peu qu'elle soit contente des événemens,
pourvu que sa manière de les sentir la rende contente d'elle-même. Elle l'est par la perfection de
cette sensibilité qui, bien apprise et bien menée,
scait extraire du miel de tout : il y en a jusques
dans les peines. »

Autre fragment : « Mêlez des sensations aux sentimens. Aimez quelques couleurs, quelques odeurs,
quelques sons et quelques saveurs; ou vous ne
serez point assés sage. Le ciel a fait des biens
divers : il en a créé pour le corps, il en a créé pour
notre âme. Oseriez-vous n'accepter que la moitié
des dons que sa bonté vous offre, rejetter et
dédaigner l'autre? Certes, vous en seriez punie.
Il y a (quand elle est grande) dans celle de nos
facultés morales que nous appelons sensibilité,
une disposition à l'excès, au tourment, à l'inquiétude, et une irritabilité qui a besoin d'être tem-
pérée (si je puis ainsi m'exprimer) par les savons
que le plaisir y fait couler après toutes les jouis-
sances pures et paisibles des sens. Quand on les
tient dans l'inaction, dans la contrainte et le
néant, notre âme devient trop aride et nos sentimens trop ardens... » Ce n'est qu'un brouillon :
Joubert n'a point amené sa pensée à l'expression
parfaite. Mais il s'agit de la sensibilité de Mlle Moreau : « Amollissez par quelque repos son âge,
son sexe, son humeur et son caractère. Adoucissez

par des calmans que chaque heure et chaque moment peuvent mettre en notre pouvoir, si vous voulez en faire usage, cette âpreté de vos douleurs que vous n'atribuez qu'à l'amitié et qui provient aussi de votre position... » Joubert dit tout ; et il n'est rien qu'il n'ose dire, parce qu'il n'est rien qu'il ne sache dire. En cas de difficulté, il s'applique davantage, fait plusieurs brouillons, beaucoup de ratures, recommence et enfin trouve la formule de la plus délicate politesse, qui d'ailleurs ne voile pas son idée. Il dit à Mlle Moreau qu'il aperçoit dans son cas les symptômes d'une aigreur qui tient au sexe et à l'âge, les symptômes d'une hypocondrie de vieille fille qui ferait bien de se marier.

A la fin de l'année 1792, Joubert est plus occupé que jamais. Il se déplace. Il doit aller à Bordeaux, à Libourne. Pendant son absence, il écrit à Mlle Moreau. Mais, à Montignac, Arnaud Joubert se demande si son frère a eu le temps d'écrire : et il écrit lui-même. C'est à lui que répond Mlle Moreau le vendredi 14 décembre.

Lettre des plus affectueuses. Mlle Moreau félicite Arnaud Joubert de mener une tendre vie de famille : ce sont tous les plaisirs de l'existence... Elle félicite Arnaud Joubert de n'être pas à Paris, « séjour d'horreur », où elle retournera peut-être bientôt, mais où elle ne désire pas du tout de savoir ceux qui l'intéressent : « J'aimerois bien mieux qu'ils en fussent loin et il faut qu'apparemment je me trouve bien mal ici, ou que bien peu m'importe où je traîne ma pauvre existence, pour que je semble préférer d'y retourner ». Puis il y a une petite histoire d'un livre appartenant à Mlle Moreau

et que, par mégarde, Arnaud Joubert a emporté :
ont-ils voyagé ensemble de Paris à Villeneuve? ou
bien Arnaud Joubert s'est-il arrêté à Villeneuve,
en passant?... Ce livre, c'est un Sterne. A vrai dire,
Mlle Moreau l'a un peu cherché. Mais elle est très
contente que ce livre, un de ses rares livres, soit
entre les mains de Joubert, qui aime les livres de
Sterne. Et arrivons aux choses sérieuses. Un passage de la lettre indique très bien le point où sont
les fiançailles de Mlle Moreau et de Joubert : elles
ne sont pas commencées; et indique très bien les
sentiments quasi morbides qui empêchent Mlle Moreau de consentir au mariage : « Je n'ai pas douté
un instant de votre fidélité à vous acquitter de la
promesse que vous m'aviez faite de parler de moi
avec votre bon frère et je suis sensiblement touchée
de l'intérêt avec lequel vous l'avez fait; je ne sais si
vous pouvez vous imaginer à quel degré mon cœur
en est pénétré. Mais je sais que je serai bien malheureuse si je ne puis pas vous donner un témoignage non équivoque de sa reconnaissance et du
parfait retour dont je paye le tendre attachement
dont vous me comblez tous deux. Vous faites bien
de ne pas m'*accabler* par vos *tendres instances*.
Vous faites bien, car il n'en est pas besoin! Vous
faites bien, car je puis à peine suffire à celles de
mes sentimens pour celui qu'à juste titre vous
appelez *le meilleur de mes amis* (vivans). Vous
faites bien, car si je *ne puis pas*, ce sera beaucoup
trop pour moi d'un pareil refus... Mais vous faites
mal de le désirer aussi, mais je crains (et il n'est
que trop vrai) que tous deux vous ne pensiez plus
à moi qu'à celui qui à tous égards devroit plus

vous occuper ; je crains enfin, et j'en ai bien du chagrin, que loin de faire son bonheur, cela ne lui seroit une source de maux et de malheur... » Et elle prie Arnaud Joubert d'empêcher par ses « aimables soins » que le souvenir d'elle ne soit pour Joubert un tourment.

Pauvre fille ! Comme elle se torture, avec une étonnante minutie de l'imagination ! Joubert a eu beau la sermonner et la réprimander par le moyen de la plus délicate philosophie et la plus amicale, il ne l'a pas persuadée. Elle continue d'attribuer aux « ombres » et aux « mânes » cette jalousie que Joubert veut qu'on leur refuse. Arnaud Joubert lui a dit que Joubert était le meilleur des amis qu'elle eût. Et elle y consent ; mais, vite, ajoute : « vivans » ! Elle s'est, en outre, forgé un autre scrupule : en épousant Joubert, elle serait égoïste et sacrifierait à son bonheur le bonheur de Joubert.

Il fallut que Joubert, sans relâche, persévérât dans son œuvre de consolation. Certainement, il n'y manqua point : car il aimait Mlle Moreau ; et il l'épousera.

CHAPITRE VI

JOUBERT JUGE DE PAIX

Avec Joubert juge de paix à Montignac, nous verrons comment fonctionnèrent dès le début ces magistratures électives que l'Assemblée constituante avait inventées et qui eurent à remplacer soudain l'ancien système judiciaire. Nous verrons deux années de révolution dans une petite ville, à cent trente lieues de Paris : spectacle pittoresque et digne de curiosité. La révolution, qui a son origine et son foyer dans Paris, se répand vite par tout le royaume. Comment les petites villes la reçoivent-elles ? La révolution, qui est faite à Paris, — faite par des Parisiens ou par des gens qui, venus à Paris pour se muer en législateurs, visent aux principes et à l'universelle idéologie, — comment va-t-elle se présenter à de petites villes pour qui elle n'est pas faite ? Les provinces de l'ancienne France s'étaient lentement développées sous le gouvernement général de la monarchie : celle-ci, en maintenant leur unité française, préservait aussi leur individualité régionale. Chacune d'elles, docile aux volontés de la synthèse royale, avait sa réalité particulière ; elle avait ses coutumes, créées par sa spontanéité, consacrées par le temps. Mais voici du nouveau, et qui vient de la capitale, et qui est imposé subitement, du nouveau théorique et non vivant, du nouveau abstrait.

Le Périgord, entre les provinces françaises, était sous l'ancien régime l'une des plus indépendantes : et, autant dire, l'une de celles que le régime généralisé risquera le plus de gêner dans leurs habitudes ; mais aussi l'une des plus turbulentes et riches en fortes têtes qu'échauffera l'occasion politicienne. De sorte que la révolution, même déplaisante, séduira les Périgourdins. Avant la révolution, la bourgeoisie de Périgueux constituait une féodalité ; ces bourgeois se disaient « citoyens seigneurs de Périgueux »[1]. Or, cette oligarchie de notables avait créé, en réaction, des goûts, des velléités révolutionnaires ; et c'est de quoi profitera la révolution venue de Paris. Tout cela, cette crise, avec ses profonds malaises, avec ses incidents ridicules et avec la diversité de ses péripéties, regardons-le dans cette petite ville du Périgord où Joseph Joubert nous conduit. Regardons cette crise autour de Joubert, qui la subit en quelque manière et qui la consacre. Il est le centre du sujet : il en est et la grâce et la dignité.

Joubert n'était pas revenu à Montignac, depuis treize ans que son départ de jeune homme avait peiné sa mère. Je ne l'imagine pas content de lui, ni du tour que prenait sa destinée. Il était venu à Paris pour faire de la littérature : il n'en avait pas fait beaucoup. Il avait commencé plusieurs travaux : il ne les avait pas menés à bien.

Il avait essayé d'organiser son existence : aucune de ses tentatives n'avait réussi. Il avait vécu un peu au hasard, non qu'il fût très aventureux; même, il ne l'était pas du tout. Et il eût aimé des journées quiètes, où il pût lire, songer, travailler à la perfection de son esprit : et les circonstances l'avaient jeté dans le tumulte. Il était jeune et il avait eu des histoires d'amour, dont il ne gardait ni joie ni fierté. Il avait vécu tout autrement que sa jeune sagesse ne l'eût voulu.

Le 26 avril 1790, il perdit son père. Je le crois désemparé. Quand sa mère l'appellera, il viendra. Mme Joubert ne désirait que de l'avoir auprès d'elle, à Montignac. Elle le considérait toujours comme un enfant et rêvait de veiller sur lui. Mais, à Montignac, que ferait-il? et quelle position digne de lui, de ses talents, lui procurer? Tout parut s'arranger le mieux du monde, quand l'Assemblée constituante organisa les justices de paix.

Pour accepter de n'être que juge de paix à Montignac, Joubert n'a-t-il pas relâché beaucoup de son ambition? Peut-être; et ainsi nous enseigne la vie à nous borner. Mais aussi ne méconnaissons pas la singulière importance qu'on attribua, en 1790, à l'institution de cette magistrature. Ce fut un bel enthousiasme, et qu'attendrissait une sorte de sentimentalité politique et philosophique. L'idée est de ce Thouret, qui eut de moins bonnes idées. Il exposa fort bien son projet, fit un tableau de la vie paysanne et de ses chamailleries, « qui ne peuvent être bien jugées que par l'homme des champs, lequel vérifie sur le lieu même l'objet du litige et trouve dans son expérience des règles et des décisions plus sûres que la sience des formes et des lois n'en peut fournir aux tribunaux ». Il ajoutait, dépassant comme un orateur sa pensée : « L'agriculture sera désormais plus honorée, le séjour des champs plus recherché, les campagnes seront peuplées d'hommes de mérite dans tous les genres!.» Ce fut, dans l'Assemblée, un enchantement. Un député s'écria : « C'est un père au milieu de ses enfans ; il dit un mot, et les injustices se réparent, les divisions s'éteignent, les plaintes cessent; ses soins constans assurent le bonheur de tous : voilà le juge de paix! [2] » Prugnon déclara que le nom seul de ces juges « avait droit d'intéresser » et que « ce mot faisait du bien au cœur ». [3] Le 7 juillet, l'on vota : et les juges de paix eurent pour eux l'unanimité des législateurs.

Ils eurent pour eux l'opinion publique : la promesse d'une justice prompte, familière, peu onéreuse et qui enfin ne grossit pas jusqu'au torrent de la ruine le filet d'eau d'une bisbille, une telle promesse avait de quoi se faire des amis. On multiplia, autour de la nouvelle magistrature, ces phrases qui étaient à la mode. Le 16 janvier 1791, quand, sur la place de l'Hôtel-de-Ville, en présence du peuple, Bailly reçut le serment des juges de paix parisiens, il leur dit : « Messieurs, nous attendions avec impatience le moment de votre installation; elle nous annonce et nous assure le retour de l'ordre public... La confiance de vos concitoyens vous appelle à des fonctions augustes et paternelles. Magistrats du peuple, vous serez toujours près de lui pour l'éclairer et le guider... Ministres de la paix au milieu de vos frères, vous

allez donc resserrer tous les liens ; en conservant
l'union des familles, vous servirez les mœurs et,
en établissant la paix particulière, vous préparerez
la paix publique [1]. » Voilà présenter les choses
joliment et sous les plus engageants dehors. Si l'on
avait dit aux juges de paix la sèche vérité : — Vous
jugerez, dans votre canton, les affaires les plus
petites et qui ne valent pas la peine de déranger les
tribunaux ; vous aurez pour cela un traitement de
six cents livres, et voilà tout, — on n'eût point
excité le zèle de ces modestes magistrats. Puis, en
disant la sèche vérité, l'on n'eût pas été sincère :
telles sont les exigences de l'emphase, qui est une
infirmité plutôt qu'un mensonge. Joubert n'était pas
emphatique ; et je doute que l'ait dupé cette rhétorique loyale. Cependant l'idée de Thouret, que le
commentaire public embellissait, put le tenter ou,
du moins, le disposer favorablement. A Montignac, dans la famille Joubert, ce dut être mieux
encore. Mme Joubert, qui souhaitait de ramener son
fils au bercail et qui pleurait son mari, se rappela
que Jean Joubert avait eu l'ambition de voir son
fils magistrat : et ainsi tout s'arrangeait selon les
vœux anciens et récents, au gré des souvenirs et
des espérances.

Joseph Joubert était éligible. « Il faut, disait
Thouret, que tout homme de bien, pour peu qu'il
ait d'expérience et d'usage, puisse être juge de
paix. » On ne demandait même point aux candidats
d'être hommes de loi : ils jugeraient en équité,
ce qui réclame du bon sens, et non des études.
Ils auraient trente ans accomplis. Peut-être, au
moment de leur candidature, ne seraient-ils pas

domiciliés dans le canton; mais, élus, ils réside-
raient assidûment parmi leurs ouailles quelquefois
enragées. Ils devaient seulement payer les con-
tributions qui étaient requises de tout candidat
aux fonctions administratives : quant à son fils,
Mme Joubert y pourvoirait. Un juge de paix, disait
la loi, par canton; et, dans chaque ville de ·deux
mille habitants au moins, un juge de paix particulier. Bref, Montignac aurait son juge de paix particulier : ne serait-ce pas Joseph Joubert?

L'élection ne se fit pas sans de grandes diffi-
cultés ; et le récit montre le trouble que jeta dans
les petites villes l'invasion de la politique. Dans la
région périgourdine, les incidents furent nombreux. À la Cassaigne, l'élection du juge de paix
est annulée par le Département : des citoyens qui
n'avaient pas droit au suffrage ne s'étaient pas
abstenus de voter; puis on avait omis de faire
prêter aux électeurs le serment patriotique. Pour
le nouveau scrutin, le Département fit ces recommandations : « Vous inviterez vos citoyens à porter
à cette opération toute la gravité et le sang-froid
que son importance exige. [5] » A Thenon, de même,
il fallut recommencer le scrutin; et à Roufignac,
où d'abord on trouva plus de bulletins qu'il n'y
avait de votants. Les électeurs méridionaux prélu-
daient sans retard, et dès leur coup d'essai, à
leurs plus remarquables et audacieuses fantaisies.

Joubert ne se mêla point à ces aventures. Dans
ses souvenirs inédits, Arnaud Joubert raconte que
son frère « se laissa nommer » juge de paix. C'est
bien la vérité. Il ne vint pas à Montignac pendant
la période électorale, soit que la chose ne le tentât

guère, soit qu'il sentît ou qu'on sentît pour lui qu'il était peu apte à faire campagne, soit qu'une sorte de nonchalance qui est dans son caractère l'eût engagé à épargner un long voyage au cas où il ne serait pas élu, soit qu'il eût à Paris des attaches qu'il rompait malaisément. Il resta donc à **Paris.** Son élection est du 28 novembre ; et la confirmation du scrutin est du 12 décembre. Il ne se pressa point d'aller à Montignac. Il est à Paris le 18 janvier 1791. A quatre heures et demie, ce jour-là, il se promène derrière le chevet de Notre-Dame ; il regarde la Seine, haute et gonflée, le ciel couvert de nuages dont il examine la variété. Il note sur son carnet tout cela, en latin, et ajoute : *tempore tamen mihi satis jucundo et felici.* Le dimanche 23 janvier, il est encore à Paris. Il se promène, en baguenaudant et méditant. La crue de la Seine l'intéresse. Et il note, avec un peu d'éloquence, ou de plaisanterie : « Inondation. La Seine a voulu voir la Bastille détruite. Elle invoqua les eaux du ciel, qui l'ont portée au pied des murs où régnoient ces fameuses tours que les habitans de Paris ont mises par terre depuis trois fois trois mois, neuf jours ». D'ailleurs, il est en train de lire Lucain ; et c'est peut-être la Pharsale qui, en l'occurrence, lui gonfle ainsi son langage.

En l'absence du candidat, la campagne électorale fut organisée et menée pour lui par son beau-frère Jean Boyer, mari de Catherine Joubert. Ce Jean Boyer paraît avoir été un garçon très actif et adroit. Il dépensa, pour l'élection de Joubert, un vif entrain.

Quelques mois plus tard, un certain Waurillon

de la Bermondie le dénonçait, « à l'instigation du peuple », au lieutenant général criminel de la sénéchaussée et siège présidial de Sarlat, François Lavech des Fauries, comme un citoyen dangereux[6]. Il le désignait, avec le « petit despote » Elie Lacoste, le médecin, comme « jaloux d'opprimer le peuple ». Ce Waurillon de la Bermondie a l'air un peu fou. Sa plainte, où il y a des exagérations et des calomnies, contient aussi des éléments de vérité : elle montre fort bien Montignac en proie à la politique. Boyer, « glorieux d'avoir fait un maire à sa fantaisie », résolut de faire aussi un juge de paix. Et, pour « faire tomber les suffrages sur *un certain* Joubert », il envoya (dit Waurillon), quelques jours avant le scrutin, « des émissaires dans les maisons pour accaparer tous les suffrages ». Voyant que cette manœuvre ne suffisait pas, il « tenta d'éloigner les citoyens actifs et timides en faisant dire par un certain Jean Degain... que, si le sieur Joubert n'étoit pas nommé, il y auroit la moitié de la ville de décapitée ». Puis un certain Martin, tambour municipal, eut l'ordre d'annoncer que « ceux qui ne voudroient pas ledit Joubert, il faudroit les saigner ». Joubert fut élu; et son élection, « généralement applaudie »[7]. Il y eut même de l'enthousiasme. Il y eut aussi du mécontentement. Borredon, le candidat malheureux, avait ses partisans, qui n'acceptaient pas sa défaite. Des protestations furent formulées et signées.

Le 1er décembre, à l'assemblée qui se tenait dans la chapelle des Pénitents, Borredon le déconfit donna lecture de ces protestations. Il lut aussi le texte des lois du 28 mai et du 1er juin 1790, qui

prescrivaient le serment individuel des électeurs :
or, on avait négligé cette formalité. Le sieur Pom-
marel, président de l'assemblée, dut insérer au
procès-verbal cette omission. Waurillon était dans
l'affaire. Le président le pria de relire à haute voix
les décrets. Waurillon, pour ce, tire le livre de sa
poche. Alors Boyer, « d'un ton furieux », crie
« qu'on ne doit pas ajouter foi à ces décrets ni au
porteur ». Le porteur (c'est Waurillon) somme le
président d'imposer silence à Boyer, de le punir.
Boyer s'élance : des citoyens le maintiennent; et
Mérilhou, le maire, appelle la garde. Waurillon,
là-dessus, déclare « qu'il est d'un insolent de crier
à la garde et de la faire courir baïonnette en avant
sur un citoyen qui lisoit une loi par ordre du président ». La garde fonce (dit Waurillon) sur ledit
Waurillon, qui est frappé de coups de poing, de
pied et de crosse de fusil. Il se sauve, ses adversaires le poursuivent, assure-t-il, pour l'égorger.
Il arrive devant la porte de l'escalier qui mène à
la tribune des Pénitents; il entre et ferme la porte
derrière lui. Il la ferme trop vite; et il est pris, le
malheureux, par le pan de son habit. Cela donne
à ses ennemis le temps de l'atteindre. Ils lui
mettent la main à la gorge. Et lui, pourtant, de
crier à l'assassin. Grand tumulte. Les gens sortent
de l'église, où ils étaient pour l'office. On sonne le
tocsin. Les gardes lâchent Waurillon et le laissent
partir, dès qu'ils voient la foule approcher. « Ce
fait prouve, remarque-t-il, un dessein prémédité de
la part de quelques intrigans. » Il ajoute : « La
justice ne sauroit trop sévir contre de pareils for-
faits et réprimer les coupables. » Enfin, l'élection

de Joubert fut, à Montignac, l'occasion d'un assez violent désordre. Lui, Joubert, à Paris, reçoit ces nouvelles ; et il ne se presse pas d'arriver.

Borredon le vaincu et ses partisans, Pebeyre fils, Dourssat, Waurillon de la Bermondie et d'autres, n'abandonnèrent pas la partie. Ils adressèrent une réclamation aux administrateurs du département de la Dordogne. Ils posaient en principe que « l'observation des lois » est « le plus solide appui de l'Etat » ; que « les décrets sur l'éligibilité aux places de juges de paix sont clairs ». Et « cependant, messieurs, la ville de Montignac s'est manifestement écartée de ces principes sacrés, dans le choix qu'elle a fait d'*un certain* Joubert pour son juge de paix... Vous scavés assés, messieurs, que sur ce rapport le sieur Joubert n'est pas citoyen éligible ; et vous ne balancerés pas à prononcer la nullité de sa nomination... Dans cette position vraiment fâcheuse, nous avons recours à votre justice, affin qu'il vous plaise statuer sur la légalité ou illégalité de la nomination du *prétendu* Joubert »[8]. Avant d'aller au département, l'affaire fut soumise au directoire du district. Conseillée évidemment par Jean Boyer, Mme Joubert composa un mémoire, qu'elle envoya au district, lequel devait le transmettre au département. « Messieurs, Joseph Joubert, mon fils aîné, homme de loix... » A vrai dire, on ne voit pas que Joubert mérite ce titre. Ou bien, aurait-il étudié la jurisprudence à Toulouse, quand il était aux Doctrinaires ? Je ne le crois pas. Arnaud Joubert dit que son frère était « tout à fait étranger aux lois ». Il y avait, dans la famille, un homme de lois, si l'on veut, ce jeune

Arnaud Joubert. Au surplus, ce titre n'était pas exigé du candidat aux justices de paix. Mme Joubert, à tout hasard, le décernait à son fils ; et c'est Jean Boyer qui dictait. Reprenons la lecture du mémoire : « homme de loix, âgé de trente-sept ans ou environ, habitant la ville de Paris depuis seize ans, a été élu juge de paix de la ville de Montignac. Cette nomination à peine faite, le sieur Labrousse plus jeune, surnommé Borredon, a élevé des griefs contre son élection et n'a pu fonder sans doute ses moyens que parce qu'on veut douter que les voix ayent porté ou sur mon fils aîné ou quelqu'un de ses frères... » Et nous nous demanderons si les meneurs de la campagne électorale n'ont pas utilisé la confusion qui pouvait être faite entre Joseph Joubert homme de lettres et Arnaud Joubert homme de lois... Mme Joubert continue d'énumérer les moyens que mettent en avant les adversaires de son fils : « 2° sur le défaut du serment prêté individuellement par les votants ; 3° enfin, sur le défaut de la contribution de dix journées de travail, etc. » C'était le taux de contribution nécessaire à l'éligibilité. Mme Joubert répond sur ces trois points. Sur le premier, — confusion des frères Joubert, — elle répond que ce n'est là qu'une chicane. Sur le deuxième point : « le serment individuel prétendu ordonné n'est connu que par des journaux, etc. » Troisième point : « Pour démontrer que le sieur Joubert paye une imposition plus que suffisante, je vous produirai les actes de propriété qu'il s'est acquis, consistans en deux reconnaissances de mille livres chacune, etc. » En conséquence, « la demoiselle Joubert attend

avec confiance que l'administration déclarera n'y
avoir lieu à délibérer et confirmera par une ordon-
nance solennelle l'élection du sieur Joubert ».

Le directoire du district ne retint, pour l'examiner, que le deuxième point. Les électeurs
avaient prêté serment en commun. Or, lisons l'article 4 du décret du 27 mai 1790 : « Le président
de l'assemblée ou de chacun des bureaux prononcera, avant de commencer les scrutins, cette formule de serment : *Vous jurés et promettés de ne
nommer que ceux que vous aurés choisis en votre
âme et conscience comme les plus dignes de la confiance publique, sans avoir été déterminés par
dons, promesses, sollicitations ou menaces.* Cette
formule sera écrite en caractères très lisibles,
exposée à côté du vase du scrutin. Chaque citoyen,
apportant son bulletin, lèvera la main et, en la
mettant dans le vase, prononcera à haute voix :
Je le jure. » Le directoire du district, considérant
que ce serment individuel était « la seule barrière
que l'Assemblée nationale eût pu opposer aux
démarches des intrigans », fut d'avis qu'on ne pouvait « ni le suppléer ni l'omettre ». L'assemblée
électorale de Montignac l'avait omis : donc les
élections faites par cette assemblée étaient nulles.
Le directoire observait qu'un décret de nullité
avait, pour cause pareille, frappé les opérations de
l'assemblée primaire de Colmar. Il ajoutait : « Au
surplus, comme, dans les requêtes, il est question
de cabale, le directoire estime encore, sur les
conclusions du procureur syndic, qu'il y a lieu à
nommer deux commissaires pour assister aux nouvelles opérations. » Cette décision, qui annule

l'élection de Joubert, est du 2 décembre 1790. Ainsi échouait le grand effort de Jean Boyer, sa brigue industrieuse. Ainsi échouait aussi le tendre espoir de Mme Joubert. Elle dut passer de mauvais jours à se demander si le nouveau scrutin serait, comme le premier, favorable à ses vœux maternels : sans doute devina-t-elle, pour en souffrir, le mystérieux caprice des troupes électorales.

Mais le directoire du district n'avait prononcé qu'en premier ressort : la décision finale appartenait au directoire du département. Celui-ci, le 12 décembre, considéra que le serment individuel n'était pas prescrit « à peine de nullité » : l'annulation des scrutins de Colmar avait eu pour cause le manque du serment collectif, « le seul qui semble vraiment essentiel ». Le décret du 28 mai avait été envoyé dans les provinces avant la formation des corps administratifs. Nombre de municipalités ne l'avaient ni reçu ni connu. De sorte que toutes ou presque toutes les élections de juges de paix, dans la Dordogne, seraient à recommencer. Avec beaucoup de sagesse, le directoire du département observait que « la multiplication des assemblées primaires fatigue et incommode le peuple et qu'il seroit infiniment dangereux de le rebuter d'y revenir et de laisser dans les nouvelles élections le champ libre aux intrigans ». Il ajoutait : « Considérant enfin que la nomination du sieur Joubert est généralement applaudie, que la crainte qu'elle ne fût attaquée a déjà soulevé le peuple du canton et qu'il pourroit résulter des troubles majeurs de la convocation d'une nouvelle assemblée, etc., et attendu que les autres reproches faits audit sieur Joubert sont sans fondement ou suffisamment détruits », le directoire du département maintient l'élection de Joubert.

Voilà Joubert décidément juge de paix à Montignac. L'opposition dut continuer quelque temps, comme en témoigne la nouvelle réclamation tentée le 11 janvier suivant par Waurillon de la Bermondie. Mais, après la décision du directoire départemental, l'affaire était finie.

Joubert élu : ce beau résultat, c'est évidemment sa famille, et surtout Boyer, qui l'obtint. Mais on peut croire que Joubert fut aidé par le fait de sa qualité parisienne. Mme Joubert, dans sa réclamation, ne manque pas de noter qu'il habite Paris depuis des années. Les lois et toutes les nouveautés attrayantes venaient de Paris : on fut sensible à ce parisianisme d'un garçon qui viendrait aussi de là-bas pour être juge de paix à Montignac. Cela me semble attesté par un article qui, le mercredi 5 janvier 1791, célébra, dans le Journal patriotique du département de la Dordogne, « la dignité et l'élévation » du choix fait par Montignac : « Une petite ville s'est éminemment distinguée par le choix qu'elle a fait de M. Joubert, cultivant à Paris depuis quinze ans la littérature, la philosophie et les arts. Historien profond et aussi sage qu'éloquent moraliste, ce citoyen est connu par son patriotisme et sa modération, par les préférences qu'il a données à la philosophie sur la fortune dans les temps des anciennes places, par ses liaisons avec les grands hommes passés qui ont influé sur la révolution, par l'estime qu'il a inspirée aux écrivains célèbres à qui il a fait part de ses travaux et surtout par son peu d'empressement pour une célébrité qu'il a mieux aimé mériter qu'obtenir. Ce n'est pas le canton de Montignac, c'est le département de la Dordogne que nous félicitons d'un choix si honorable et d'une acquisition si précieuse. »[9] L'auteur de cet article est François Lamarque, — naguère M. de Lamarque, avocat au Parlement de Paris, — maintenant Lamarque tout simplement et juge au tribunal du district de Périgueux, l'ami de Joubert et le conseil d'Agnès[10].

Joubert est élu : il n'a plus qu'à venir. Il attendit que fut apaisé le tumulte, auquel avait donné lieu, malgré lui, son élection. Et il partit pour Montignac, je suppose, au commencement de février.

En tout cas, il était à Montignac le 6 mars. Ce jour-là, solennellement, il prêta son serment de juge de paix, devant la municipalité assemblée avec le Conseil de la commune dans la Chambre du Conseil.

Joubert a trente-huit ans bientôt. Il est grand et mince. Comme juge de paix, il ne porte point un costume particulier. L'Assemblée constituante a supprimé, pour les magistrats, la robe, uniforme d'ancien régime et qui convenait dans l' « édifice monstrueux de la chicane ». Elle tint à honneur de ne donner aucun costume particulier aux juges de paix, cela pour des raisons un peu risibles et charmantes, « attendu que leurs fonctions sont toutes fraternelles et pacifiques et que le bien qu'ils sont à portée de faire à leurs concitoyens est suffisant pour leur attirer la considération publique sans qu'il soit nécessaire de la provoquer par des signes extérieurs » [11]. Mais, si fraternel qu'on soit et pacifique, on a ses petites coquetteries. Les juges de paix du département de l'Aube firent savoir au Comité de constitution qu'ils ne seraient point fâchés de se voir décerner un bel et flatteur uniforme [12]. Le Comité de constitution répondit, avec une touchante gravité : « Le juge de paix doit regarder comme une distinction précieuse de ne porter aucun costume distinctif, qui serait un véritable hochet d'enfant lorsqu'il ne doit avoir que la haute considération attachée à son utilité et à son importance pour le bien public... » Le Comité de constitution n'était pas un écrivain; mais il avait des principes de simplicité déjà républicaine. Puis, réservant aux vanités humaines l'avenir, il ajoutait : « On verra cependant s'il est avantageux de lui donner quelque marque extérieure dans certains cas. »

Joubert prononça le serment que voici : « Je jure d'être fidèle à la Nation, à la Loy et au Roy et de maintenir de tout mon pouvoir la constitution du royaume décrétée par l'Assemblée nationale et acceptée par le Roy, et de remplir avec zèle et impartialité les fonctions de mon office. » Il signa, et les membres de la municipalité après lui [15].

Le lendemain, 7 mars, il fut élu « notable » et adjoint au conseil municipal pour la répartition de l'impôt. Le lendemain, 8 mars, il prêta serment comme notable. Et il allait ainsi, de serments en serments, au gré des lois et des décrets qui multipliaient à merveille les formalités et les solennités. Le public était fort touché de ces cérémonies. La révolution préludait par de grandes inventions judiciaires; et il fallait bien donner quelques dehors imposants à un appareil tout neuf, qu'on venait d'improviser et qui, pour émouvoir les imaginations, avait besoin d'artifice. Joubert est le seul officier de justice que Montignac eut alors à introniser. L'Assemblée nationale, qui avait établi à Montignac le siège du district, donna le tribunal à Terrasson, petite ville située à quinze kilomètres de là, sur la route de Brive. Montignac ne possédait que son juge de paix, M. Joubert. Mais, à Terrasson, l'installation des juges se fit avec beaucoup d'éclat. Coups de canon, sonneries de cloches marquèrent « le plaisir que goûtaient déjà les citoyens d'être jugés par ceux qu'ils avaient élus ». La garde nationale prit les armes pour recevoir les détachements des environs; elle escorta le conseil de la commune, la municipalité et les juges, qui se rendirent à l'église paroissiale, la musique militaire jouant le *Ça ira*. L'on entendit la messe; puis on mena les juges à leur tribunal. Il y eut des discours « analogues aux circonstances », pleins « d'éloquence et de civisme ». Les juges prêtèrent serment. « Le sieur Lachambeaudie, commissaire du Roi,... ex-conseiller de la ci-devant cour présidiale de Sarlat, ne négligea rien pour prouver qu'il était entièrement dépouillé des préjugés de sa robe et donna par ses paroles de nouvelles preuves de son zèle et de son attachement pour la chose publique... » Enfin, la commune donna un repas « splendide » aux nouveaux juges et à l'état-major des gardes nationales invitées [14]. Telles étaient les cérémonies auxquelles Joubert se trouva mêlé dès son retour à Montignac. Son arrivée tardive lui en épargna quelques-unes ; il en eut encore beaucoup. Je ne suis pas sûr que Mme Joubert ait grandement aimé tout ce manège du civisme. Pourtant, si l'on faisait jurer à son fils fidélité à la Nation, il la jurait aussi au Roi ; et, si l'on chantait le *Ça ira*, les hardis cortèges allaient néanmoins à la messe.

La petite ville de Montignac n'était plus la même. Elle n'avait jamais été somnolente, ni même extrêmement sage ; mais elle devenait terrible. A chaque instant, des attroupements, des querelles et des injures, des batailles même, et de petites émeutes. Les femmes n'étaient pas plus calmes que les hommes ; à l'instar des Parisiennes, elles montraient une véhémence déchaînée et grossière. Un jour, le 14 mars, pendant une séance municipale à laquelle assistait Joubert, le procureur de la commune entra et, aussitôt, prit la parole. Il était profondément affligé du désordre et des excès de toute espèce qu'il voyait à Montignac, vivement affecté des propos indécents qu'on faisait courir touchant la garde nationale et les citoyens. Il avait hâte de remédier à un tel état de choses, dont les suites seraient funestes. Que proposait-il ? Une proclamation de l'assemblée : et voilà tout ! C'était, ce procureur, un personnage éloquent, mais naïf, extrêmement naïf. Une chose l'étonnait, l'ébaubissait : « Comment se peut-il qu'avant la révolution, vivant comme frères et amis, la révolution nous ait séparés d'intérêts, d'intimité et de concorde ? » Pauvre procureur, qui avait pris au sérieux les annonces de la fraternité !... Comment se peut-il?... Et il cherchait. Jadis, à Montignac, les gens de la rive gauche et ceux de la rive droite se taquinaient les uns les autres : il avait suffi de bâtir un pont sur la Vézère pour les accorder. Cette fois, quel pont lancer entre les gens de droite et de gauche? Le procureur ne savait pas! Dans l'incertitude, il déclarait que c'était la faute aux « ennemis du bien public et à leurs agens » : des hommes « hardis et sans pudeur » avaient « semé la terreur et la méfiance parmi les esprits faibles et les plus propres à servir leurs abominables projets », etc. [15]

Joubert voyait à Montignac, en petit, ce qu'il aurait vu à Paris; il le voyait de plus près, il le voyait mieux, et il avait tout à côté de lui les motifs de son prochain dégoût. Cependant, cédant à l'illusion commune, il croyait encore qu'une ère nouvelle et raisonnable naîtrait de l'agitation provisoire.

Il dut entrer en fonctions le lendemain du jour qu'il prêta serment. Les mêmes électeurs qui l'avaient choisi désignèrent aussi quatre (ou peut-être six) prud'hommes qui, deux par deux et de deux en deux mois, lui serviraient d'assesseurs. Seulement, les assesseurs n'étaient pas payés et, par suite, avaient peu d'entrain. Joubert eut quelquefois de la peine à se procurer leur concours indispensable; mais il les ménageait avec complaisance. Le jeudi 17 mars 1791, tout au début de sa magistrature, il écrit à l'un d'eux : « Je prie M. Granger de vouloir bien m'apprendre s'il lui seroit possible de remplir ses fonctions d'assesseur demain matin à onze heures. Je lui présente le bon

soir, Joubert. » [16] Je ne sais pas si M. Granger put
assister M. Joubert à l'audience du 18 mars.

Pour compléter son tribunal, le juge de paix
avait encore un greffier qu'il désignait lui-même.
Joubert choisit un Queyroy, l'un de ses cousins [17].
Et il le traitait, nous le verrons, très gentiment.
Il y avait, chaque semaine, trois audiences régu-
lières. Puis, le juge de paix était sans cesse à la
disposition des parties, pour toute affaire qui
demandât de la célérité. Il tenait ses audiences
chez lui, les portes ouvertes à tout venant; la
vieille maison de la rue du Cheval-Blanc, aujour-
d'hui rue de la Liberté, se transforma en justice de
paix.

Quel plaisir on aurait à se figurer un peu exactement Joubert qui reçoit à son tribunal les gens
irrités, les apaise, au moins les engage à parler
plus doucement, les écoute, argumente avec eux,
leur démontre la futilité de leurs ressentiments,
et ne les persuade pas toujours, mais leur donne
de bons avis et, au bout du compte, tranche le
débat ! Je devine sa patience. Il ne ressemble pas à
l'ami qu'il aura plus tard, à ce Chateaubriand qui,
ambassadeur à Londres, regrette de consacrer
« une petite case de sa cervelle » à des dossiers
médiocres et, quand il fouille dans sa mémoire, d'y
« rencontrer MM. Usquin, Coppinger, Deliège et
Piffre ». Cette hauteur intellectuelle et ce dédain
d'artiste ne sont pas de Joubert. Il est méticuleux
et attentif; il accorde à la plus petite affaire un soin
délicat. Et sa bonhomie fait merveille ; la finesse
de son esprit le dispense d'être dupe. Il sait, quand
il le faut, conclure et nettement.

J'ai eu la chance de trouver, — non sans peine, et avec plus de joie, — dans une armoire, au grenier de la mairie de Montignac, parmi des paperasses, de la poussière et des souris, toute une liasse de ses jugements, signés de lui et, la plupart, d'un bout à l'autre écrits de sa main.

Le plus ancien de ces modestes documents est du 22 mars 1791. Le nommé Pierre Marfonds, avec une nommée Léonarde Braÿ, se présenta au juge de paix. On accusait Marfonds d'avoir tenu contre Léonarde Braÿ des propos injurieux et nuisibles à la réputation de cette fille. Donc, il venait, — et, probablement, amené par la fille, — rendre hommage à la vérité. Ses propos, il les déclarait, avec une sorte de spontanéité, calomnieux; et Léonarde, fille d'honneur et de conduite, fille de vertu. « Pour le rétablissement de la paix et l'union entre les parties, nous, juge de paix, avons reçu ladite déclaration, dont Léonarde Bray nous a précédemment-déclaré être contente et satisfaite; et il est convenu que la minute de cette déclaration, écrite par nous et souscrite par Pierre Marfonds, demeureroit en dépôt dans notre greffe, pour expédition en être faite aux requérans en tout temps et en cas de besoin. » Cette Léonarde, nous la retrouverons : c'est une gaillarde. Et un gaillard, ce Marfonds, toujours en querelle avec Léonarde. Leur bisbille commence. Et Joubert leur a dit de bonnes paroles, qui ont disposé Léonarde à la mansuétude, Marfonds à la courtoisie. Il a dépensé, en leur faveur, la plus ingénieuse dialectique; il croit les avoir accordés et il se félicite d'avoir été, dans sa petite ville, un artisan de bonne entente.

Il a d'autres soucis. Dès le début de 1790, les Montignacois ont créé une Société populaire, dont les grands hommes sont Desmonds, homme de loi, qui devint procureur de la commune ; Mérilhou, qui devint maire, et son frère qui, après Joubert, sera juge de paix ; un Requier, parent de Joubert ; un Granger, qui devint l'un des assesseurs de Joubert ; et, surtout Elie Lacoste, le médecin, l'un des meneurs de l'opinion Montignacoise. C'est lui qui a rédigé le cahier des doléances de la commune. Nous l'avons vu ennemi de La Bermondie et, sans doute, mêlé avec Boyer à l'élection de Joubert. Il prétend écrire « avec le crayon mâle de la vérité ». En 1789 déjà, il est monté en chaire, à l'église Saint-Pierre, et il a tenu des propos enflammés. Il sera député à la Législative, conventionnel et votera la mort de Louis XVI. Il dénoncera Saint-Just comme fauteur de divisions. Emprisonné après l'insurrection de Prairial, il recouvrera la liberté par l'amnistie de l'an IV et alors, assagi, reviendra dans son pays pour y être de nouveau médecin [18]. La Société populaire de Montignac est plus bavarde qu'agissante : c'est, en somme, les habitués du pont qui ont pris un titre, choisi une salle de palabres et qui font de la politique, assez vaguement. Mais, le 4 janvier 1791, la Société changea de nom, s'appela Société des Amis de la Constitution et prétendit être, comme telle, reconnue par la municipalité. Celle-ci accorda ce qu'on lui demandait, l'accorda sans plaisir et « dans l'espérance que les personnes bien nées qui composeront cette assemblée garderont toutes les règles de la modération et n'entreprendront rien d'une certaine conséquence sans la participation de la municipalité ». Deux pouvoirs sont dressés l'un en face de l'autre.

Joubert fut invité à être l'un des Amis de la Constitution : les registres portent sa signature. Le 2 avril, Mirabeau mourut. Le 8 avril, la municipalité ordonna qu'un service de deuil fût célébré, le 12, à l'église Saint-Pierre ; et tous les citoyens porteraient le deuil pendant trois jours. L'instituteur, un tiède, interdit à ses écoliers de prendre part à cette manifestation : la municipalité arrêta que l'école serait fermée le 12 et que l'instituteur, avec ses écoliers, assisterait au service funèbre, afin « de donner aux jeunes gens l'exemple du patriotisme et de la religion ». Les Amis résolurent de faire mieux encore : élever, à Montignac, une pyramide en l'honneur de Mirabeau. M. Joubert, juge de paix, figure, sur la liste de souscription, pour six livres. Il y aurait péril à conclure de là que Joubert fût un grand admirateur de Mirabeau ; mais il cédait au sentiment général. D'ailleurs, on connut les papiers dits de l'armoire de fer, qui détruisaient la renommée civique de Mirabeau ; et l'idée de la pyramide fut abandonnée. Mais, avant cela, que de discours !... Au mois de septembre, une loi ôta aux sociétés populaires toute efficacité politique. Les Amis ne se réunirent plus que pour lire les papiers publics et commenter inutilement les nouvelles. Ils ne reprirent leur puissance qu'à la fin de l'année 1793, quand Joubert avait quitté Montignac depuis longtemps.

Joubert dut assister à bien des séances du conseil général. Sa signature est sur les registres :

le 25 mars 1791, quand il s'agit d'acheter pour la commune des biens nationaux, notamment l'église des Cordeliers ; le 12 juin 1792, quand il s'agit d'établir un collège à Brive ; le 29, quand il s'agit de fixer le traitement de divers agents de la commune, etc. Il est en relations fréquentes avec le conseil municipal et avec la direction du district, qui ont, sur toutes sortes d'affaires, à se réunir au conseil général. Sa magistrature n'est pas uniquement consacrée à l'œuvre judiciaire, mais aussi à l'administration et à la politique.

Une affaire qui l'occupa singulièrement fut la célébration de Jean Grangier dit Barbefine et de Pierre Cailloud dit Lachenau. Le 8 décembre 1790, quand Joubert était encore à Paris et peu de semaines avant qu'il n'allât regarder, au chevet de Notre-Dame, la crue de la Seine, la petite Vézère, à Montignac, fit des siennes : elle déborda, inonda le voisinage, eut des flots de torrent déchaîné. Un enfant de huit ans, Joseph Faure, tomba dans l'eau. Il se noyait, si un brave homme de pêcheur, Grangier dit Barbefine, ne fût monté dans sa barque et, au risque de chavirer tant la rivière était méchante, ne l'eût sauvé. Comme Grangier détachait sa barque et se lançait à son exploit, Pierre Cailloud se dévêtait et, nageur, s'apprêtait ; il n'eut point à se jeter : Grangier revenait, avec l'enfant. Voilà un simple et heureux sauvetage. Il émut les Montignacois. Et puis, les Montignacois pensèrent à autre chose, et aux élections, qui les soulevaient comme la mauvaise saison la rivière. '

Dans le courant de janvier 1791, à Montignac et

ailleurs, l'on était à la vertu : c'est le commencement des révolutions. Tout à la vertu, et tout au peuple, et tout à une sorte d'éloquence attendrie quant au peuple et à la vertu. L'on ne manqua point de penser au dévouement de Grangier dit Barbefine. Les officiers municipaux de Montignac écrivirent aux administrateurs du département : « La justice et l'humanité nous engagent à mettre sous vos yeux un événement qui a le plus grand droit à votre attention et à votre charité... » Charité : c'est un mot qu'on bannira ; mais alors on demeure un peu obscurantiste, sans le vouloir ... « Un enfant tomba dans la rivière. Plusieurs furent témoins de sa chute, sans qu'aucun osât ni pût lui donner le moindre secours. A leurs cris qui se faisaient entendre de toutes parts, le nommé Grangier dit Barbefine arrive, qui, vivement touché par ces lamentations et plus encore par la perte de ce pauvre enfant, entreprend de le sauver. Au risque de se perdre lui-même, il se met dans un bateau, traverse le courant qui était d'une rapidité étonnante et va prendre l'enfant à trois cents pas de l'endroit où il était tombé... » Les officiers municipaux demandent une récompense pour le sauveteur [19].

Le 2 février, le Département, pour avis, envoyait l'affaire au district de Montignac. Plusieurs de ses membres avaient assisté à la scène « effrayante et attendrissante ». Le 15 février, délibérant, il dit : « Considérant que l'on ne peut trop récompenser le citoyen qui expose sa vie pour sauver celle de son semblable ; considérant d'ailleurs que la ville de Montignac, sujette à de fréquentes inondations, mérite plus que partout ailleurs de tels

encouragemens, il y a lieu d'accorder au sus-
nommé la somme de cent livres. » Voilà Barbefine pourvu. Le directoire du district ne s'en tint
pas là. Comme il récompensait la vertu, il aima ce
travail. Il inventa Cailloud dit Lachenau, qui
n'avait rien fait que de se déshabiller promptement,
mais qui avait eu de bonnes velléités : la vertu est
déjà dans ses primes intentions. « Le directoire ne
doit pas passer sous silence une action encore plus
étonnante. Au moment qu'une troupe de citoyens
assemblés regardoit la mort de cet enfant comme
inévitable, un d'eux se détache, court sur le bord
de l'eau, se dépouille et, sans être effrayé du
danger qu'il courroit, alloit se jetter à la nage pour
sauver cet enfant ou périr avec luy... » Il y allait
et il faudrait être du Nord pour songer qu'il n'y
alla point... « Le courage que l'on connoît à ce
citoyen ne permet pas de douter que le nommé
Cayou dit Lachenau n'eût exécuté son héroïque
projet si, au même instant, ledit Barbefine ne se
fût élancé dans le bateau, qui par cette action
sauva sans doute à la fois l'enfant et le malheureux
qui vouloit courir à son secours... » Le directoire
trouvait le projet de Cailloud plus étonnant encore
que l'acte de Barbefine ; pourtant, s'il accordait
cent livres à Barbefine, il n'en donnait que trente-
six à Cailloud. L'on s'emporte : c'est l'enthousiasme ; puis on se calme et on remet les choses
au point.

Le Département reçut la délibération du district.
Mais, pour la rentrée des impôts, il avait beaucoup
à faire : puis, à Périgueux, les exploits de Barbefine et de Cailloud n'excitaient pas les imaginations

comme au bord de la Vézère; puis il y a, même au début des révolutions, des jours où la vertu est priée d'attendre. Il n'examina que le 26 mai la délibération du district. Il l'approuva. Il prit en considération le « civisme » des sauveteurs ; « vu leur peu de fortune », il voulut récompenser leur dévouement « de manière à satisfaire leur patriotisme » et aussi « leur intérêt ». La commune de Montignac serait extraordinairement assemblée aux jour, lieu et heure fixés par le conseil général. En présence de tous les citoyens et au nom de la patrie, Grangier recevrait « des témoignages de la reconnaissance que doit la patrie à ceux de ses membres qui exposent leur vie pour lui conserver des citoyens » ; et Cailloud, « des éloges de sa bonne volonté ». Il serait fait un procès-verbal du dévouement et de la cérémonie subséquente : une copie pour Grangier, une autre pour Cailloud, une autre pour le Département, qui la communiquera à tous les districts. Quant à l' « intérêt » des sauveteurs, le Département consentait à leur donner de l'argent, mais « à titre de secours et en raison de leur pauvreté, non comme récompense », car « ces belles actions ne doivent jamais être récompensées avec de l'argent ». Le principe posé ainsi, le Département grattait un peu sur la générosité du district : Barbefine aurait quatre-vingt-trois livres, et Cailloud vingt [20].

Le 8 juin, le conseil général arrêta ce qui suit : « Le mardi 14 du courant, troisième fête de la Pentecôte, à l'issue des vêpres, la municipalité et les notables réunis partiront de la maison commune avec le nommé Grangier dit Barbefine et Cahiou dit Lachenaux et se rendront, au son du tambour et environnés de la garde nationale, dans l'église paroissiale dite de Saint-Pierre où tous les citoyens seront invités à se trouver par une proclamation qui sera publiée et affichée à cet effet. Là, en présence du public, de la municipalité et des notables, Grangier et Cahiou seront loués et félicités, au nom de la patrie, de leur courage et de leur zèle pour le salut des citoyens et on annoncera les récompenses que le Département a cru devoir accorder à leur action. M. Joubert, juge de paix et membre du conseil général de la commune, est chargé de porter la parole dans cette occasion au nom de la municipalité... Le directoire du district de Montignac sera invité à cette cérémonie vraiment civique, afin de lui donner par sa présence plus d'appareil et plus d'éclat[31]. » Ainsi, pour le discours, on s'adressait à M. Joubert ; non que ce fussent là ses attributions : le maire semblait désigné pour le rôle d'orateur, dans cette fête municipale. Mais on se fiait à l'éloquence de M. Joubert, homme d'étude, ami des orateurs parisiens ; et l'on avait la bonne idée de croire que personne ne le vaudrait en la circonstance. C'est ainsi que Joubert, qui ne fut pas académicien, eut cependant à prononcer un discours sur les prix de vertu.

La fête se déroula comme elle avait été annoncée. Imaginons, dans le cortège des conseillers municipaux et généraux qui accompagnent les deux héros de la cérémonie, le héros efficace et le héros d'intention, M. Joubert en beau costume. L'austère modestie que les législateurs imposaient premièrement aux juges de paix n'a point tenu. Dès la fin de mars, on leur a décerné l'uniforme que souhaitaient la plupart d'entre eux. M. Joubert porte l'habit à la française, le chapeau rond, relevé par le devant et surmonté d'un panache de plumes noires. Il a, sur le côté gauche de l'habit, sur le cœur, un médaillon ovale, en étoffe, bordure rouge et, sur le fond bleu, cette inscription en lettres blanches : *La loi et la paix*[22]. Le concours du peuple émerveillé regarde ces magistrats, ces administrateurs qui honorent magnifiquement la vertu populaire. On a choisi un jour férié, afin que tout le monde fût là, tout Montignac et les amis des communes voisines. Dans la foule et, croyons-le, aux premières places, il y a les sœurs, frères et cousins de M. Joubert, toute la parenté, Jean Boyer, Warwick de maire et de juge de paix, qui triomphe avec le grand homme qu'il a imposé, et Mme Joubert, la maman du grand homme : elle triomphe aussi, avec timidité, non sans crainte. Il y a, dans cette cérémonie, de quoi l'émouvoir, quand elle va entendre son fils, et de quoi la déconcerter, quand son fils va parler à l'église. C'est une idée étrange qu'on a eue, de placer à l'église paroissiale cette cérémonie civique. Ce n'est pas encore une idée impie : on a soin d'attendre la fin des vêpres. C'est déjà une idée assez désinvolte, qui emprunte pour le civisme l'édifice religieux et qui s'habitue ainsi ou se prépare à l'usurper.

En l'honneur de Grangier dit Barbefine et de Cailloud dit Lachenau, M. Joubert lut un charmant discours[23]. « Jean Grangier et Pierre Cailloud, c'est pour vous qu'on s'est assemblé. C'est pour vous seuls que tant de pompe est étalée à tous les yeux.

C'est pour vous qu'on a pris ces armes, qu'on a levé ces étendarts, que nos magistrats ont marché, qu'ils ont déployé leurs écharpes, que le public s'est empressé, qu'on est accouru dans ce temple où nous sommes tous devant Dieu ; et c'est pour vous seuls que ma voix se fait entendre en ce moment... Apprenez, qui que vous soyez, vous tous présens à cette fête, que les loix nouvelles sont justes, que la patrie est libérale, que l'authorité populaire est favorable à la vertu ; et ne tardez plus à aimer les trois pouvoirs qui nous gouvernent, en voyant deux pauvres pêcheurs qu'on honore à l'égal des rois... » Voilà l'exorde. En le recopiant, quelques années plus tard, Joubert ajouta cette note, amusante et qui caractérise le judicieux changement de ses opinions. C'est à propos de trois pouvoirs : « On disoit alors *la nation*, *la loi*, *le roi* ; c'étoit le délire du temps : même celui de quelques sages. Les autres n'en sont pas guéris. » Puis Joubert invoquait l'enfant du sauvetage : « Paroissez, enfant fortuné, vous qui n'en étiez pas connu (de Grangier ni de Cailloud) lorsque, les cris d'un autre enfant leur annonçant votre désastre, ils accoururent sur la berge, au lieu d'où partoit cette voix. Et là, vous découvrant au loin, entouré des bouillonnements de la Vézère débordée avec un fracas si terrible, ils ne délibérèrent pas, mais foulèrent aux pieds la crainte, mais continuèrent leur route, mais poursuivirent leur essor, mais abandonnèrent la terre, mais s'élancèrent dans leur barque et repoussèrent nos rivages avec tant d'intrépidité, aveugles et sourds aux dangers, sitôt qu'ils eurent vu le vôtre. Joseph Faure, âgé de huit ans, vous qui seriez enseveli dans le sein de la vaste mer où vont se perdre nos rivières et dès longtemps ne vivriez plus si ceux-ci n'avoient pas vécu et n'avoient pas été hardis, paroissez dans cette assemblée avec vos deux libérateurs. » Joubert, qui aime les légendes, raconte que déjà des récits merveilleux entourent le sauvetage du petit Joseph Faure. On dit que, quand il fut dans la barque, le flot s'apaisa comme par miracle et que l'enfant fut ramené comme en un berceau. Joubert invente ce joli trait : « Et vous ne craignîtes rien, parmi tant de sujets de crainte, que le blâme de vos tuteurs et le courroux de votre mère. » Puis, jouant avec l'allusion marine : « Croissez pour servir la patrie, au tillac ou à la manœuvre, dans les tempêtes politiques, et pour aider vos bienfaiteurs, en secret et publiquement, dans les orages de la vie. Ils sont battus de tous ses vents ; ils sont en proye à ses tourmentes. Ils en éprouvent les détresses : ils en habitent les rochers... » Joubert, assez drôlement, fait un sort égal à Barbefine et à Cailloud ; « car vous êtes inséparables, et qui voudroit vous séparer ? »

Le récit du sauvetage commence d'une façon délicieuse : « C'étoit l'heure où chaque famille est rappelée à son foyer par nos coutumes domestiques, et où le silence des rues, aussi désertes que muettes à cette hauteur du soleil, annonce au voyageur qui passe dans les murs de notre cité que les travaux et les loisirs, également interrompus, ont parmi nous pour intervalle, comme au temps où vivoient nos pères, le repas du milieu du jour... Eux-mêmes étoient donc attendus au sein de leurs pauvres familles. Leur toit exhaloit sa fumée, leur siège étoit mis à sa place... Ils oublièrent leurs maisons et ils s'oublièrent eux-mêmes. Ils écoutoient une autre voix. Ils entendoient un autre appel. Ils acceptoient une autre invitation... » La péroraison, Joubert l'a supprimée dans ses copies. Il en a seulement conservé cette phrase : « Et moi qui aurois voulu répandre avec plus de profusion sur vos deux noms, sur vos deux têtes et sur le jour de votre vie où se montra votre vertu, tout ce qui peut en consacrer et en embélir la mémoire, l'huile et l'encens de la louange, les ornemens de la science et l'or de l'élocution... »

Je ne sais pas si ce discours eut un grand succès. Je crois que oui. Certes, il ne semble pas exactement approprié à la simplicité villageoise qui devait l'accueillir. C'est pour cela qu'il a dû plaire. Un auditoire modeste n'aime pas qu'on se soit incliné vers lui : quitte à ne pas tout comprendret il goûte qu'on lui offre des merveilles, même difficiles. Joubert avait travaillé son discours avec ce scrupule méticuleux, avec cette coquetterie subtile où, sans doute, on sent la recherche, mais où l'on voit aussi la trouvaille. Il avait, comme dans ses écrits les plus achevés, veillé au rythme de ses phrases, balançant les octosyllabes qui font, de ses paragraphes, des strophes et donnent à la pensée ainsi rendue l'accent d'un poème plutôt que l'accent oratoire. Au total, un singulier discours. Un discours cependant, et où ne manque pas la rhétorique, où ne manque même pas la rhétorique de l'époque révolutionnaire. C'est, par endroits, le ton de l'époque ; ce l'est avec modération et Joubert, à l'église, a nommé Dieu. Mais il a parlé de la Nation ; et l'exubérance avec laquelle il a vanté ces pêcheurs qu'on traite comme des rois est bien du temps où les rois déclinent à mesure que les peuples montent. Il y a entre ces idées, si l'on peut dire, démocratiques et la fine préciosité de la forme un contraste qu'il n'a peut-être pas souhaité, qu'il a certainement aperçu, et tel qu'on y prend plaisir, tel en effet qu'on se demande si l'éloge de Barbefine et de Cailloud n'est pas enveloppé de quelque ironie à laquelle se serait amusé Joubert. Mais non ; ou, plus exactement, son ironie est bonhomie : il ne se moque pas. Ce qui donne à beaucoup de ses écrits l'air de l'ironie, c'est que, de nature, il est un homme extrêmement solitaire. Pour sortir de lui-même et aborder les autres gens, il lui faut maintes cérémonies. Et il s'apprête et, pour ainsi dire, fait toilette. Il n'a pas toute spontanéité. Cela n'empêche pas qu'il soit parfaitement sincère. Mais il s'est dédoublé : le Joubert qu'il montre n'est pas tout lui. Ces complications de l'esprit sont visibles surtout dans un exercice oratoire où un simple orateur eût donné, sans marchander, tout son vain cœur expansif.

La fête de Barbefine et de Cailloud, c'est la grande occasion, la solennité. Dans le trantran, Joubert est assez occupé par son métier de juge de paix. Ses attributions, comme en témoignent ses jugements et procès-verbaux, sont très nombreuses. Il pose les scellés. Il décerne des mandats d'amener, les fait exécuter par la gendarmerie et met en prison préventive les inculpés que jugeront les tribunaux. Une fois, c'est le garçon de boutique d'un armurier : il a volé un canon de fusil. Une autre fois, c'est une femme qu'on a dénoncée comme lançant de faux « billets de confiance ». Joubert l'interroge, il examine les billets et, comme complice éventuel, fait arrêter le mari. La plupart du temps, il ne s'agit que de petites querelles d'argent. Le juge de paix est compétent, et sans appel, pour les causes dont l'intérêt n'excède pas cinquante livres et, avec appel, jusqu'à cent livres. Joubert tâche d'amener à bonne intelligence les disputeurs. Ensuite, il copie la formule de son jugement sur les modèles fournis par le *Code de la justice de paix* qu'a imprimé Didot le jeune et qu'on trouve, en province, dans tous les bureaux de poste. Sous ce titre engageant *Dormi secure*, il y avait, au moyen âge, des recueils de plans pour les sermons des prédicateurs. Le *Code* est le *Dormi secure* du juge de paix.

Jean Lapeyre réclame à Jean Lasserre une somme de cinq livres. Eh ! bien, il aura trois livres ; et qu'il s'en contente ! On réclame à Elie Granger vingt-sept livres. Granger, devant le juge de paix, compte à ses réclamants les vingt-sept livres ; et tout est dit. Claire Cournu réclame à Jean Larivière douze livres. Joubert condamne Larivière à payer, dans la quinzaine, les douze livres et les dépens, qui montent à une livre deux sols six deniers. Jean Larivière est mauvais payeur. Quelques semaines plus tard, il est encore appelé devant le juge de paix, pour seize livres, en payement d'une mouture à lui vendue. Il ne se présente pas : il est condamné à payer, sous peine de contrainte par les voies de droit. Le 12 janvier 1792, le sieur Lagrave a cité le sieur Martin-Laroche, qui lui doit quatre-

vingt-deux livres. Martin-Laroche envoie son fils,
pour le représenter. A huitaine : et Martin-Laroche
viendra en personne. A huitaine, le voici. Mais il
prétend qu'il n'a rien emprunté à ce Lagrave. Il lui
a dû cinquante-deux livres, par Lagrave gagnées
au jeu : or, il les a payées. Les parties sont « con-
traires dans leurs dires ». Il n'y a rien d'écrit.
Mais Lagrave annonce qu'il a des témoins. Eh!
bien, à la prochaine audience, on entendra les
témoins. Le 25 septembre 1791, Boutan réclame
à Taray le payement de ses droits de métive et
quatre livres treize sols pour des fournitures de
comestibles. Eh! bien, pour les droits de métive,
Taray donnera trois picotins de blé, pas plus, car
Boutan reconnaît avoir déjà reçu un quarteron de
grain. Les quatre livres treize sols, Taray les devra
payer, à moins qu'il ne prouve que Boutan ne lui
réclamait pas davantage avant de recevoir un
acompte. On imagine la dispute des bonshommes,
les aveux, les restrictions, l'embrouillement, et
Joubert qui, faute de pièces démonstratives, saisit
au passage les faits certains, les faits probables.

Sauf pendant une partie du mois de novembre
1791, où il est absent, — et alors Tardif, l'assesseur, fait fonction de juge de paix chez lui-même
Tardif, — Joubert a constamment à examiner ces
petites histoires tatillonnes. Il s'y montre soigneux
de joindre la douceur à l'équité. Par exemple,
Pierre Blanc réclame à Fontaine vingt livres, pour
du bois dont il a prouvé la livraison. Et Fontaine
reconnaît avoir acheté ce bois, l'avoir reçu, devoir
vingt livres ; mais, quoi! l' « état de sa fortune »
ne lui permet pas de s'acquitter avant la Saint-

Martin. Joubert le condamne à payer dans les quarante jours : et nous sommes le 2 octobre ; la Saint-Martin tombe le 11 novembre, tout juste dans quarante jours. Ainsi Fontaine payera quand il avoue qu'il peut le faire.

Les plaideurs vont et viennent. Il y en a qu'on revoit sans cesse, tantôt demandeurs et tantôt défendeurs. Ainsi, le notaire Vignal, à qui Jean Julia réclame treize livres. Il fait défaut : on le réassigne. Le voici : et il est condamné à payer les treize livres, plus les dépens. Plus tard, le voici encore. Il réclame vingt livres à Jean Perrier, qui fait défaut : Vignal en profite. Si les débiteurs ne se gênent pas pour manquer à l'appel de leur nom, les assesseurs aussi en prennent à leur aise. Les plaideurs sont là ; l'un d'eux est, en personne, M. le maire. Ils ont affirmé, l'un ceci, l'autre cela. Il s'agit de dresser procès-verbal de leurs dires : et il manque l'un des assesseurs. On l'attend. Il ne vient pas. Que faire ? Joubert s'adresse aux parties, leur demande si elles tiendront pour valable un procès-verbal signé de lui et d'un seul assesseur. Oui, répondent-elles. Joubert leur fait signer cet engagement. Et il juge avec un assesseur ; voilà tout.

Les femmes sont très occupantes. Les femmes et les filles. Un jour, la demoiselle Michel vient trouver Joubert et le prie d'enregistrer sa déclaration de grossesse. Elle dénonce « pour auteur » François Clédat, qu'elle accuse « de l'avoir séduite sous promesse de mariage après quatre années de fréquentation assidue et publique et approuvée par la mère de Clédat ». Joubert écrit et signe.

Une insupportable mégère, c'est la veuve L'Eté.
Granger, — l'un des nombreux Granger de Montignac, celui-ci procureur de la commune, — avait
à bail une maison qu'il sous-loua à la veuve L'Eté.
Mais, à l'expiration du bail de Granger, la veuve
ne déménage pas. Elle dit qu'elle rendra les clefs
d'un jour à l'autre : elle ne les rend pas. Granger
l'assigne. Elle ne bouge pas. Joubert lui donne
vingt-quatre heures pour décamper, « à peine d'y
être contrainte par éjection de ses meubles ».

Et puis, nous retrouvons Léonarde Braÿ, cette
Léonarde que Pierre Marfonds avait calomniée.
Au mois de mars 1791, Joubert a cru les réconci-
lier. Pas du tout. Un an plus tard, querelles nouvelles. Marfonds réclame à Léonarde cent francs
qu'elle lui doit peut-être. Et voici toute une petite
scène de village. Plusieurs témoins. Du monde.
Soudain, Queyroy, le greffier, s'en va. L'audience
est interrompue. Aura-t-on dérangé ces gens inutilement ? Joubert consulte son code. Il prend la
plume ; il écrit : « Et, en cet endroit de l'audition,
une cause légitime ayant éloigné notre greffier et
son absence pouvant être contraire aux parties
pour la perte de leur temps et celui des témoins si
l'audition étoit remise à un autre jour, nous juge
de paix avons rempli les fonctions du greffier
absent selon qu'il est permis aux juges de paix par
décision du comité relatée à la page 58 du Code de
paix ». On entend le témoin Pierre de Biere. Environ trois semaines avant le carnaval, il descendait
le chemin du château pour se rendre à la grand'-
place. Il entendit Marfonds demander de l'argent à
Léonarde, qui répondit : — « Ne fais pas tant de

bruit pour cent francs que je te dois. Je les ai employés en marchandises ; je te les remettrai. » Joubert insiste. Il faut que le témoin précise toutes les circonstances d'heure et de lieu : c'était auprès du jardin de Marfonds, vers onze heures, pas un dimanche, un jour ouvrable. Et il ne sait pas autre chose. Deuxième témoin : Jacques Martin. Mais Léonarde le récuse comme « suspect de subornation ». Il y a deux semaines, elle l'a rencontré. Il était ivre ; il lui a dit : — « Ecoute, Léonarde. J'ai entendu parler de toi aujourd'hui ; et il s'agit pour toi d'une affaire de grande conséquence... » On voulait lui faire dire que Marfonds avait prêté de l'argent à Léonarde. Mais : — « Pour rien au monde je ne le dirai. » Léonarde le récuse comme parent de Marfonds ; or Marfonds et Martin nient cette parenté. Elle le récuse comme débiteur de Marfonds : Martin concède que son père devait de l'argent à Marfonds ; mais lui Pierre a tout payé. Alors, elle le récuse comme débiteur du sieur Castelane, beau-père de Marfonds : Martin consent. On l'entend tout de même. Le mercredi précédant le mardi-gras, à l'heure du marché fini, environ midi, Martin sortait du cabaret de la Négrille. Il y était entré pour chercher Antoine Lacabane et l'inviter à déjeuner. Il sortit et vit Marfonds causant avec Léonarde. Il s'arrêta, ayant besoin de s'arrêter. Il entendit Marfonds dire à Léonarde : — « Eh ! bien, Léonarde, quand me remettras-tu mes cent francs ? » et Léonarde répondre : — « Je sais bien que je te les dois. Je les ai employés à acheter des marchandises, mais je te les remettrai. » Il n'entendit que cela. Il ne vit pas autre chose : Marfonds rentrait chez lui. Comment Martin sait-il que Marfonds rentrait chez lui ? Et Joubert pousse le témoin. C'est que Marfonds, venant de la halle, suivait le chemin qui mène à sa maison. Et lui, Martin, après cela ? Il s'en alla dîner chez Castelane. Dîner ? Ne venait-il pas d'inviter un ami à déjeuner ? Joubert s'étonne que Martin n'eût pas déjeuné, à l'heure de dîner. Martin répond qu'il a bu « deux coups » avant de quitter son domicile. Mais la Négrille a deux maisons : où alla Martin ? A la maison vieille, sise dans la Teillade (c'est la rue où l'on débarrasse le chanvre de son écorce). Martin n'a-t-il pas parlé à Marfonds ? Oui ; d'abord. Sous la halle ; et pour l'inviter à déjeuner. Plus tard, à la Négrille, il cherchait un troisième convive. Et Marfonds a répondu : — « Je vais à la maison et reviendrai dans le moment. » Quoi ?... Martin disait avoir conjecturé que Marfonds rentrait chez lui ; maintenant, Marfonds le lui a dit ? Martin répond « qu'il a dit la vérité ». Puis, avant de s'éloigner, comment n'a-t-il pas rappelé à Marfonds sa promesse de venir déjeuner ? C'est qu'il ne voulait pas interrompre la conversation de Marfonds et de Léonarde. Marfonds au moins est-il venu déjeuner ? Il n'est pas venu. Où était précisément Martin, quand il a entendu Marfonds et Léonarde ? Devant la porte du faiseur de chaises. Léonarde et Marfonds étaient séparés de lui par la longueur d'une autre maison. N'est-il pas étonnant qu'il les ait entendus de si loin ? Il les a entendus. Il n'a rien à dire de plus. On devine, dans tout cela, des roueries. Joubert les soupçonne ; et il tâche de dépister le mensonge. Sa subtilité de logicien est aux prises avec la malice paysanne. Il renvoie le jugement à la prochaine audience ; mais je n'ai pas le procès-verbal de la prochaine audience et j'ignore ce que devint la querelle de Marfonds et de Léonarde.

Ainsi travaille Joubert à Montignac. Sa compétence est limitée aux petites affaires. Mais la loi ordonne que nulle affaire ne soit portée au tribunal du district sans qu'il ait été fait un essai de conciliation. Le demandeur doit appeler son adversaire devant le juge de paix, lequel tentera d'épargner un procès. Joubert, avec ses deux assesseurs, se réunit alors en « bureau de paix ». Quelquefois, il convainc les plaideurs ; quelquefois, il nomme des arbitres. Le plus souvent, il exhorte les parties à « terminer à l'amiable » ; il leur propose « divers moyens de conciliation » ; il les leur propose sans succès et, en ce cas, il les renvoie « à se pourvoir devant les juges compétens ».

Peut-être lui a-t-il fallu quelque temps, pour s'habituer à ces petites occupations, pour s'habituer aussi à ses compatriotes retrouvés qui, après une longue absence, l'étonnent, le déconcertent. Il a prévu cette difficulté. Peu de jours avant de quitter Paris pour Montignac, il notait : « Dire vivement et avec feu des choses froides, coutume des méridionaux. C'est que leur vivacité ordinaire vient de leur sang, non de leur âme. » Ces gens parlent beaucoup. Et Joubert, lui, est un grand ami du silence. Il écrit : « Entendez-vous ceux qui se taisent ? » Il a plus de peine à entendre ceux qui parlent énormément. Puis, il se reprend peu à peu. Malgré les audiences, les procès-verbaux, le tracas perpétuel, il travaille. Il s'est mis à de fortes lectures. Il lit assidûment le *Cratyle,* et note : « La lecture de Platon est comme l'air des montagnes. Elle ne nourrit pas, mais elle aiguise nos organes et donne le goût des bons alimens. » Et il note : « Par le souvenir, on remonte contre le temps ; par l'oubli, on en suit le cours. » Il note : « Dans tous ces temps de trouble, on fait et on souffre de grands maux. » Il note : « Quand l'événement est ancien, l'histoire a déposé sa lie. » Mais il vit dans le tumulte présent. Il lit Platon ; et, animé par sa lecture, il lit en lui-même. Il note ensemble des extraits de Platon et ses pensées à lui. C'est la méthode qui l'amuse le plus. Il lit les douze livres des *Lois* et il esquisse les éléments de sa politique. Ce n'est pas celle d'un énergumène. Il écrit, par exemple : « Il faudroit qu'il y eût pour les peuples une histoire secrette des bienfaits des rois et des princes, et pour ceux-ci une autre histoire secrette des justes châtimens que les peuples ont quelquefois infligés aux princes et aux rois. Les rois ne devroient lire que celle-ci et les peuples que celle-là. » Je crois qu'il juge ses contemporains, quand il écrit : « Vous ne semez là que des ronces ; elles porteront des épines. » Il se méfie des improvisateurs sociaux et il leur dit : « Nous sommes dans le monde ce que sont les mots dans un livre. Chaque génération en est comme une ligne, une phrase... » Il sépare énergiquement la religion et le reste : « Hommes, mêlez-vous des choses humaines ; dieux, mêlez-vous des choses divines. » La philosophie l'entraîne assez loin dans l'incertitude : « Dieu ! soit que vous soyez un, ou soit que vous soyez plusieurs... » Et cette opinion d'un pessimiste narquois : « C'est l'ouvrier qui a fait le monde ; l'homme fut fait par ses apprentis. » Il compose une prière de philosophe : « Dieu ne peut pas être connu. Faites à Dieu cette prière : Etre sans fin et sans commencement, vous êtes ce que l'homme peut concevoir de meilleur. Comme un rayon de la lumière est enfermé dans tout ce qui brille, un rayon de votre bonté reluit dans tout ce qui est vertu. Tout ce que nous pouvons aimer et qui est aimable montre une part de votre esprit, une apparence de vous-même. Toutes les beautés de la terre ne sont qu'une ombre projettée de celles qui sont dans le ciel. Rendez-nous semblables à vous autant que notre nature grossière permettra cette ressemblance, affin que nous soyons participans de votre bonheur autant que le permet cette vie. » Ses idées sociales, on en trouve l'indication dans ces lignes : « Les hommes naissent inégaux. Le grand bienfait de la société est de diminuer cette inégalité autant qu'il est possible et c'est à ce but qu'elle doit tendre en rendant le faible fort, le pauvre riche, l'ignorant éclairé et le malade bien portant, et procurant à tous la sûreté, la propriété nécessaire, l'éducation et les secours. » Lisant Aristote, il écrit : « Les hommes ont partagé les terres ; ils n'auroient dû partager que les fruits. »

Son grand souci est la tendresse alarmée qu'il a pour Mlle Moreau. Il regrette souvent que ses occupations ne lui laissent pas le loisir de songer à elle autant et aussi bien qu'il le voudrait. Mais il n'est pas distrait de sa tâche. Dans l'exercice d'une magistrature modeste, il a conscience d'être un

« homme public », non pour en tirer vanité, pour accomplir un devoir.

Les derniers temps qu'il passa à Montignac, il se mêla d'une aventure assez comique, assez petite, importante pour la commune et qui, sur les bords de la Vézère, excita les passions. Il y avait rivalité entre Montignac et Terrasson, gros bourg bâti en terrasse et où, dit Latapie [24], on avait l'humeur vive et satirique.

Le 23 août 1790, l'Assemblée constituante désigna les localités où siégeraient les tribunaux de chaque district [25]. Et Montignac était le siège du district, mais Terrasson fut choisi comme siège du tribunal. C'était un honneur, et aussi un avantage matériel, par la fréquente et profitable venue des plaideurs. Montignac fut blessé, courroucé même. Or, le district était composé de sept cantons; et Terrasson se trouvait à l'extrémité du district. Montignac organisa une intrigue et insista, auprès des cantons, sur la difficulté qui résultait pour eux de la situation mal commode de Terrasson. Six cantons, tous excepté Terrasson, quarante-huit paroisses contre douze, adressèrent à leurs députés une pétition tendante à ce que le tribunal fût transporté à Montignac. Les députés considérèrent que « cette expression du vœu public » devait être transmise à l'Assemblée nationale. Le Comité de constitution répondit qu'il fallait en référer aux administrateurs du département. Ceux-ci refusèrent d'aller dans le sens que les députés indiquaient; Terrasson fut ainsi consacré dans son privilège : il installa son tribunal. Montignac se résignait mal; Montignac attendit et guetta l'occasion de faire pièce à Terrasson [26].

L'occasion ne se présenta que deux années plus tard, lors du renouvellement des tribunaux, le 20 septembre 1792. Les électeurs, « en vertu des pouvoirs reçus de leurs commettans », arrêtèrent que le tribunal serait irrévocablement fixé à Montignac. Le directoire du district les approuva, l'Assemblée nationale ayant affirmé la souveraineté du peuple. Donc le peuple, assemblé en collège électoral, était souverain; et Terrasson « heurtait de front la souveraineté du peuple ». C'était opposer à la Constituante la Convention; c'était assez habile. Terrasson passa outre, convoqua ses juges. Mais le district cassa cette convocation [27]. Le 20 octobre, la bisbille prit un caractère aigu. La municipalité de Terrasson envoya au district un nommé Chalard qui, sur les quatre heures du soir, se présenta, porteur d'un message énergique. Le directoire pria l'un de ses membres, le citoyen Sorbier, d'étudier le message et de composer un rapport. Là-dessus, Chalard « s'échauffe »; il exige une décision « dans la minute ». On l'invite à observer que le problème est important et veut au moins un court délai. Il sort; et, à cinq heures et demie, envoie au district un huissier faisant sommation de répondre. Le directoire répond qu'il répondra le lendemain. Le lendemain matin, Sorbier donne son rapport qui, adopté, est remis au secrétaire, « pour l'expédier ». Chalard s'échauffe de nouveau. Il réclame son mémoire : eh! bien, non; et son mémoire sera transmis au Département. Chalard entend le porter lui-même au Département : pas du tout ! Il envoie encore l'huissier, cette fois chez le secrétaire du district. Le directoire écrit aux administrateurs du Département, avec une fausse douceur : « Les membres du directoire font volontiers le sacrifice de ce qui leur est personnel ; mais, revêtus des fonctions honorables d'administrateurs, il est de leur honneur et de leur devoir de maintenir la hiérarchie des pouvoirs et de ne pas souffrir qu'un individu soi-disant envoyé de sa municipalité vienne faire des actes tortionnaires tendant à violenter leurs délibérations, qui doivent émaner de la sagesse et de la tranquillité. Il reproche à ce Chalard de n'avoir négligé « aucun moyen pour le vexer de la manière la plus offensante ». Quant à lui, directoire du district, sa délicatesse ne lui a pas permis de prendre des « mesures vigoureuses »; il compte sur la sagesse du Département [28].

Le Département déféra l'affaire à la Convention. Il ordonna qu'en attendant la justice suivît son cours : jusqu'à l'arrêt de la Convention, les juges continueraient de siéger à Terrasson [29]. C'était compter sur la sagesse de deux petites villes en colère. Montignac convoqua les juges nouvellement élus. Terrasson fit de même. Le Département annula les deux convocations. Dans l'incertitude, les juges nouvellement élus choisirent le séjour qui leur plaisait. Un juge et un suppléant, Terrasson ; trois juges, avec le commissaire national, Montignac. Et voilà un singulier tribunal, dont les membres siègent à quinze kilomètres les uns des autres. Le directoire du district écrivit aux « Conventionnaires ». Il leur représenta que cette divi-

sion privait de justice les justiciables et laissait
dans l'esprit de paisibles citoyens une inquiétude
dangereuse. Il ne voulait pas être « le spectateur
tranquille du désordre ». Il suppliait les représen-
tants de se prononcer le plus tôt possible et de confirmer « le vœu de l'assemblée électorale, qui est
celui des six septièmes du district ». Les Conventionnaires avaient d'autres occupations. Le district
sentit qu'il fallait insister. Il insista, le 30 octobre.
Il demandait, quoi ? un quart d'heure : et ce n'était
pas pour Montignac ni (certes) pour Terrasson,
mais pour l'équité. « La justice souffre, la fermen-
tation règne et le peuple est impatient du grand
acte de justice qui va émaner de ses représentans...
L'intérêt du district vous est cher, sans doute.
Hâtez-vous de satisfaire le vœu des six septièmes
d'un district prêt à périr avec ses administrateurs
pour la grande cause de la liberté universelle. »
Les Conventionnaires avaient autre chose en tête.
Alors, le 16 novembre 1792, le district décida de
se passer d'eux. Il écrivit tout droit au ministre
Roland, « avec cette franchise digne d'une administration vraiment républicaine ». Il priait Roland de
solliciter la Convention : « Oui, vertueux Roland,
ou la loi triomphera, ou nous périrons pour son
entière exécution ; telle est notre profession de
foi. » Je ne sais ce que fit Roland : rien, probablement. Montignac continua de lutter. Montignac
envoya saisir à Terrasson les registres et papiers
du greffe : « Vous n'ignorez pas, citoyens, que les
corps administratifs et municipaux ne doivent se
mêler en rien de ce qui seul concerne l'ordre judiciaire », écrivait-il à la municipalité de Terrasson ;

que faisait-il, lui-même, ce district?... « Vous êtes trop prudente et trop amie des lois pour mettre la moindre opposition à la remise de ces papiers absolument nécessaires pour le bien de la justice. » Affaire compliquée. Terrasson ne renonce pas au privilège qu'il tient de la Constituante. Montignac, en spéculant sur le principe de la souveraineté populaire, fait une sorte de coup d'Etat. La loi est pour Terrasson ; le district est pour Montignac. En déférant la cause à la Convention, le Département n'arrange rien, la Convention n'accordant pas une minute à cette affaire.

C'est alors que le district eut recours à Joubert. Il n'était pas facile d'intéresser à une petite querelle de bourgades périgourdines les conventionnels de Paris. Il était plus facile d'atteindre les commissaires de la Convention Carnot, Garrau et Lamarque, envoyés par elle aux frontières des Pyrénées et qui pour lors se trouvaient à Libourne. Joubert leur fut adressé. Son entrevue avec eux nous est révélée par cette lettre : « Aux administrateurs composant le directoire du district, à Montignac-sur-Vézère. Citoyens administrateurs du district, vos réclamations et vos plaintes ont obtenu l'attention qui leur était due. Le reportement provisoire du tribunal à Montignac est maintenu par toute l'authorité des commissaires de la Convention, et cette authorité est sans limites dans tout ce qui intéresse aussi essentiellement l'ordre public. Il est ordonné à la municipalité de Terrasson de rentrer dans ses bornes et de livrer les papiers du greffe au greffier, comme vous le verrez par l'arrêté cy-joint. Un libre cours est enfin rendu à la justice interrompue. Agréez, citoyens, que je me félicite de n'avoir pas été inutile aux efforts de votre zèle et de votre amour pour le bien général de mon pays. — J. Joubert, président du tribunal de conciliation. Bordeaux, 1er de l'an 1793, an 2e de la R.F. — P.S. Les ordres des commissaires arrêtés à Libourne le 26 décembre n'ont pu être définitivement expédiés que ce jour 1er janvier. »[30] Ainsi, Joubert avait très bien emporté l'affaire. Dans leur arrêté (daté, non du 26, mais du 25 décembre 1792), les commissaires de la Convention s'appuient sur « l'exposé qui leur a été fait au nom des citoyens de six cantons sur sept composant le district de Montignac » : ils ne citent pas nommément Joubert, comme ne le cite pas le district sur le registre où il copie l'arrêté des commissaires. Et l'on ignorerait son initiative, sans la trouvaille de cette lettre. Il n'aimait point à faire montre de lui-même; et, comme il se plaisait à publier quelques écrits sans les signer, cette activité cachée était celle qu'il désirait.

L'arrêté des commissaires de la Convention fut enregistré à Montignac le 5 janvier 1793. Il résume les arguments fournis par Joubert. Il note que Terrasson est à l'extrémité du département, que Montignac est central, et plus peuplé, plus fréquenté; il invoque les décisions prises par l'assemblée électorale de Montignac. Il note — et c'est assez gai — que l'un des cinq juges élus au renouvellement des tribunaux, « né à Terrasson et y habitant », y tient des audiences, tout seul, et y prononce des jugements. Il ordonne, « au nom de la Convention nationale et en vertu des pouvoirs à nous délégués par les décrets », que le tribunal soit établi à Montignac, que le juge récalcitrant y vienne et qu'on y transporte le greffe [31]. Grâce à Joubert, Montignac triomphe. Terrasson ne se soumit pas facilement. Le juge récalcitrant, Elie-Guillaume Bouquier, frère cadet de Gabriel Bouquier le conventionnel [32], refusait de quitter sa ville natale. La municipalité révoquait en doute les pouvoirs des commissaires de la Convention et gardait les papiers du greffe. Le citoyen Nicolas Sorbier, commissaire national, adressa au district une pétition tendante à suspendre les officiers municipaux de Terrasson. Le district fit connaître aux commissaires « l'acte incivique et désobéissant » de ces officiers : il avait pris un arrêté de suspension, qu'il espérait voir confirmer par le Département. Il fallut écrire au Procureur général, lui prêter un gendarme, le supplier de faire diligence. Je ne sais pas combien de temps dura l'affaire. Mais Joubert n'était plus là.

Sa lettre du 1er janvier 1793, Joubert la signe « Joseph Joubert, président du tribunal de conciliation ». Il n'est plus juge de paix. Les tribunaux de conciliation, dans chaque district, servaient comme de « bureaux de paix » pour les parties domiciliées dans les ressorts de différentes justices de paix. Ils étaient composés de six membres, que désignait le conseil général. Joubert avait été nommé président de ce tribunal, sans doute à la fin d'octobre 1792, quand il cessa d'être juge de paix ; et il donna bientôt sa démission, pour quitter Montignac.

Pourquoi renonça-t-il à être juge de paix ? Cette magistrature, qui avait donné de si grandes espérances, ne tarda guère à décevoir tout le monde. Dès le printemps de 1791, Lamarque, dans le *Journal patriotique du département de la Dordogne*, s'étonne que « la sublimité de l'institution des justices de paix » se détériore. Les juges de paix devaient remédier à « des maux incalculables » ; et· Lamarque se demande pourquoi ils ne le font pas. C'est qu'ils jugent selon la lettre, au lieu d' « entrer dans le cœur des hommes pour les amener à l'oubli des injures, au désintéressement, à la paix » ; c'est que, « pour donner des cédules et des sentences, il ne faut que des mains, pour concilier il faut une âme »[33]. Et l'on n'a pas trouvé une telle âme dans chaque canton. En 1792, le ministre de la justice déplore le peu d'expérience des juges de paix ; les uns sont trop mous, les autres trop raides. Les audiences sont souvent levées, faute d'assesseurs : « ces bonnes gens, qui ont besoin de travailler pour vivre, ne veulent pas s'assujettir aux audiences pour rien »[34]. En 1793, Carnot, dans le rapport qu'il adresse avec Lamarque et Garrau à la Convention, écrit : « Des juges de paix, dans les campagnes, font un métier honteux de ce qui ne devroit être que l'exercice d'un ministère paternel et consolant : on leur reproche infiniment de despotisme et une avidité indigne du caractère respectable dont la confiance publique les a revêtus. »[35] Certes, on n'adresse pas de tels reproches au parfait Joubert ; mais enfin, la profession de juge de paix a perdu sa première poésie, une partie même de sa dignité. Pendant l'année

1792, les choses avaient pris une tournure nouvelle, et telle que Joubert ne devait pas l'aimer. Ainsi, l'on changea la formule du serment. Joubert, le 7 octobre, jura d' « être fidèle à la Nation et de maintenir de tout son pouvoir la liberté et l'égalité ou de mourir à son poste ». Il jura ; et il signa [36].

S'il jura, c'est que ses fonctions touchaient à leur fin et qu'il n'avait pas du tout l'intention de solliciter le renouvellement de son mandat. Comment, tel que nous le connaissons, fût-il resté ? Le 22 septembre, le procureur syndic convoquait ainsi les électeurs : « Lorsque, de toutes parts, les despotes réunissent les forces de leurs esclaves pour nous égorger ou nous asservir, que des Français assez lâches pour le désirer mettent tout en œuvre pour seconder les projets de nos ennemis, vous ne devez laisser en place que des citoyens qui soient sincèrement passionnés pour l'Egalité et la Liberté et résignés à tout souffrir, tout sacrifier pour les défendre... Pour que la nouvelle révolution puisse nous conduire à des résultats avantageux, il faut que tous ceux que vous destinez à la servir ayent une trempe d'âme assez forte pour s'élever à la hauteur de la journée du dix, et assez d'onction pour faire germer dans l'âme de leurs concitoyens les grands principes sur lesquels reposent le bonheur et la prospérité de la Nation. Je suis, avec fraternité, le procureur syndic. » [37] Nous voilà loin de la douce magistrature qu'avait imaginée l'Assemblée constituante et à l'aménité de laquelle Joubert avait été sensible. Sous cette forme nouvelle, elle n'a plus de quoi séduire cet homme intelligent et sage.

L'élection des nouveaux juges de paix, dans le district de Montignac, fut fixée au 28 octobre. Joubert ne se présenta certainement pas. Borredon, je n'en sais rien. Mérilhou fut élu. Il fut installé le 3 novembre. Et Desmons, procureur de la commune, lui adressa ce discours : « Citoyen, le peuple t'a nommé juge de paix. Ce titre t'impose de grands devoirs, de grandes obligations. En les remplissant, tu éprouveras des sensations bien délicieuses qui te récompenseront. L'homme vertueux qui fait le bien goûte une satisfaction douce, voluptueuse. Chaque citoyen, en te donnant son suffrage, s'est dit : Mérilhou calmera nos différends, il apportera la paix dans nos ménages, il garantira nos propriétés et la justice nous sera rendue par l'organe d'un ami... »[38] etc. Il y en a long : ces orateurs révolutionnaires n'épargnent pas les mots, ni les phrases. Desmons ne dit rien de Joubert. Evidemment, Joubert n'était pas à la hauteur de la journée du dix. Peut-être ne le regrettait-on pas. Et lui ne regrettait rien. La pauvre Mme Joubert elle-même dut approuver, malgré son chagrin, que son fils s'en allât.

Avant de s'en aller, Joubert avait rendu à sa ville natale un dernier service, en lui faisant donner les tribunaux. Je crois même qu'après l'élection de Mérilhou, il n'ajourna son départ que pour cela.

Il avait vu la Révolution. Et, plus tard, il écrira : « Les révolutions sont des temps où le pauvre n'est pas sûr de sa probité, le riche de sa fortune et l'innocent de sa vie. »

Il partit au commencement de janvier 1793 ; et il fit le voyage avec les trois commissaires de la

Convention. L'un deux, François Lamarque, était anciennement son ami et put le présenter aux deux autres : Lazare-Nicolas-Marguerite Carnot, d'un an seulement plus âgé que lui, célèbre par ses travaux et ses polémiques touchant les fortifications et le corps du génie, moins célèbre et cependant apprécié pour les chansons et poésies légères qu'il avait composées comme membre de la « joyeuse société des Rosati d'Arras » ; et le jeune citoyen Pierre-Anselme Garrau, de trente et un ans, qui débutait à merveille. Les commissaires avaient quitté Libourne dans les derniers jours de décembre et ils étaient allés passer quelques jours de repos à Sainte-Foy la Grande, sur la Dordogne, où demeurait le père de Garrau, ancien notaire et qui accueillit bien ces jeunes gens de grand avenir. C'est à Sainte-Foy qu'on prit le chemin de Paris, dans deux voitures : la première, celle du citoyen Carnot, emmenait le citoyen Garrau, sa femme et son fils âgé de deux ans ; la deuxième, à six places, les citoyens Carnot, Lamarque, la sœur du citoyen Lamarque, une petite Garrau habillée en garçon, un officier de marine et Joseph Joubert[39]. La route fut assez longue, assez pénible, avec des incidents. Il y avait à parcourir plus de cent cinquante lieues de poste, en passant par Blaye, Saint-Jean-d'Angély, Poitiers, Châtellerault, Tours, Blois, Orléans, Étampes, Montlhéry, Antony, Bourg-la-Reine ; et l'on entrait à Paris par le Petit Montrouge et la barrière d'Enfer[40]. Quand les trois Conventionnels arrivèrent à Paris, le procès du roi était commencé. Ils ne manquèrent pas les séances principales et décisives. Joubert y assista lui-même, avec son frère Arnaud[51]. Et il entendit ses trois compagnons de voyage prononcer les paroles que voici. Carnot : « Dans mon opinion, la justice veut que Louis meure et la politique le veut également. Jamais, je l'avoue, devoir ne pesa davantage sur mon cœur que celui qui m'est imposé ; mais je pense que, pour prouver votre attachement aux lois de l'égalité, pour prouver que les ambitieux ne vous effraient pas, vous devez frapper de mort le tyran. Je vote pour la mort. » Lamarque : « Louis est coupable de conspiration ; il fut parjure, il fut traître. Son existence soutient les espérances des intrigants, les efforts des aristocrates. La loi a prononcé la peine de mort ; je la prononce aussi, en désirant que cet acte de justice, qui fixe le sort de la France, soit le dernier exemple d'un homicide légal. » Garrau : « Citoyens, je n'examine point si nous devons porter un jugement contre Louis ou prendre une mesure de sûreté générale. Louis est convaincu d'avoir conspiré contre la sûreté ; dès lors, j'ouvre le livre de la loi, je trouve qu'elle porte la peine de mort contre tout conspirateur ; je vote pour la mort. » Et, plus tard, Joubert écrira : « La révolution a chassé mon esprit du monde réel en me le rendant trop horrible. » Peu à peu, il se composera un univers de sentiments et d'idées, où il s'enfermera, où il oubliera volontairement les démentis qu'inflige au rêve et à l'espérance la brutale vérité ; il organisera, pour son plaisir anodin, des systèmes de pensée, de mélancolie et de toute fantaisie mentale, qu'il abritera soigneusement contre la vie et ses risibles ou détestables fantoches.

————————

NOTES

CHAPITRE PREMIER

1. *Contemporaines*, t. XIX, lettre 108.

2. *Mes Inscripcions*, pages 108 et 113.

3. *Id.*, page 127. Le texte donné par M. P. Cottin est celui-ci :
« Il y a toute apparence qu'une femme, qui a vu deux feuilles
de l'*Infidelle*, par la faute de mon brocheteur, lui a écrit que
j'imprimais contr'elle et ses adhérens... » Mais je crois qu'au
lieu d'*une femme*, il faut lire *ma femme*. Autrement, « contr'elle »
n'aurait pas de sens. Puis, on trouve, à la page 139, ce passage :
« ...Ma femme, qui lui a écrit que je faisais une satire contre
elle et contre lui. »

4. *Contemporaines*, t. XXVII, pages 343, 344.

5. *Petite histoire de France*, page 151 (octobre 1792).

6. Il écrit à l'un de ses amis : « Après m'avoir accueilli d'estime
et d'amitié jusqu'aux confidences les plus secrettes, il m'a tout
à coup accusé de ses soupçons. Il a écrit et imprimé des satires :
il a pris pour moi toute la haine que ses injustices ont méritée...
Ainsi, nous ne nous voyons plus, et depuis longtemps ; mais je
ne penserai jamais sans admiration au peintre qui nous a tracé,
dans la Paysanne pervertie, des portraits si vigoureux... »
(*Petite histoire de France*, t. II, page 20.)

7. *Id.*, t. I, page 291.

8. Sur les *Affiches de province*, v. Hatin, *Bibliographie historique et critique de la presse périodique française*, Paris, 1866,
(page 19).

9. C'est par Fontenay que Restif eut la joie de faire les fameux
dîners dits des Académiciens de Picardie et des Académiciens

d'Amiens. (Cf. Jacob, *op. cit.*, page 412 et *Mes Inscripcions*, page 277.)

10. *Petite histoire de France*, tome I, page 310. (Les autres lettres de Milran, aussi.)

11. Le Brigant est à Paris au mois de janvier 1787 : Restif le rencontre, ainsi que l'abbé de Saint-Léger, le 1er janvier, chez Butel Dumont (*Mes Inscripcions*, page 273). Le 19 mars, il l'accompagne chez Toustain (*id.*, page 290). Il le considère comme un « charlatan ».

12. Pahin de la Blancherie rêvait de coordonner l'effort des savants et artistes de tous pays. Il avait un journal, les *Nouvelles de la république des lettres et des arts*, et un supplément à ce journal, le *Salon de la correspondance pour les lettres et les arts*. (Voir le *Salon* du 4 mai.)

13. Cette même année 1787, il publie un *Mémoire sur la langue des Français, la même que la langue des Gaulois leurs ancêtres* ; en 1788, des *Observations sur un ouvrage de M. Jamgrane, jurisconsulte anglais* et des *Réflexions sur les études* ; en 1791 et en 1792, deux monographies de la ville d'Avranches.

14. Barbier dit que les *Observations* furent attribuées à Dom L.-B. de La Taste, même par les historiens de l'ordre de Saint-Benoît. Mais, après la mort de Chaupy, en 1798, le libraire Merlin, chargé de la vente de ses livres, annonça les *Observations* comme de Chaupy. C'est ce que répète l'année suivante Chaillou, ancien avocat et bibliophile, dans une notice qu'il publia en tête du catalogue des livres de M. de Milly : « Des assertions aussi positives, de la part de personnes qui ont connu particulièrement l'abbé de Chaupy, doivent l'emporter », dit Barbier.

15. Par M. l'abbé Capmartin de Chaupy. A Rome... 1767. L'ouvrage est dédié au pape Clément XIII. Le tome III est de 1769. Une note dit que les deux premiers, imprimés depuis 1767, n'ont été rendus publics qu'avec le troisième.

16. C'est la conclusion de M. L.-A. Constans, au terme d'un article, « La villa d'Horace en Sabine », publié dans le *Journal des Savants* du mois de mai 1914.

17. Je n'ai pas la date exacte de sa mort. Mais, dans la notice qu'il lui a consacrée en 1799, Chaillou dit qu'il est mort « il y a près d'un an ». (Voir *Catalogue des livres rares et curieux, manuscrits et imprimés, composant la bibliothèque de feu le citoyen de Milly, dont la vente se fera le 21 fructidor an VII et jours suivants à quatre heures de relevée, en sa maison, rue du Bouloi, n° 48. Rédigé par Jannet et Chaillou. Il se trouve à Paris,*

chez Jannet libraire [etc.]. *An VII.* — La notice qui sert de préface est du citoyen Chaillou, rue Croix-des-Petits-Champs,
n° 119).

18. Notons (car cela semble attester les relations de Joubert
et de Chaupy) que Joubert s'est intéressé à ces fouilles. Sur un
feuillet (qui contient cette mention : « Vie de Peiresc, mémoire
de Goujet » et qui doit être au plus tard de 1785, Joubert ayant
dû renoncer alors à écrire un éloge de Peiresc : l'Académie de
Marseille venait de couronner le mémoire de Lemontey) je
trouve ceci : « Second bulletin des fouilles faites par ordre du
roi, d'une ville romaine sur la petite montagne de Châtelet, entre
Saint-Dizier et Joinville, par M* Crignon. Paris, Delalain, 1774. »
Autre feuillet, sans date : « Fouilles d'une ville romaine par
M. Crignon, 2° bulletin. »

19. Cf. *Catalogue des livres, antiquités et médailles composant
les bibliothèque et cabinet de feu le C. Capmartin de Chaupy,
dont la vente se fera en sa maison, cloître Notre-Dame, n° 39, le
11 vendémiaire an 7 et jours suivants, 4 heures de relevée.
Se distribue à Paris, chez Merlin, libraire, rue du Hurepoix
n° 13 du pont Saint-Michel.* (V. à la page 28, sous le n° 390, ce
qui est dit des *Observations* et des *Réflexions*.)

20. Lettre inédite. Collection de M. Félix Chandenier.

21. Catalogue Noël Charavay du 8 juin 1914.

22. Cf. Gaston Boissier, *Nouvelles promenades archéologiques,*
page 4.

23. Que Chaupy se soit retiré à Sens, c'est ce que dit la biographie Michaud (l'article est signé W—s, c'est-à-dire Weiss) :
« A cette époque, il demeurait à Sens ; et c'est là qu'un jeune
littérateur, qui depuis était devenu membre de l'Académie française, eut souvent occasion d'apprécier cet esprit original. »

24. *Correspondance inédite de la comtesse de Sabran et du
chevalier de Boufflers*, recueillie et publiée par E. de Magnieu
et Henri Prat, 2° édition, 1775 ; page 42. Cette lettre-ci n'est
datée, par M** de Sabran, que de « ce 18 ». Mais elle annonce
que M** d'Andlau « est enfin accouchée d'un gros garçon bien
fort et bien portant ». M** d'Andlau a eu trois fils : en 1779, en
1783 et en 1787. (V. Ch. Nauroy, *Révolutionnaires*, Paris, 1891,
page 253 ; et *Le Curieux*, page 106.) Il s'agit de l'aîné : « est
enfin accouchée d'un garçon... » : avant cela, M** d'Andlau
avait eu trois filles. Secondement, la date « ce 18 » convient à
l'annonce d'une naissance qui est d'un 16. Troisièmement,
M** de Sabran parle de « son hiver » : les d'Andlau de 1783 et
de 1787 sont nés au printemps ; l'aîné est du 16 novembre 1779

et, le 16 novembre, on s'occupe de son hiver. Enfin, Mme de Sabran ne tutoie pas Boufflers, dans sa lettre du 18 : en 1783, elle le tutoie depuis longtemps. Donc la lettre est du 18 novembre 1779.

25. Est-ce un article de journal que prépare Joubert ? Je ne sais.

26. 15 octobre 1798.

27. Octobre-novembre 1805.

28. *Idem.*

29. 1779-1783 (et, pareillement, ce qui suit).

CHAPITRE II

1. Note de Sainte-Beuve, placée entre parenthèses à la fin de l'étude qu'il a écrite pour les *Œuvres de M. de Fontanes*, page cxxii. L'étude est de 1839. L'étude, reproduite au tome II des *Portraits littéraires*, est datée de « décembre 1838 » ; et, dans cette réimpression, les remerciements à Langeac ont disparu.

2. *Portraits contemporains*, tome V, page 163.

3. Copie de son acte de baptême, dans son dossier, aux archives administratives du ministère de la Guerre.

4. *Histoire généalogique et héraldique des pairs de France*, par M. le chevalier de Courcelles, Paris, 1822.

5. De la Chenaye-Desbois et Badier, *Dictionnaire de la noblesse*, 3e édit., 1867, t. XI.

6. Sur les Allyre de Langeac, voir la *Gazette de France* des 7 et 14 mars 1786.

7. Voir Pailhès, *Du nouveau sur Joubert*, page 517.

8. *Les registres de l'Académie françoise*, Paris, 1895 (t. III, page 234).

9. *Lettre d'un fils parvenu à son père laboureur. Pièce qui a remporté le prix à l'Académie françoise en 1768. Par M. l'abbé de Langeac.* A Paris, chez la V. Regnard, imprimeur de l'Académie françoise, grande salle du Palais, A la Providence, et rue basse des Ursins, 1768, in-8° (9 pages).

10. *Œuvres complètes*, tome XVIII, page 297, et tome XIX, page 279.

11. La thèse sabbatine (étymologiquement, du samedi), les

écoliers la soutenaient à la fin de leur première année de philosophie : un sabbatin, autant dire un petit étudiant, un gamin. M. Tourneux s'est trompé là-dessus ; et, dans la table des matières des *Œuvres complètes* de Diderot, on lit : « Langeac (le chevalier Sabatin de) ».

12. *Œuvres complètes*, t. XI, page 374.

13. *Épitre d'un fils à sa mère*, « pièce qui a concouru au prix de l'Académie françoise en 1768. Par M. l'abbé de Langeac ». A Paris, chez Le Jay, libraire, quai de Gèvres, au Grand Corneille, 1768 (page 25).

14. *Éloge de Corneille*, « pièce qui a concouru au prix de l'Académie de Rouen en 1768, par M. l'abbé de Langeac ». A Paris, chez Le Jay... 1768.

15. Archives administratives du ministère de la Guerre.

16. Il donne ce renseignement dans une requête qu'il adresse, le 7 juillet 1816, au ministre de la Guerre, pour obtenir du roi le grade de maréchal de camp (même dossier).

17. *Registres de l'Académie*, t. III, page 441. Je n'ai pas trouvé à la Bibliothèque nationale la *Traduction d'un morceau de l'Iliade* qui a concouru en 1778. Je me demande si elle a paru. Cependant Quérard la cite et lui attribue le format in-8°.

18. C'est l'adresse à laquelle lui écrit Diderot (*Œuvres complètes*, t. XX, page 82).

19. *Les Bucoliques de Virgile traduites en vers*, Paris, Coignet, 1806. Barbier et (probablement d'après lui) Payen, le donateur de l'exemplaire que possède la Bibliothèque nationale, disent (Payen, dans une note manuscrite) que les remarques jointes à chaque églogue sont de Michaud. Langeac, dans son *Précis*, loue spécialement un passage de l'*Éloge de Washington*, par Fontanes : « ...un de ces morceaux pleins d'éclat, de chaleur et de mouvement qui ne peut être oublié par personne et qui sera classé comme une des plus belles pages de notre langue dans les recueils de chefs-d'œuvre de nos plus grands maîtres. »

20. L'article de Dussault, 3 juin 1807, est reproduit dans *Le spectateur français au XIXe siècle*, etc. (tome X, page 48).

21. *Mémoires...* de Mme Bochsa, née Ducrest, tome II, page 271.

22. Lettre au ministère de la Guerre, 7 juillet 1816 (dossier Langeac, aux archives administratives du ministère de la Guerre).

23. Paris, 1836. T. II, pages 179 et suivantes de l'édition in-12.

24. L'exemplaire de la Bibliothèque nationale (Nc. 932) porte,

à côté de *M****, *de l'Académie de Marseille*, cette mention manuscrite : « Le chevalier de Langeac ». Il y a une autre édition, de l'an IX. C'est l'édition précédente, habillée à nouveau : on a tout simplement revêtu d'un nouveau titre les exemplaires invendus en 1789. On a laissé, sur le nouveau titre, la faute *Crumwell* (et même, on a mis, cette fois, *Crumwel*), signalée dès 1789 dans l'errata qu'on a gardé.

25. Exactement, depuis le 20 août 1783. Cf. *Recueil de l'Académie des belles-lettres, sciences et arts de Marseille pour les années 1783, 1784 et 1785. Aix, 1785.*

26. Brochure in-8° de 12 pages. Cf. *Journal de la ville*, n° XXVIII (28 octobre 1789) et n° XXX (30 octobre) ; ceci en note : « On l'attribue à M. le chevalier de L***. »

27. Et Chateaubriand n'a pas remis le manuscrit de Joubert dans les liasses, car je ne l'y ai pas retrouvé.

28. L'Epitre de Colomb à Ferdinand et Isabelle avait d'abord paru dans le *Recueil de l'Académie... de Marseille, contenant les ouvrages couronnés dans la séance du 25 août* 1781, etc. Marseille, 1781 (in-8°), pages 13-21. Ce recueil manque à la Bibliothèque nationale. Mais il est cité par l'abbé Dassy, *L'Académie de Marseille, ses origines, ses publications, ses archives, ses membres,* Marseille, 1877, in-8° (page 254).

29. M. Audibert appartenait à l'Académie depuis vingt ans. Il fut secrétaire perpétuel de 1784 à 1787. Il ne donna lecture de son éloge qu'en 1785 ; c'est qu'en 1784, il eut à prononcer l'éloge de M. le bailli de Revel ; et sans doute la séance fut-elle trop chargée pour qu'on y introduisît deux lectures de M. Audibert. En outre, la section de peinture, fondée par Dandré-Bardon, avait tenu à célébrer son fondateur avant que n'intervînt la section des belles-lettres.

30. *Œuvres complètes*, t. XVII, page 497.

31. *Recueil de l'Académie des belles-lettres, sciences et arts de Marseille, pour l'année 1786. A Marseille, 1787*, sous le privilège de l'Académie.

32. 14 juin 1788. Et, sur un feuillet sans date : « On propose son éloge aux bords de la Méditerranée. Ce choix est juste, car il a rendu toutes les mers plus navigables. »

33. *Éloge de Jacques Cook, avec des notes. Discours qui a remporté le prix d'éloquence au jugement de l'Académie de Marseille, le 25 août* 1789, par P.-E. Lémontey, citoyen de Lyon, membre du Corps législatif, Paris, 1792. Aux pages 38 et 82, Lemontey, comme Joubert, célèbre la princesse de Linange,

donatrice. Parmi les passages de Joubert qui prouvent qu'il destinait à l'Académie de Marseille son éloge de Cook, citons encore celui-ci : « O descendans des Grecs anciens, je louerai ce navigateur moderne comme vos pères louoient les héros qui furent vos ancêtres, quand ils disoient de quelqu'un d'entre eux : il amena ses compagnons. Cook eut la même gloire, il ramena toujours les siens. »

34. Sainte-Beuve, article sur Marie-Antoinette, 8 août 1864. *Nouv. lundis*, VIII, 337.

35. Lemontey, quatre ans plus tôt, avait eu le prix pour un éloge de Peiresc : et il y a, dans les papiers de Joubert, des notes relatives au même Peiresc ; de sorte que Joubert songea peut-être à concourir, lui aussi, pour l'éloge du savant numismate.

36. Cf. Sainte-Beuve, *Causeries du lundi*, VII, 157. Arnault disait, à propos de Lemontey : « Une goutte d'eau suffisait pour mouiller toute sa poudre. »

37. *Revue de Paris*, 15 novembre 1913 : « La censure théâtrale sous la Restauration », par Claude Gével et Jean Rabot.

38. On citerait une quantité de ces recueils : *Anecdotes arabes et musulmanes, depuis l'an de J.-C. 614, jusqu'à l'extinction totale du califat en 1538* (Paris, Duchesne, 1772) ; *Anecdotes ecclésiastiques contenant tout ce qui s'est passé de plus intéressant dans les églises d'Orient et d'Occident depuis le commencement de l'ère chrétienne jusqu'à présent* (Paris, Vincent, 1772, 2 volumes) ; *Anecdotes générales et particulières pour servir à l'histoire des mœurs de ce siècle* (Paris. Ruault, 1778) ; et les *Anecdotes piquantes de Bachaumont, Mairobert, etc., pour servir à l'histoire de la société française à la fin du règne de Louis XV* ; et les Anecdotes africaines ; et les Anecdotes américaines ; et les Anecdotes espagnoles et portugaises ; et les Anecdotes chinoises, et les germaniques, et les italiennes, et les orientales, etc., etc.

39. Voici quelques-uns des chapitres des *Anecdotes anglaises et américaines* dont j'ai retrouvé les notes ou le brouillon dans les papiers de Joubert : *Almodovar* (II, 217) ; *Mrs Ross* (II, 62) ; *Savanah* (II, 190) ; *Pulaski* (II, 194) ; *Fête de nuit* (II, 188) ; et maintes phrases ou indications de détail qu'on remarque dans les chapitres ou passages consacrés à David Ramsay, au colonel Roberts, à Taws, à La Fayette, à la population de Saint-Vincent, à La Martinique et à d'Estaing, au combat d'Ouessant, à Burgoyne, à Bretigney, au « press-warant », etc.

CHAPITRE III

1. *Opuscules poétiques, par* Mme *A. B. Dufrenoy, avec des notes, et une relation historique sur les journées des 2 et 3 septembre 1792 par l'abbé Sicard*, Paris, 1806. — *Elégies, suivies de poésies diverses, par* Mme *Dufrenoy*, 2ᵉ édition, Paris, 1813. — *Elégies, suivies de poésies diverses et de deux pièces qui ont remporté le prix, l'une à l'Académie française, l'autre aux jeux floraux, par* Mme *Dufrenoy*, 4ᵉ édition, Paris, 1821. — *Œuvres poétiques de* Mme *Dufrenoy, suivies d'observations sur sa vie et ses ouvrages, par* M. A. Jay, deux volumes, Paris, 1826. — Voir aussi *Derniers vers de* Mme *Dufrenoy, précédés et suivis de pièces intéressantes sur sa vie et ses ouvrages, par* F. Gérinal, Paris, 1825 (32 pages).

2. Voir, notamment, la préface des *Opuscules*.

3. Copie abrégée de son acte de naissance, d'après les registres de Saint-Eustache, dans le dossier de Murville aux Archives administratives de la Guerre : « L'an 1753, le 8 mai, fut nommé Pierre Nicolas, né d'hier, fils de Nicolas Charles André et de Jeanne Fisallier, son épouse... »

4. *Registres de l'Académie françoise*, t. III, page 398.

5. C'est Murville qui le raconte, quand il réimprime les *Adieux d'Hector et d'Andromaque*, dans un recueil de ses œuvres, *L'Année champêtre, poème en 4 chants et en vers libres ; suivi de poésies diverses*, Paris, 1807 (page 191).

6. Numéros du 16 décembre 1788 et du 1ᵉʳ janvier 1789.

7. *Portraits littéraires*, t. II, page 298.

8. La Harpe, *Correspondance littéraire*, t. V, page 308.

9. *Epitre à Voltaire, pièce qui a obtenu l'accessit de l'Académie française*, Paris, 1779. Réimpression dans l'*Année champêtre*, page 200. Cf. La Harpe, *Corr.*, t. II, page 401.

10. *Œuvres poétiques*, t. I, page 15. Mais, dans les *Opuscules*, ce n'est pas la flûte de Raul ; c'est la harpe du « savant Kromoth ».

11. *Poème sur l'édit en faveur des non-catholiques*, par M. de Fontanes, Paris, Demonville, 1789, 8ᵒ.

12. Grimm, *Correspondance*, t. XV, page 513.

13. *Œuvres poétiques*, t. I, page 26.

14. Voir Sainte-Beuve, *Portraits contemporains*, t. IV, page 430 ; et *Chateaubriand et son groupe*, t. I, page 111.

15. *Journal politique national*, 1er abonnement, n° 14, 11 août 1789.

16. Sans lieu ni date. Mais la réplique au *Petit Almanach* date ce pamphlet de 1788 ou 1789.

17. *Les Voyages de l'Opinion dans les cinq parties du monde*, par Louis-Emmanuel. Chez Lagrange, libraire, 1789. Il y a, dit Quérard, cinq numéros. Il y en a un sixième : les cinq premiers sont d'août 1789 ; le sixième est de cinq mois plus tard. Le sixième annonce une suite. Je crois qu'elle n'a jamais paru, et peut-être parce que Flins entre au *Modérateur*.

18. Comédie en un acte en vers. A Paris, etc. 1790.

19. Il y a une lettre signée « Dejoubert ». Et ce n'est pas le « De » qui serait bien gênant pour attribuer cette lettre à Joubert. Mais il s'agit de l'affaire Besenval ; et Dejoubert prend parti sur un ton d'autorité qui ne pouvait être celui de Joubert en telle conjecture. L'auteur doit être M. de Joubert, trésorier des Etats de Languedoc, dont David a fait le portrait en 1786 et qui est mentionné en 1786 parmi les « associés protecteurs » de la Société pour les sciences et les arts de Pahin de la Blancherie. (Voir *Nouvelles de la république*, etc.).

20. Le *Modérateur* imprime « la ».

21. Le *Modérateur* imprime « ample ».

22. Numéro du 7 décembre 1789.

23. Numéro du 17 décembre 1789.

24. Sainte-Beuve, *Portraits littéraires*, t. II, page 247.

25. Mardi 9 mars 1790 : « On assure que le pape est abonné secrètement pour les *Révolutions de Paris*, qui s'impriment chez Prudhomme : c'est un véritable triomphe pour les fidèles démocrates et une grande humiliation sans doute pour les aristocrates, qui ne s'attendaient pas que le pape serait si zélé pour le bon parti. »

26. Sur Panckoucke, 4 décembre 1789. Sur Mercier, le 31 janvier 1790, article très violent : « De l'art de la calomnie » ; etc. jusqu'au 5 avril où Mercier est assez rudement taquiné comme directeur des *Annales patriotiques*.

27. 27 janvier 1790.

28. Arnaud Joubert, dans sa *Notice historique*, dit, plus précisément : « et des matériaux pour notre histoire ».

29. *Petite histoire*, t. II, page 231.

30. Il fallait, souvent, réimprimer plusieurs fois des numéros

qu'on ne cessait de demander ; le tirage dépassait celui de tous les journaux et périodiques de l'époque.

31. Le larcin journalistique de Prudhomme est raconté dans le numéro du 24 décembre 1789 du *Journal des révolutions de l'Europe* (Cf. E. Hatin, *Bibliographie,* etc., page 155).

32. *Id.*

33. Excepté dans le n° 80 (15-22 janvier 1791). Dans le n° 81, elle passe du recto au verso de la couverture. Cette fois, Prudhomme ajoute qu'on peut également se faire inscrire « à Lyon, chez Prudhomme aîné ». Celui-ci (Jean-Louis) est le frère du nôtre. Il a vécu de 1745 à 1832 ; et il était donc libraire dans leur ville natale. A cause de cela, j'ai cherché à la bibliothèque de Lyon l'*Introduction à l'Histoire impartiale* : elle n'y est pas.

34. Voir Sainte-Beuve, *Nouveaux lundis,* t. XII, page 24.

35. Milran put tenir de Prudhomme des renseignements relatifs à l'*Histoire impartiale.* Je crois qu'il le connaissait. Il fait de lui de grands éloges : « J'estime Prudhomme, qui ne veut point des membres de la Convention pour coopérateurs, parce qu'ils jugeraient, malgré eux, avec partialité l'œuvre de leurs mains. Cette pensée là n'est pas superficielle ; elle est digne d'un libraire, etc... » (*Petite histoire,* t. I, page 153.) Notons-le, ce n'est pas le 21 février 1791, quand il écrit à Joubert, que Milran dit que la publication de l'*Histoire impartiale* ne s'est pas continuée, mais à l'automne de l'année suivante, quand il publie sa *Petite histoire,* « le deuxième mois de la république ».

36. La première livraison de l'*Histoire impartiale* n'est pas dans les livres qu'on a conservés de la bibliothèque de Joubert. Je l'ai inutilement cherchée dans les recueils composites de brochures de l'époque. Enfin, je me suis assuré que Prudhomme ne l'a pas insérée ensuite dans la quantité de ses publications aventureuses et tardives, telles que sa *Chronique des événements politiques, civils, militaires, religieux, philosophiques et superstitieux, etc., de tous les peuples ; histoire impartiale et anecdotique depuis l'ère chrétienne jusqu'en 1823, ouvrage* ou *fatras* qu'il publia en 1822, dix volumes in-8°.

37. Plus tard, Restif, écrivant aux Fontaine, flétrira ce Milran qui l'a déçu : « homme douteux, patriote par crainte, aristocrate par secrète inclination » (*Lettres inédites,* page 32). Je ne sais si, en 1792, Milran, dans le profond secret de son âme, était aristocrate ; mais, à coup sûr, s'il l'était, il ne s'en doutait pas.

38. A Paris, chez Garnery... L'an Ier de la république française.

39. Sur les Belges qui « vont reprendre leurs fers », il y a un

article dans le n° 73 des *Révolutions de Paris*. Je n'y trouve pas l'opinion que Milran prête à Joubert et ne vois aucune raison d'attribuer cet article à Joubert. A propos du duel de Barnave et de Lameth, il y a, dans le n° 72 des *Révolutions de Paris*, une diatribe contre les duels : mais l'auteur dit qu'il est impossible de supprimer les duels par une loi. Peut-être Joubert avait-il joint une digression sur le duel à un passage dont nous n'avons qu'un fragment : « se percer à la manière des gladiateurs, aux aplaudissemens de cette multitude... » etc.

40. La comparaison de la sauvagerie et de l'antiquité est assez fréquente, au XVIII° siècle, dans les récits des voyageurs et des missionnaires. Voir, notamment, l'ouvrage de Lafitau, *Mœurs des Sauvages américains comparées aux mœurs des Premiers temps*, Paris, 1724, deux volumes in-4°. Et, sur Lafitau, voir *L'Amérique et le rêve exotique dans la littérature française au XVII° et au XVIII° siècles*, par Gilbert Chinard, Paris, 1913 (page 313).

CHAPITRE IV

1. L'acte de baptême de Chantal Cathelin est à la mairie de Rillieux (Ain).

2. Cet itinéraire de Lyon à La Pape, je l'emprunte à une ancienne description : notice sur le château de La Pape (signée C) dans les *Archives historiques et statistiques du département du Rhône, par trois des membres de la commission de statistique de ce département*, Lyon-Paris, 1829, t. II, page 157.

3. Je dois ces renseignements à l'obligeance d'un érudit lyonnais, M. Beyssac.

4. Dossier Jean-Baptiste Cathelin, aux Arch. adm. de la Guerre.

5. Même dossier.

6. C'est ainsi que Cathelin signe une lettre du 16 juin 1780, même dossier.

7. Je dois ce renseignement à M. Beyssac.

8. *Les Posthumes*, t. II, lettre 88, page 41.

9. Suscription d'une lettre que lui adresse Mᵐᵉ Cathelin le 12 décembre 1788.

10. *Registres de l'Académie françoise*, t. III, page 607.

11. Grimm, *Correspondance*, juin 1788, t. XV, page 270.

12. 15 juin 1788 : « Vers à Mlle de Garcins », — « par M. de Fontanes ».

13. Une lettre d'affaires, adressée par Fontanes à M. Aubrespin, à Alais en Languedoc, le 12 novembre 1788, est datée de Villeneuve-le-Roi. Fontanes y parle d'une « assez longue absence de Paris ». (Collection de M. Félix Chandenier.)

14. Sur l'abbé de Vitry, voir sa nécrologie, page 81 du *Compte rendu des travaux de la Société d'agriculture, histoire naturelle et arts utiles de Lyon, depuis le 2 décembre 1812 jusqu'au 1er septembre 1813,* par M. L. F. Grognier, Lyon, 1813. Sur les travaux de l'abbé de Vitry, voir aussi *Catalogue de la bibliothèque lyonnaise de M. Coste, rédigé par Aimé Vingtrinier, sous-bibliothécaire,* Lyon, 1853, in 8°, t. II, page 503.

15. Dossier Cathelin, Archives administratives de la Guerre.

16. Cette lettre de Grimod, Restif assure qu'il l'a imprimée à la suite de la 5e partie de *Le drame de la vie* : je ne l'y ai pas trouvée. (*Les Nuits,* t. XVI, page 397.)

17. *Nuits de Paris,* t. XVI, pages 316 et suivantes.

18. *Les Posthumes,* t. II, pages 41 et suivantes.

19. *Monsieur Nicolas,* tome XI, page 51. — Cf. t. XIII, page 248 : Agnès Lebègue avait fait connaissance avec Mme Relloche, ou Rochelle, en 1781. Et Mme Rochelle amena chez les Restif sa fille, âgée de dix ou onze ans, « depuis stuprée par Senafont ».

20. *Mémoires d'outre-tombe,* édition Biré, t. III, page 518. En 1847, dans le supplément du dictionnaire Michaud (t. LXXX), le rédacteur de l'article « Saint-Marcellin », Maurice Champion, écrit : « Saint-Marcellin (Jean-Victor Fontanes, connu sous le nom de) était fils naturel du Grand Maître de l'Université Fontanes, bien que dans le public il passât pour n'être que son neveu. »

21. *Le Grand Maître Fontanes et son université,* « Un père de famille à monseigneur le comte de Fontanes, sénateur, grand maître de l'Université ci-devant impériale », se vend chez les marchands de nouveautés. Cette brochure (de 23 pages) n'est pas datée ; mais c'est à son auteur que s'adresse la *Réponse à un cuistre,* brochure de Langeac, datée de 1814.

22. Archives de la Seine. Dans le dossier de Saint-Marcellin (Archives administratives de la Guerre), il y a cet extrait de l'acte de naissance : « M. Saint-Marcellin, Louis, Charles, Joseph, fils de Louis Saint-Marcellin et de Charlotte Rochelle, né le 13 mai 1791, à Paris. »

23. Brochure, s. l. n. d.

24. Le 1ᵉʳ numéro est du 18 décembre 1790. Dans le 2ᵉ numéro, il est dit que Fontanes a demandé « à ne point être chargé de la rédaction », mais qu'il fournira des articles. Le prospectus du journal est à la Bibliothèque nationale, sous la forme d'une brochure : *Extrait des registres de la Société des Amis de la Constitution monarchique. Arrêté de la Société du 17 novembre 1790* : « Il sera publié un journal avoué par la Société et rédigé par M. de Fontanes, l'un de ses membres... »

25. *Gazette nationale ou le Moniteur universel*, mardi 28 décembre 1790 : « ... Une lettre que M. Fontanes nous écrit le disculpe complètement. Nous nous hâtons de lui rendre justice en publiant, comme il le désire, qu'il ne rédige pas ce journal. »

26. La procuration est du 17 septembre 1792 ; et Fontanes y est désigné, de même que dans le contrat de mariage, comme demeurant à Lyon.

27. M. Beyssac a bien voulu faire pour moi cette recherche.

28. Voir Duvergier, *Collection des lois ;* et Esmein, *Précis élémentaire de l'histoire du droit français, 1789-1814.*

29. Ce principe est déjà posé dans la Constitution du 3 septembre 1791.

30. Voir *Pandectes françaises*, tome XXXVIII, page 22.

CHAPITRE V

1. Je dois ces renseignements aux recherches obligeantes de M. Paul du Chayla.

2. C'est dans un acte de succession dressé le 20 juin 1791 à Paris que je trouve pour Louis-Cyprien ces qualités de citoyen de Villeneuve et de receveur des droits d'enregistrement. Sa qualité de président du Conseil de fabrique lui est attribuée posthumément dans un acte notarié du 14 janvier 1826 (archives de M. Paul du Chayla).

3. Acte du 20 juin 1791.

4. Le 15 mars 1790, Marlin écrit à Joubert « à Villeneuve » (*Petite histoire*, t. II, page 168).

5. Cette lettre appartient à la collection de M. La Caille, qui a bien voulu me la communiquer.

6. Je ne sais pas qui est Rose. Il y a un fragment de brouillon

que Joubert dut écrire dès qu'il eut reçu cette lettre, et où il est question de Rose : « ... l'aimable Rose. A son nom seul j'ai tressailli, en le lisant dans votre lettre... Cette jeune personne intéressante et sortie je ne scai comment de ma mémoire, quoique très digne d'y rester. Elle était en quelque manière une élève de Mᵐᵉ Cholet et sa présence me la rappellera toujours. Elle avait pour elle un respect, tendre, sincère et profond que j'ai mille fois admiré en un âge si peu sensé. Mᵐᵉ Cholet avoit pour elle à son tour l'affection la plus décidée et la plus tendre estime. Nous en parlâmes plusieurs fois dans les derniers temps où nous nous sommes vus. Elle m'apprit son mariage, la querelle qu'elle-même s'étoit faite avec sa mère... »

7. Il y a, dans ce *brouillon* : «... ni son corps et que durant... »

8. Cette lettre, brouillon inachevé, porte la date « mardi 24 avril ». L'année 1792 n'est guère douteuse : c'est au bout d'un an de deuil que Joubert pria Mˡˡᵉ Moreau d'apaiser sa douleur.

9. Je rattache ces quelques lignes à la lettre du 24 avril 1792, parce qu'elles me semblent se rapporter à l'idée même de cette lettre. Mais elles se trouvent, sans date aucune, sur un fragment de feuille coupé aux ciseaux.

10. Lettre datée « lundi soir 3 septembre 1792 » et adressée « à Monsieur Joubert, juge de paix à Montignac sur Vézère par Brives ».

11. Souvenirs inédits d'Arnaud Joubert.

12. Il y a, dans l'original : « soit qu'ils soient éloignés ou proches ».

CHAPITRE VI

1. G. Bussière, *Etudes historiques sur la Révolution en Périgord*, t. I (Bordeaux, 1877), page 14.

2. Cité dans le *Code de la Justice de paix*, Paris, Didot le jeune, 1790.

3. E. Seligman, *La justice en France pendant la Révolution*, t. I (Paris, 1901), pages 286 et 302.

4. P. Robiquet, *Le personnel municipal de Paris pendant la Révolution*, Paris, 1890, page 438.

5. Archives de la Dordogne, L, 570.

6. Mêmes archives, B, 1599, pièce 7. Le document est du 11 janvier 1791.

7. Mêmes archives, L', fol. 142.

8. Mêmes archives, L, 516. C'est un résumé, dans le « registre des arrêtés et délibérations du directoire du district de Montignac ». Le greffier n'a transcrit que les passages les plus importants.

9. Ce *Journal patriotique* (et hebdomadaire) *du département de la Dordogne*, « par une société de gens de lettres », trois volumes pour 1791, est à la bibliothèque de Périgueux (papiers Lapeyre, fonds révolutionnaire). Le directeur était Pipaud des Granges, turbulent jeune homme qui devint modéré juste assez pour mourir sur l'échafaud le 29 octobre 1794. (G. Bussière, *op. cit.*, t. III, page 33.)

10. Son article du 5 janvier 1791 n'est pas signé. Mais, le 23 janvier, le *Journal patriotique* désigne ce « vertueux littérateur » comme l'auteur de l'article.

11. Article 1er du titre VII du règlement.

12. *Code de la Justice de paix*, deuxième cahier, janvier 1791.

13. Registres de la municipalité (mairie de Montignac).

14. *Journal patriotique*, n° VIII, 27 janvier 1791.

15. Registres de la municipalité (mairie de Montignac).

16. Collection du Sorbier.

17. Le greffier ne devait être ni parent ni allié du juge de paix jusqu'au troisième degré ; mais cela, d'après la supputation civile, qui bornait la défense aux fils, frères ou beaux-frères, oncles ou neveux. (*Code des justices de paix*, Paris, 6 novembre 1790.)

18. Sur Elie Lacoste, voir Bussière, *op. cit.*, t. III, page 28. — Et voir Eugène Le Roy, *La société populaire de Montignac pendant la Révolution*, Bordeaux, 1888.

19. Archives de la Dordogne, L. 158.

20. Mêmes archives, L. 3, f° 48.

21. Registres de la municipalité (mairie de Montignac).

22. E. Seligman, *op. cit.*, t. I, page 308.

23. Les brouillons portent les dates du 19 et du 20 avril, du 1er mai et prouvent ainsi que Joubert s'était mis à la besogne avant la délibération du conseil général.

24. *Archives historiques du département de la Garonne*, t. XXXVIII.

25. E. Seligman, *op. cit.*, t. I, page 304.

26. Archives de la Dordogne, L. 516.

27. Mêmes archives, L. 518, n° 387.

28. Mêmes archives, L. 524.

29. Mêmes archives, L. 518, n° 393.

30. Collection du Sorbier.

31. Archives de la Dordogne, L. 518.

32. Sur Gabriel Bouquier, voir un petit volume, plein d'erreurs et de renseignements précieux, de M. G. Lafon, *Gabriel Bouquier, de Terrasson*, Bordeaux, s. d. [1906]. Et *La conversion d'un sans-culotte, Gabriel Bouquier, peintre poète et conventionnel*, par E. Defrance, Paris, 1912.

33. *Journal patriotique*, 20 mars 1791.

34. E. Seligman, *op. cit.*, t. I, page 394.

35. *Rapport fait à la Convention nationale par ses commissaires Carnot, Garrau et Lamarque... le 12 janvier 1793, l'an 2d de la république* (page 10).

36. Registres de la municipalité (mairie de Montignac).

37. Archives de la Dordogne, L. 570.

38. Registres de la municipalité (mairie de Montignac).

39. *Corrrespondance générale de Carnot*, publiée par Etienne Charavay, Paris, 1892 (t. Ier, pages 314 et suivantes). M. Charavay cite une lettre écrite en 1861 par la fille de Garrau : « Je me rappelle fort bien notre voyage à Paris avec M. Carnot... » Et elle mentionne, parmi les voyageurs, « un M. Joubert ».

40. Cet itinéraire est indiqué par M. E. Charavay (*op. cit.*) d'après le *Guide royal ou dictionnaire topographique des grandes routes de Paris aux villes, bourgs et abbayes du royaume*, par L. Denis, Paris, 1774.

41. Souvenirs inédits d'Arnaud Joubert.

TABLE

ÉVREUX,

IMPRIMERIE, CH. HÉRISSEY

4, RUE DE LA BANQUE

9 782329 299457